미학 수업

미학 수업

품격 있는 삶을 위한
예술 강의 ──

문광훈 지음

흐름출판

—

양자는 갈림길을 보고 울었다.

남쪽으로 갈 수도 있고 북쪽으로 갈 수도 있었기 때문이다.

묵자는 하얀 명주실을 보고 울었다.

노란색으로도 검은색으로 물들일 수도 있었기 때문이다.

(楊子見逵路而哭之, 爲其可以南可以北
墨子見練絲而泣之, 爲其可以黃可以黑)

유안(劉安, BC 179~122), 『회남자(淮南子)』

삶의
심미적 조형

나는 내 삶을 만드는 데 모든 노력을 기울였습니다.
이것이 내 직분이고 내 사업입니다.

＿ 몽테뉴, 『수상록』(1580) 중에서

　이 글에는 창밖을 내다보는 한 여인의 모습이 있고, 아름다움의
끔찍함을 그린 카라바조의 그림이 있으며, 자신이 누구인가를 묻는
추사의 말년 자화상이 있다. 지옥의 강을 건너는 들라크루아의 그림
이 있듯이, 삶과 자연을 돌아보게 하는 프리드리히의 풍경화도 있다.
쓰기란 무엇이고, 도시와 거리와 건축은 어떤 관계인지, 젊다거나 늙
어간다는 것 혹은 사랑이나 슬픔이란 무엇인가? 교양이란 무엇이고,
인문학의 방향은 어떠한가에 대한 탐색이, 마치 못다 이룬 꿈 혹은
그리움의 편린처럼, 곳곳에 박혀 있다.
　시와 그림과 음악의 이 모든 목록들은 내가 오랫동안 즐겨 보고

듣고 음미하며 감상했던 것들이다. 그러면서 오랜 반추를 통해 조금씩 글로 풀어낸 것이다. 그러니 어찌 애정이 없을 수 있겠는가?

이 책은 2011년 출간되었다가 절판된 『영혼의 조율』을 새롭게 가다듬고 수정하여 편집한 것이다. 지금처럼 그때도 나는 절실한 마음으로 썼다. 아무도 얘기하지 않은 것을 혹은 얘기했다고 해도, 나만의 방식으로 나는 그 느낌을 표현하고 싶었다. 그러나 얼마나 성공했는지는 독자가 판단할 몫이다.

무엇을 말하려 했던가? 이것은 복잡한 물음이다. 그러나 최대한 간단히 답변해보려 한다. 그것은 '왜 미학을 공부하는가'라는 물음으로 수렴될 것이다.

1. 왜 미학을 공부하는가?

이에 대한 대답은 다섯 가지로 줄일 수 있다.

첫째, 문門 혹은 교차로-'다른 것들'과의 만남.

예술의 현실은 '다른 현실'이다. 그것은 지금까지와는 다른 세계를 우리에게 펼쳐 보인다. 이 세계는 다양한 방식으로 나타날 수 있다. 다른 말이나 다른 생각일 수도 있고, 다른 사람이거나 다른 풍경일 수도 있다. 다른 사연 혹은 사건일 수도 있다. 얼마나 많은 다른 것들로 이 세상은 차 있는가?

이 다름이 나타나는 곳은 여러 장소에서다. 문과 입구, 창가와 문턱, 아니면 건널목이나 교차로일 때가 많다. 여기에는 기대와 주저, 설렘과 망설임이 있다. 우리는 양자楊子처럼 어떻게 선택하고 결정하느냐에 따라 남쪽으로 갈 수도 있고, 북쪽으로 갈 수도 있기 때문이다. 혹은 묵자墨子처럼 우리 생애의 실타래를 노란색이나 검은색으로 물들일 수 있기 때문이다. 그러니 모든 갈림길은, 마치 그 수많은 색실처럼 혹은 팔레트처럼, 크고 작은 선택 앞에서 우리를 얼마나 주저하게 만드는가?

예술은 이 다른 현실, 다른 세계로 나아가는 문이요 창窓이며 입구이자 교차로다. 시와 그림과 음악이 발산하는 분위기는 우리를 언제나 다른 영역으로 데려다 준다. 그곳은 우리가 흔히 보아오던 세상과는 다르다. 그것은 더 넓고 깊으며 더 평화로운 곳이다. 혹은 더 끔찍하고 기괴한 곳일 수도 있다. 그러나 이 심미적 충격을 통해 우리는, 어떻든, 좀 더 나은 세상을 꿈꾼다.

둘째, 감각의 쇄신 – 수로화水路化.

나날의 일상은 지루하게 되풀이된다. 그래서 감각은 무뎌지고 둔해진다. 예술은 이 무뎌져가는 감각을 쇄신시켜준다. 거기에는 언제나 색다른 무엇이, 기존과는 다른 사람과 사연과 풍경이 나오기 때문이다. 시나 그림, 음악이나 영화 가운데 어떤 것이 우리를 뒤흔들지 않을까. 좋은 예술작품은 예외 없이 해묵은 감각을 쇄신시킨다. 타성에 젖은 감각의 갱신 - 감각의 쇄신은 곧 생활의 쇄신이다.

이렇게 새로워진 느낌은 느낌으로 끝나는가? 아니다. 감각의 쇄신은 사고의 쇄신으로 이어지고, 사고의 쇄신은 언어의 쇄신으로 연결된다. 생각은 말로 표현될 때, 더 분명해진다. 감각이 사고로 이어지고, 이 사고가 언어로 규정될 때, 감각은 자신의 집을 갖는다. 일기를 적고 나면 마음이 차분해지는 건 떠다니던 인상과 경험들이 제자리를 잡기 때문이다. 글쓰기란 느낌과 생각에 어울리는 자리를 정해주는 일이다. 그렇듯이 예술은 감각과 사고에 '물길을 대는' 일—수로화 작업에 비슷하다.

셋째, '넘어가는' 능력.

느낌과 생각에 물길을 대는 것으로 예술의 일은 끝나는가? 그렇지 않다.

우리는 예술 속에서 혼자가 아니며, 이 작품들을 쓴 시인이나 화가 혹은 음악가와 영혼적으로 어울린다. 좋은 작품은 예외 없이 더 넓은 세계로 나아가는 문이요 창이며 다리다. 이 세계에서 지평은 열려 있다. 이 트인 지평에서 우리는 이미 풍요롭다. 마치 세상에서 처음 눈을 뜬 아이처럼 그 풍경을 바라보며 경탄하는 것, 이렇게 경탄하며 사는 것이야말로 행복이라고 카뮈[A. Camus]는 썼다.

'나'란 내가 느끼고 생각하며 꿈꾸고 만들어가는 것 속에 있다. 이렇게 만들면서 우리는 잠시 현재를 '넘어선다.' 이 넘어감, 이 일상의 초월은 중요하다. 여기에서 저기로, 하나의 느낌에서 어떤 다른 느낌으로, 다른 사고와 다른 상상으로, 오늘에서 내일로 우리는 부단히 옮아간다. 이 옮아감은 점차 높아진다는 점에서 '고양적^{高揚的}'이고, 이런 고양 속에서 스스로 변한다는 점에서 '변형적'이다. 예술의 경험은 근본적으로 고양의 경험이자 변형의 경험이다.

조금이라도 고양된다면, 우리는 '나아진다'고 말할 수 있으리라. 조금이라도 변할 수 있다면, 우리는 '진보'한다고 말해도 좋으리라. 각자의 삶은 이렇게 감각을 넘고 사고를 전환시키는 가운데 새롭게 만들어진다. 생활의 체취와 온기도 그렇게 다시 느껴질 것이다. 예술의 능력은 초월의 능력이다.

넷째, 더 넓고 깊은 지평으로.

이렇게 넘어서면서 우리는 무엇을 보는가?

그것은 어떤 넓고 깊은 것들이다. 우리가 지금껏 잊어왔거나 혹은 꿈꾸어온 것들. 그것은 훼손되지 않은, 그래서 더 많은 이해와 공감과 사랑 속에 자리하는 것들이다. 거기에서 많은 것들은 아무런 폭력 없이 고요하고 다정하게 살아갈 것이다.

우리가 알지 못하는 것들—신비와 침묵, 무한이나 신 혹은 형이상학 같은 것들도 이 넓고 깊은 곳에 자리한다. 진리 역시 무한한 침묵에 이어져 있다. 이 침묵 앞에서 우리는 두려움을 느낀다. 그래서 전율한다. 그러나 그렇다고 삶의 의지를 꺾을 필요는 없다. 삶은 거듭

되는 좌절 속에서도 개선되어야 한다. 생활은 나날의 실망과 환멸 앞에서도 기죽지 말아야 한다.

이러한 지평에 선 것으로 예술의 목적은 다 이루어진 것인가?

다섯째, 향유-자기 삶을 사는 일.

아니다. 삶에는 얼마나 많은 가능성들이 있는가. 그러나 그 가능성들 가운데 우리는 얼마나 적은 것들만, 마치 그것이 전체인 것처럼, 경험하게 되는가. 자신의 편견으로, 고집 때문에, 아니면 시대적 한계로 말미암아 사람의 시각은 좁디좁다.

예술의 경험은 우리의 세계가 그리 좁은 것이 아니라는 것, 부단히 느끼고 꿈꾸는 한 더없이 넓게, 깊게 확대될 수도 있다는 것, 단순히 확대되는 데 그치는 것이 아니라, 그렇게 느끼는 가운데 스스로 변할 수 있음을 깨우쳐준다. 나아가 이 깨우침은 우리가 우리 삶을 '사는 데'로 이어져야 한다. 내가 내 삶을 '실감 있게 살아가는 데'로 이어져야 한다. 살아가는 데로 이어져야 할 뿐만 아니라, 이 삶을 '즐길 수' 있어야 한다. 심미적 경험은 자기 삶의 향유에서 잠시 완성된다.

예술이 아름다운 것은 예술 자체가 아름다워서가 아니라, 그 경험에서 오는 감각의 쇄신 때문이다. 감각의 쇄신은 삶의 쇄신으로 이어지기 때문이다. 넓고 깊은 삶의 지평을 떠올리게 하지 못한다면, 예술은 쓸모없을지도 모른다. 어떤 다른 것의 상상이 없다면, 그 미는 죽은 미다. 이 지평의 경험 속에서 우리는 지금까지와는 조금 다르게 살 수 있기 때문이다. 이 다른 가능성, 다른 삶의 형성 가능성이야말로 곧 예술의 가능성이고 아름다움의 가능성이다. 다르게 살 수 없다면, 그것은 아름다움의 배반이다. 심미적 경험이 삶의 변형에 이어지지 못한다면, 예술은 예술이 아니다.

2. '감각의 쇄신'에서 '삶의 쇄신'으로

500년 전에 몽테뉴M. Montaigne는 이렇게 썼다. "그의 교육, 일과 공부는 자기의 것인 작품을 만드는 데 있습니다." 그 자신의 "삶을 만드는 데 모든 노력을 기울이는" 것, 그것이 그의 "직분이고 사업"이었다. 예술의 목표도 다르지 않다. 예술에서 경험한 것을 변형시켜 우리의 삶을 더 나은 것으로 만들어가는 일, 바로 이 변형적 자기조직의 기술이 곧 예술론의 방향이고 미학의 목표다.

스스로 고양되지 않는다면 예술은 왜 필요하고, 스스로 변하지 않는다면 그 경험은 어디다 쓸 것인가? 느끼고 생각하고 행하는 모든 것은 어떤 종류의 꿈꾸기이자 일하기다. 즉 살아가는 활동이다. 그러므로 미학 수업은 내가 내 삶을 제대로 살아가는 데 기여해야 한다. 마치 철학이 살아가는 방법을 가르쳐주듯이, 미학은 삶을 삶답게 느끼고 생각하며 만들어가는 방법을 가르쳐 준다. 그래서 그 삶을 마침내 '자기 자신의 것으로서' 살게 한다.

한 가지만 유의하자. 예술을 통한 삶의 변화가 의무일 필요는 없다. 의무는, 아무리 좋은 것이라고 해도, 부담스럽지 않은가? 억지로 하는 것은 오래가지 못한다. 비강제성은 예술의 가장 큰 특성 가운데 하나다. 비강제적이라는 것은, 거꾸로 말하여, '자발적'이고 '자율적'이라는 뜻이다. 예술은 각 개인의 선택과 결정과 행동의 자발성을 북돋아준다. 예술이 그렇고, 교육이 그렇다. 예술은, 느리더라도, 스스로 선택하고 이렇게 선택한 것을 장려한다. 그리하여 예술의 경험은 억지로 혹은 누가 시켜서 혹은 마지못해 하는 것이 아니라, 제 스스로, 기꺼이, 그래서 자발적으로 하는 유쾌한 일이 된다.

감각의 쇄신을 통한 삶의 자발적 쇄신, 아마도 이보다 더 아름다운 것은 없을지도 모른다. 감각에 물길을 대는 일은 삶의 물길을 대는 데로 이어져야 한다. 삶을, 마치 예술품처럼 다독이고 버무리며 주조해가는 것, 그렇게 만들어가는 매 순간순간이, 비록 좌절을 피할 순 없지만, 가능한 한 즐겁고 유쾌하게 되도록 하는 것, 그래서 삶을 최대한으로 온전하게 주형해 가는 것. 이렇게 할 수 있다면, 우리는, 회남자淮南子나 몽테뉴 혹은 푸코를 끌어들이지 않고도, 삶을 이미 심미적으로 구성해가고 있는 것이다. 삶의 자발적 구성, 바로 여기에 미학 수업의 목표가 있다.

2019년 2월
문광훈

contents

　이 책은 고리 사채업자나 부동산 중개업자를 위한 것이 아니다. 그렇다고 국회의원이나 다가올 대선을 위해 '잡종연횡'과 '이합멸렬'을 거듭하는 명망가를 위한 것도 아니다. 또 탈세에 일가견이 있는 어떤 예식장 업주나 요식업자를 위해 쓴 것도 아니다. 그들에게 내 책이 분리수거통의 받침대라도 될지 모르겠다. 온갖 명분으로 국민을 들먹이거나 대낮부터 사우나에 출입하는 불로^{不勞}소득자는 이 따위 책은 내던져버려도 좋다. 그러고 보면 내 책의 독자는 소수인지도 모른다.

　이 책은 시민을 위한 예술교양서다. 그것은 이 땅의 삶과 나 자신 그리고 우리 모두의 현실에 관한 것이다. 이 현실에서 어떤 것이 좀 더 가치 있고, 어떤 것이 의미 있는지를 묻는다. 이런 가치와 의미 가운데 아름다움이란 무엇이고, 이 아름다움은 어찌하여 우리의 것이 될 수 없는지, 된다고 한들 그것은 왜 그리 쉽게 떠나가며, 또 허망하게 부서지는지를 생각한다.

그리하여 이 책은 미 자체보다는 미의 환경—아름다움의 존재와 부재 그리고 그 조건에 관한 것이다. 미의 불가능한 상태를 탐구하는 것이야말로 그 실현을 위한 전제인 까닭이다. 이런 이유로 아름다움은 왜 지금 여기에 자리할 수 없는지를 묻는, 묻는 것을 배우려는 사람은 내 책의 독자가 될 만하다. 나는 예술의 힘으로 아름다움을 방해하고 억누르며 훼손시키는 것들의 부당함을 질의하고자 한다.

여기 세 가지 짧은 이야기가 있다. 이것은 아름다움의 현실적 조건을 생각하는 데 약간 도움을 줄 것이다.

1. "가능한, 그러나 아직은 아닌"

프란츠 카프카F. Kafka, 1883~1924라는 작가가 있다. 그의 작품들 가운데 「법 앞에서」라는, 두 쪽 분량의 짧은 글이 있다. 법 앞에 문지기가 서 있는데, 시골 사람이 와서 그 문으로 들어가게 해달라고 청한다. 문지기는 안 된다고 말한다. 시골 사람은, "그럼 나중에는 들어갈 수 있느냐?"라고 묻는다. 그러자 문지기는, "그럴 수는 있지만, 지금은 아니오"라고 대답한다.

시골 사람은 여러 날 여러 해에 걸쳐 문으로 들어가고자 애쓴다.

부탁도 하고, 뭔가를 바치기도 하고, 문지기를 쉼 없이 관찰하기도 한다. 그러다가 세월이 흘러 저주는 투덜거림으로 변한다. 나중에는 문지기의 옷에 숨은 벼룩에게까지 도와달라고 하소연한다. 이윽고 시력마저 흐려져서 주위가 정말 어두운지, 눈이 자기를 속이는지조차 알지 못한 채 그는 죽어간다. 죽기 전에 시골 사람은 이렇게 묻는다. "모든 사람이 법을 얻고자 애쓰는데, 어째서 나 이외엔 아무도 들어가려 하지 않는단 말이요?" 그러자 문지기는 대답한다. "이 입구는 오로지 당신만을 위한 것이요. 나는 이제 문 닫고 가겠소."

한번 휙 읽으면 이 글은 당혹스럽다. 여기에서 말하는 '법'이 무엇인지, 문지기가 금지하는 것은 무엇이고, 시골 사람의 시도는 무엇을 뜻하는지에 대해 여러 해석이 있다. 매우 창의적이었던 철학자 자크 데리다Jacques Derrida는 이 짧은 이야기를 책 한 권 분량으로 해석하기도 했지만, 법은 간단히 말해 진실이나 사랑, 가치나 규범, 삶이나 꿈이나 욕망 등으로 이해할 수 있다. 사실 불교에서 법法은 '물水이 흘러가는 것去', 즉 진리를 뜻하지 않는가.

우리는 법의 문으로 들어가려는 시골 사람처럼, 진리를 찾아 부단히 헤맨다. 그러나 우리가 경험하는 진리는 진실한 듯 보이지만, 완전한 진리는 아니다. 그렇듯 사랑을 염원하지만 그 사랑은 쉽게 나타나지 않는다. 설령 나타난다고 해도 한결같기는 어렵다. 내가 변할 수도 있고, 나와 네가 변치 않아도 어떤 상황이 그 사랑을 무너뜨릴 수도 있다. 상황이 우호적이어도 사람의 생애는 영원한 것인가? 그렇지는 않다. 인간의 꿈은 어떠한가? 법과 질서는? 많은 것이 확고한 듯 세워져 있지만, 이 확고함은 우리가 인정하고 동의하고 복종하는 한 지속될 뿐이다. 인간의 가치 체계는 끝없이 유예되고 치환되며 변주된다.

많은 것은 알려진 가운데 알려지지 않은, 그리하여 불안정한 가능성으로 자리한다. 이 가능성은 '그럴 수 있음'이지 '그렇게 되어 있는 상태'는 아니다. 즉, 실현의 현재적 형태가 아니라 약속의 미래적 형태를 띤다. 그런데도 우리는 그것을 곧장 이루려고 애쓴다. 그러나 꿈은 이루어지기보다는 더 자주 좌초된다. 우리는 우리가 말한 약속이 지켜질 것이라는 희망과 깨어질 수도 있다는 두려움 사이에서 또다시 무언가를 시도하며, 짧디짧은 생애를 고갈시킨다. 우리는 법과 진리와 사랑의 문 밖에 선 시골 사람과도 같다.

강조돼야 할 것은 이때의 시도란 나로써, 내 자신의 자발적 의지로 이루어져야 한다는 사실이다. 집단적 노력이나 사회적 운동 이상으로 중요한 것은, 카프카에게 그 문이 시골 사람만을 위해 있었듯이, 그 무엇과도 대치될 수 없는 개별적 시도의 진정성이다. 이 실존적 절실성으로 우리는 나와 타자, 가능성과 불가능성, 금지와 허용, 충족과 결핍 사이의 균열을, 이 간극의 고통을 견뎌낸다. 가장 절실하고 비밀스런 일에서 인간은 혼자일 수밖에 없다. 그것은 말없이, 중얼거림 속에, 견뎌질 뿐이다. 그러나 이 견딤에서 내가 내 속의 나에게 닿아 있고 나 밖의 나에게 열려 있다면, 나를 둘러싼 세계에도 닫혀 있지는 않으리라. 오로지 이 눈먼 믿음으로, 이 믿음 속의 사랑으로 세계의 심연은 간신히 건너갈 수 있을지도 모른다.

행복의 문 밖에서 행복을 찾는 인간의 생애는 분명 덧없다. 그러나 적어도 자신에게 거짓되지 않다면, 거짓되지 않으려 한다면, 그 삶은 덧없지만은 않다. 무엇인가 가치 있고 의미 있을 수도 있다. 예술은 바로 이 점—실존적 개인의 절실성으로부터 사회적 보편성으로 나아간다.

2. 오늘의 사건들

삶의 현실은 늘 복잡하다. 그 복잡성은 언제 어떤 영역이나 분야를 들여다보아도 금세 드러난다. 세 가지 사례만 들어보자. 아래 글은 최근의 연합뉴스(2019. 1. 29)에 나온 기사들이다.

1) 질병관리본부의 발표에 따르면, 2016년 우리나라에서는 416만 명이 질병 이외의 다른 요인들, 이를테면 폭행이나 교통사고, 추락 혹은 자해 등으로 '손상'을 겪는 것으로 나타났다. 그 가운데 교통사고로 인한 사망은 5100여 명이고, 자해나 자살로 죽은 사람은 1만 3000명에 이른다.

2) 통일부는 지난해 '9월 평양공동선언'에서의 합의에 따라 올해 3·1운동 100주년 기념행사 방안을 북측에 전달했다고 한다. 그러나 그 구

체적 방안은 발표하지 않았다. 독감치료제인 타미플루는 빠른 시일 안에 북측에 전달하여 유용하게 쓸 수 있도록 하겠다고 밝혔다.

3) 인도네시아 현지 언론에 따르면, 신성 모독죄로 2년형을 선고받은 뒤 지난 24일 형기를 마치고 출소한 인도네시아의 중국계 기독교도 출신 바수키 차하야 푸르나마(52·일명 아혹) 전 자카르타 주지사는 내달 15일 푸풋 나스티티 데비(21)와 결혼식을 올릴 계획이라고 밝혔다. 아혹 전 주지사는 작년에 전처와 이혼했다. 무슬림이었던 푸풋은 전처의 보좌관이었고, 아혹 전 주지사와 결혼하기 위해 기독교도로 개종한 것으로 알려졌다. 여기에 대하여 무슬림 과격파들은 아혹 전 주지사가 무슬림 여성에게 배교背敎를 저지르도록 했다면서 비판의 목소리를 높이고 있다.

1)은 남한의 상황이고, 2)는 남북관계에 대한 것이며, 3)의 외국, 그러니까 지구현실에 대한 하나의 보고다. 좀 더 자세히 살펴보자.

1) 사람이 손상을 입는 것은 대개 질병 때문이지만, 지금 한국에서는 매년 400만 명 이상이, 그러니까 5000만 인구 가운데 10분의 1에 가까운 숫자가 질병 외의 요인 때문에 손상되고 있다. 스스로 해치든, 남에게 당하든, 그렇게 다치거나 맞거나 하면서 사람들이 몸져눕는 것이다. 그렇게 손상으로 인해 죽는 사람도 한 해에 2만 8000여 명에 이른다. 그만큼 우리 사회에는 아직도 폭력이 일상화되어 있다.

2) 지금의 남북관계는, 작년 이후 시작된 화해분위기에도 불구하고, 북한의 ICBM 미사일이나 비핵화 문제로 인해, 여전히 안개 속에 있다. 올해 맞이하게 되는 3·1절 100주년 기념식 행사도 어떻게 될 지 알 수 없다. 그러나 독감치료제 타미플루의 전달은, 인도적 차원에서라도, "빠른 시일 안에 전달되는" 것이 좋을 것이다.

3)은 인도네시아의 한 정치인에 대한 보도다. 그런데 그 내용을 자세히 알지 않아도, 그저 이 정치인의 내력만 살펴보는 것만으로도 머리가 복잡해진다. 아혹 전 자카르타 주지사는 중국인이지만, 지금 인도네시아에 살고 있다. 그는 기독교인이다. 그리고 작년에 전처와 20년 만에 이혼했고, 이 전처의 보좌관이던 여성과 곧 결혼식을 올릴 예정이라고 한다. 갈등은 기독교도 정치인이 무슬림 여성을 기독교로 개종한 것을 두고 무슬림 과격파들이 문제삼은 데서 생겨났다.

이 세 가지 사례만 살펴 보더라도 우리가 사는 현실이 얼마나 복잡한 것인지, 얼마나 뒤엉켜 있는지 드러난다. 삶의 복잡성은 한두 겹이 아니다. 그것은 서너 겹, 아니 대여섯 겹 이상, 여러 층위를 이루면서, 감싸여 있다. 이 복잡성은 한 개인에게 우선 나타나지만, 한 사회에서도 나타나며, 나아가 나라와 나라 사이에서도 출현한다. 그리하여 복잡성은 개별국가 안에서의 현상이기도 하면서 국제적 현상이기도 하다. 이런 식으로 개인적 복합성은 사회적 복합성으로 이어지고, 사회적 복합성은 전지구적 복잡성을 구성한다. 그러면서 이 모든 복잡성은 서로 상승적으로 작동하면서 매일 매순간 크고 작은 현실의 갈등과 오해를 야기한다.

이처럼 어지럽게 얽힌 삶의 다층적 굴레를 우리는 어떻게 인식하고 파악하며, 그것을 어떻게 견디고, 그와 싸우며 그것을 뚫고 지나갈 수 있는가? 어려운 문제가 아닐 수 없다. 나는 다시 카프카의 「법 앞에서」를 떠올린다. "들어갈 수는 있지만, 지금은 아닌"이라는 문지기의 말도 떠올리고, 이런 말에도 불구하고 다시 들어가려 애쓰는 시골 사람을 생각한다. 예술은 지금 현실에서 무엇을 할 수 있는가?

3. '심미적 현재'의 파괴력

아름다움의 한 측면이 주관과 변덕, 불규칙과 부정형 그리고 자유와 정열로 되어 있다면, 또 다른 측면은 객관과 형식, 법칙과 질서, 책임과 이성으로 이루어져 있다고 말할 수 있다. 첫 번째 요소만 있다면, 표현 이전의 것이므로 이해하고 전달하기가 어렵다. 그러나 두 번째 요소만 있다면, 주체의 자유로움이 없으므로 답답할 것이다. 그러니 주관과 객관, 자유와 책임, 감성과 이성에서는 그 어느 하나도 과소평가되거나 무시돼선 안 된다. 모두 서로 어울려야 한다. 어울림뿐만 아니라 충돌하는 긴장 속에서 풍요롭게 경험할 수 있어야 한다.

부당한 일은 항의하고, 기쁜 일은 함께하며, 중앙보다는 변두리에 귀를 기울이고, 높은 곳보다는 낮은 곳을 응시할 수 있어야 한다. 그러면서도 어떤 모순은 어떤 지점에서 '어찌할 바 없는 것'으로 그저 껴안을 수도 있어야 한다. 그러나 그 무엇도 신화화하지 않는 것, 그래서 사실 그대로 직시하고 이해하며 표현하는 것이야말로 삶을 사랑하는 첫걸음이다. 이것이 미의 변증법이다.

아름다움의 변증법 아래에 서면 무관하게 보이는 것들은 새롭게 이어진다. 우리는 예술의 신전神殿에 놓인 온갖 거창하고 끔찍한 것들—모순과 균열, 모략과 거짓과 패배와 침울함을 숨기지 말아야 한다. 이것이 다름 아닌 인간 현실의 참모습인 까닭이다.

재앙과 복이 들어오는 문이 같듯이禍與福同門 불행과 행복은 서로 이웃한다. 아름다움 역시 환멸의 폐허에서 잠시 발견된다. 미인이 오늘 아름다운 것은, 그 미가 한때의 정점頂点을 보여주기 때문이다. 봄바람은 흐뭇하지만 오래가지 않기에 원망스런 것이기도 하다. 모든 아름다움에는 이런 모순—이율배반의 흔적이 묻어 있다. 아름다움의 끔찍함을 함께 느끼지 못한다면('심미적 불능'이란 이것이다), 그것은 거짓이다. 치장된 아름다움은 거짓 행복이다. 참된 아름다움은, 이 아름다움을 훼손하고 위협하는 모든 부정적인 것을 꿰뚫고 나갈 수 있어야 한다. 아름답지 못한 것을 관통하고 견디고 끌고 가지 못한다면, 아름다운 것은 결코 아름다울 수 없다.

그러나 이렇게 말하는 것도 흔해 보이지 않는다. 예술 작품을 창작하는 일뿐만 아니라, 창작된 작품을 감상하는 방법도 대개 공식담론이 지배하기 때문이다. 게다가 우리에겐 문예론-미학-예술철학-

예술교육론의 역사가 무척 짧다. 길다고 해도, 그것이 서구의 지성사 · 예술사에서 보이듯, 다양한 문예사조를 이루며 논리적 · 절차적으로 전개되어왔다고 말하기 어렵다. 예술의 음미 방식을 전통적 규범으로부터 배우는 것만큼이나 그 규범을 문제시하면서도 배울 수 있는가. 단순히 공식담론으로부터 하달받는 데 자족하는 것이 아니라, 내 스스로 보고 느끼고 생각하는 가운데 조금씩 깨우치는 것이 가능한가. 그리고 이런 각성이 쌓이고 쌓여 삶의 보편성으로 열리게 되는 것은 무엇인가?

안정과 지속은 생활의 중요한 요소지만, 이때의 안정이 기계적인 반복이라면 한번 물어볼 필요가 있다. 우리는 온갖 순응주의가 주는 안락함을 때로는 떨쳐낼 수 있어야 한다. 예술은 이런 순응주의에 대한 비강제적 예방 조치이고 면역체계다. 자동성에 대한 이 같은 거부는—그것이 궁극적으로 문화적 헤게모니의 요구에도 미친다고 말할 수 있을 정도로—철저하다. 예술은 그 어떤 것에도 자기 결정의 권리를 양도하지 않는다. 의타적 · 자족적 의식이야말로 예술의 죽음이다. 그렇다면 이러한 각성은 어떻게 적극화될 수 있는가.

시간 개념은 발터 벤야민^{W. Benjamin}에게 오직 변증법적 이미지—"인식 가능한 지금"과 연결되지만, 우리는 이것을 인식만이 아니라 감각과도 연결시킬 필요가 있다. 대상은 인식되기 전에 느껴져야 하기 때문이다. 우리는 '느끼고 생각하는 지금 시간'과 '이 시간 속의 변화'를 통해 조금씩 갱신해간다. 현재의 실존적 변화가 중요하다면,

이 변화의 시간은 예술에서, 예술의 경험에서 가장 밀도 있게 나타난다고 할 수 있다. 이것이 심미적 현재성이 지닌 폭발력이다. 예술은 아마도—그것이 나의 생생한 느낌에서 시작한다는 점에서—이런 변화를 가장 적극적으로 실행하는 대표적인 장소로 보인다.

예술의 경험은 밀도^{density}의 경험이다. 예술 작품에는 과거로부터 전해오는 미래의 에너지가 경험의 잔해로 기억 속에 녹아 있기 때문이다. 이 에너지를 얼마나 넓게 느끼고 얼마나 깊게 생각하는가는 각자에게 달려 있다.

이때 느끼고 생각한 것은 언어로, 소리로 또 색채로 표현될 수 있다. 이 모든 느낌과 생각과 표현은 자유의 영역에 속한다. 그러면서 이 자유는 또 다른 책임을 떠올려준다. 예술은 삶의 한계 속에서 어떤 자유를 느끼게 하고, 그 자유 이상의 책임을 떠올려주며, 이런 책임 속에서 다시 자유가 얼마나 고귀한지를 절감케 한다. 자유와 책임 중 하나라도 누락된다면, 예술은 미망에 불과하다. 대중을 우매한 집단으로 변질시킨 파시즘의 예술 스펙터클은 이 점—집단적 광기로서의 예술을 잘 보여준다(벤야민은 이것을 '정치의 미학화'라고 비판했다).

삶의 변화는 내가 꿈꾸면서 다른 사람의 꿈을 깨울 수 있을 때 비로소 일어난다. 우리는 예술 속에서 다시 꿈꾸고 선택하며 새롭게 깨어나 행동하게 된다. 마치 새 실을 앞에 두고 어떤 물을 들일까 고민할 때와 같다. 혹은 교차로에 들어서는 일과 같다고나 할까. 교차로, 문턱, 건널목은 이런 이질적 영역 사이의 교감과 이행에 대한 은유이다. 어떤 길을 가게 될 설렘과 그 길을 선택함으로써 가지 못할 길에 대한 아쉬움을 동시에 느끼는. 그리하여 양자楊子도 묵자墨子도 갈림길 앞에서, 새 실을 앞에 두고 서글퍼했다. 예술은 설렘과 아쉬움의 교차 경험이다. 이는 우리가 어디로부터 와서 어디로 가고 있는가를 잠시 돌아보게 한다.

　모든 실존적 선택은 어떤 가능성의 구체화이면서 동시에 또 다른 가능성의 포기이기도 하다. 예술은 이런 선택과 포기 이전에 있는 삶의 충일성을 떠올리게 한다. 예술과의 만남은 가능한 것들의 경험 속에서 불가능을 다시 상상하는 일이다. 이 경험에서 우리는 오늘의 삶을 기뻐하면서 기쁨의 책임 또한 공감한다. 책임 없는 예술은 위험한 놀음이고, 즐김 없는 예술은 답답한 집회와도 같다. 예술의 이성은 단순이성을 넘어서지만, 그 바탕에는 비판적·합리적 사유가 있다. 예술은, 그것이 반反전체주의적 의식을 자유로움 속에서 일깨운다는 점에서 시민성을 훈련하는 기회가 된다.

　그러나 이러한 점이 의미 있다고 해도 예술은 이것을 주장하지도, 강요하지도 않는다. 심미적 경험에서는 누구도 지배자가 아니며, 어떤 이도 다른 이를 억압하지 않는다. 예술은 정서적으로 또 정치적으로 늘 평등한 관계를 장려하는 까닭이다. 그 누구도 구속함 없이 단지 각자가 제 천성에 맞는 삶을 선택하도록 돕는다. 외양적 영광이 아니라 현실의 한계 속에서 이 한계 너머의 가능성을 암시하는 것이다. 그리하여 예술을 경험할 때 우리는 잊고 지낸 낙원의 이미지를 조금씩 회복한다. 심미적 경험의 감각적·인식적 밀도 속에서 삶은 늘 새롭게 구성될 만하다.

세부에 충실할 때

지금까지 세 가지 이야기—카프카의 삽화와 신문 기사 몇 토막 그리고 벤야민의 한 가지 생각을 거쳐왔다. 이는 그 자체로 교감交感의 행로行路가 된다. 뭔가 달라져야 한다는 요구는, 카프카의 말대로 가능하지만 아직은 충족되기 어렵다. 이 땅의 현실이 낙후되고 지성사의 전통이 취약하다고 해도, 우리는 그것을 꺼안고 가는 도리밖에 없다. 시인 김수영도 이렇게 적지 않았던가. "역사는 아무리 더러운 역사라도 좋다…… 나에게 놋주발보다 더 쨍쨍 울리는 추억이 있는 한, 인간은 영원하고 사랑도 그렇다."(「거대한 뿌리」 중에서) 그리하여 우리는 벤야민에 의지하여 지각적 현재에 주의하고, 이런 현재를 반성케 하는 예술에 주목하게 된다.

1987년 민주화 항쟁이 있은 지 30년이 넘었다. 이제는 우리의 현실이 민주주의의 절차적 차원을 넘어 그 원리를 실질화-내면화-일상화해야 할 단계에 이르렀다고 흔히들 지적한다. 간단히 말해, 이것은 더 작고 낮으며 구체적인 단위—개인과 생활과 나날의 삶에 관계한다. 집단이나 사회 역시 중요하지만, 그 전체를 지탱하는 부분의 세목細目에 더 긴밀하게 관계한다. 이는 양이 아니라 질의 문제이고, 전체가 아니라 개체, 중앙이 아니라 지방, 다수가 아니라 소수, 이념이 아니라 생활, 외부가 아니라 내부, 이론이 아니라 실천, 저기 저곳이 아니라 지금 여기의 문제라고 할 수 있다.

우리는 일상에 녹아 있는 크고 작은 억압과 비민주, 독단과 편견과 무례와 난폭성을 문제시할 수 있어야 한다. 예술은 그 일에 참여한다. 이는 일상의 느낌에서 시작하는 내적 변형의 기술인 까닭이다. 그러나 이 말은 개인이나 주관성을 절대시하려는 것이 아니다. 우리는 개인성의 토대가 되는 사회정치적 · 물질적 · 역사적 조건을 잊을 수 없다(영국의 공립학교에서는 명상 수련으로 심신을 편안케 하는 '긍정적 심리학' 수업이 인기를 끈다고 한다. 그러나 내면의 변화만을 강조하는 순응주의적 심리학을―이것이 필요할 때도 있지만―나는 그리 신뢰하지 않는다). 그러나 그렇다고 해서 개인성을 간과하는 것은 곤란하다.

삶의 기획은 지금 여기에서, 나로부터, 내 감각과 경험과 심성에서 출발해야 한다(모든 문명적 · 사회정치적 후진성의 궁극에는 주체 억압 또는 이런 억압을 정당화하는 자기 기만이 있다). 그리고 이 느낌과 생각이 절실하다면, 그것은 타자성 또는 이타주의利他主義로 나아갈 수 있다. 절실한 것의 감정에는 거짓이 없기 때문이다. 예술은 바로 이점―자기를 속이지 않는莫欺自己 데서 시작한다.

개인의 삶에서 '역사'나 '정의'가 자주 등장하는 것은 그리 바람직하지 않다. 오히려 불행의 징후일 수도 있다. 차라리 개인의 주변에 또 일상의 배후에 자리하는 것이 더 좋을지도 모른다. 더 중요한 것은 작고 미묘하며 사소하고 표가 나지 않는 것들의 쉼 없는 움직임이다. 이 움직임에 둔감하지 않도록 자신을 단련하는 일이다. 우리는 더 낮게 그리고 더 구체적으로 나아가야 한다. 그러면서 이 낮고 구체적인 것들의 사회역사적 배후를 잊어선 안 된다.

예술은 감각의 교차를 통해 해묵은 사고를 뒤흔든다. 영혼의 단순한 치유가 아니라, 감각의 진동이고 사고의 방해다. 마치 잘 손질된 잔디밭을 헤집는 두더지처럼 안락한 타성을 뒤집어엎는다. 예술은 근본적으로 교감을 통한 지각적 간섭 현상이다(그래서 불편하고 버겁다). 이런 간섭을 통해 지금과는 다르게 느끼고 생각하며 새롭게 행동하게 한다(그래서 생생하고 즐거운 일이 된다). 이 점에서 예술 경험은 이미 정치적이고 윤리적이다. 심미적 느낌 속에서 우리는 우리의 미숙성과 조야함, 부작용과 혼동을 줄여갈 수 있다. 심미적 주체의 형성 과정은 사회의 시민공동체로 가는 길이 되는 것이다. 이것이 예술의 문법이다.

즐겁게, 약간 우울하게

사람은 누구나 자신의 보잘것없는 삶을, 영원하고 무한한 무엇에 매어보고픈 소망을 품는다. 그건 영원하지는 않지만 예술은 그에 상응하는, 그래서 믿어도 될 만한 것으로 보인다. 나는 예술에 기대어 나를 돌보고, 내 삶과 영원성의 관계를 조금이라도 밝히고 싶다. 그리하여 시장과 이윤과 속도의 이 시대에 시와 예술이 왜 필요한지, 왜 심미적 세계의 반성적 성찰이 절실한지 탐색하고자 한다. 이는 무엇보다 나를, 내 글과 삶과 학문을 지탱하는 즐거운 에너지인 까닭이다.

　가장 가까운 곳에서 마음먹은 일부터 시작하는 것 그리고 이런 일을 할 수 있다는 놀라운 기쁨을 사랑하는 것만큼 고귀하고 복된 일은 삶에 없을 것이다. 예술은 이런 행복의 기술을 알려주는 듯하다. 내가 쓰는 모든 문장이 각각의 운율이고 리듬이며 삶에 대한 그 나름의 물음이자 찬가가 되게 할 수 있을까. 시와 그림과 글로써 삶의 사랑을 내 안에 키우는 일. 이런 노력은 불발不發로 끝날지도 모른다. 내 미학적 시도가 철저할지라도 현실의 무자비함을 넘어설 수는 없을 것이다. 모든 표현은 실상實相에 대한 완곡 어법일 뿐.

　그리하여 생애의 기상도는 '대체로 흐리다가 한때 맑음'이 될 것이다. 그러니 거꾸로 나날의 태도는 '가능한 한 유쾌하게 그러나 가끔 우울하게'로 해보자. 세계의 비참함과 근원적인 생명의 기쁨을 깨닫기 위해 한 줌의 에너지도 아끼지 말자. 부당함은 직시돼야 하고, 삶은 찬미되어야 한다. 넓은 대지와 신선한 공기, 잎과 돌과 흙과 꿈의 무수한 속삭임, 속삭임들……. 창밖의 저 나뭇잎은 누굴 위해 저토록 푸른 것인가.

◆
◆
◆

무한성의
경험

주말이면 등산을 하는 사람들을 종종 본다. 바닷가로 나들이 가는 사람도 많다. 왜 우리는 산에 오르고 바닷가로 나가는가? 이유는 많다. 그중 하나는 기분을 전환하기 위해서일 것이다. 산이나 바다에서 우리는 제약되지 않은 느낌—모든 것이 트이는 듯한 체험을 한다. 심신이 트이는 것, 그것은 다른 말로 무한성의 체험이다. 내가 사는 공간이 내게 속하면서도 나를 넘어 저 먼 곳까지 이른다는 느낌은 광활함의 감각이다. 낭만주의는 간단히 말해, 이 무한성의 경험이고 그것에 대한 그리움이다.

낭만주의도 물론 예술 장르에 따라 조금씩 다르게 나타난다. 또 나라나 시기, 개인의 성향에 따라 종류도 많다. 그러나 '무한한 것의 열망'이라는 점에서 모두 일치한다고 할 수 있다. 독일의 낭만주의

프리드리히의 〈바닷가의 수도사〉
하늘과 바다와 땅이라는 자연의 근본 요소를 가시적 물리적 풍경 속에서 형이상학적으로 그려냈다.
참된 낭만성은 무한성의 경험에 있다.

화가인 카스파 다비드 프리드리히C. D. Friedrich, 1774~1840의 그림은 이 것을 잘 보여준다. 〈바닷가의 수도사〉1809~1810가 대표적이다.

우리는 이 그림에서 하늘(공기)과 바다(물)와 땅(모래)을 본다. 이 것은 자연의 기본 요소다. 지구가 생명의 요람이 된 것은 물과 대기 덕분이다. 땅이 인간의 토대라면 바다는 인간이 유래한 곳이다. 인간 은 하늘의 대기를 매 순간 들이켜고 내쉰다. 그림 속 인물은 한 점처 럼 서 있다. 그는 이쪽—관찰자가 아닌 저쪽을 향해 있다. 낭만주의 회화의 인물에는 이처럼 등을 돌린 경우가 많다. 이때 관찰자는 인물 과 같은 시점을 가진다. 그래서 우리도 이 수도사처럼 자기 내면으로 부터 외부의 현실로 시선을 돌린다.

그림 속 수도사는 땅의 끝에 서 있다. 모래 언덕 위에는 아무것도 없다. 대기와 땅과 바다뿐. 이 광대한 우주에서 인간은 하나의 얼룩 처럼 자리한다. 그래서 외롭다. 황량함과 고독은 자연의 전체—우주 앞에 선 인간의 필연적 조건이다. 이는 화면의 5분의 4를 채운 하늘 에서 잘 암시된다. 물과 땅과 대기는 그가 오기 전에도 그랬듯이 그 가 떠나간 후에도 남을 것이다. 그래서 근원적이다.

근원적인 것은 이렇듯 단조롭고 무한하다. 그러면서 순환한다. 물 이 증발하여 구름이 되고, 구름이 농축되어 비가 된다. 그 사이에 어 떤 것은 굳어져 물질이 되고, 물질은 바람에 날려 모래가 되며, 모래 는 먼지로 떠돌다가 물에 씻겨 내려간다. 이는 자신을 쉼 없이 비워 내는 과정—탈물질화의 과정이다. 인간의 생애는, 그 육체는 먼지와 바람과 물, 그 어디쯤 있을까. 뭉쳐 있는 고체가 모래 언덕이라면, 모여 있는 물질은 바람으로, 물로 언젠가 소진될 것이다. 쉼 없이 출렁이는 바다의 물결이 그것을 말해주지 않는가. 자연의 근본 요소는 인간의 성취를 무시한다.

대지의 선은 바다의 수평선처럼 양옆으로 뻗어간다. 그림 위의 모든 선은 어디에선가 시작해 어디론가 흘러든다. 화면은 '드러난 공간'의 크기일 뿐. 드러나지 않은 것은 더 크고 그 한계는 없다. 우리가 보는 것은 이 무한한 선들의 연속성 중 한 지점이다. 전통적 회화가 그렇듯이 깊이에 대한 묘사보다는 공간의 무한성―끝없는 바다와 대기의 우주적 넓이가 강조되어 나타난다. 바로 이 무제한성이 낭만적 표상의 지향점이다. 아마도 자연의 근본 요소를 이처럼 선명하면서도 밀도 있게, 생생하면서도 형이상학적으로 그린 그림은 드물 것이다.

자연의 무한한 모습은 우리의 정서를 압도한다. 그것은 두 가지 모순된 정서적 효과―절망과 활력을 동시에 일으킨다. 절망은 자연의 파괴적 힘에서 온다. 가늠할 길 없는 자연 앞에서 우리는 자기 몸이 보잘것없다고, 그 삶도 하찮다고 여기게 된다. 그러나 이 무기력은, 무시간적 우주에서 우리가 그 나름의 삶을 꾸려간다는 사실로 활력의 이유가 되기도 한다. 버크[E. Burke]의 '유쾌한 공포delightful horror'●

───────────────

● 산꼭대기나 절벽 위 아니면 바닷가에서처럼, 우리는 탁 트인 곳에서 한편으로는 시원하고 광활한 자유를 느끼면서도, 다른 한편들은 압도적 크기로 인해 두려움을 느낀다. 그것은 즐거움과 불안이라는 모순된 감정이다. 이 두 감정을 합쳐 버크는 '유쾌한 공포'라고 불렀다. 모든 숭고한 체험에는 유쾌한 공포가 들어 있다.

란 이런 것이다. 숭고함은 여기에서 나온다. 인간은 물리적 조건에
제약을 받으면서도 그 노예가 아니다. 그는 한계 속에서 그 너머를
추구하기 때문이다. 이 그림에서 수직으로 서 있는 것은 인간뿐이다.
인간은 존재론적 고양 속에서 자연을 거스르는 용기—도덕적 저항
력을 갖는다. 사실 프리드리히는 자신의 그림이 단순한 풍경 모사가
아니라 진실에 대한 욕구의 표현이기를, 그래서 이지러진 시대의 영
혼을 정화하길 바랐다.

　하늘은 경계를 모른 채 여기에 있으면서도 저기에 닿아 있다. 바
다는 출렁거리며 그 너머로 흘러들고, 모래 언덕도 저편으로 계속 이
어질 것이다. 저 어두운 바다와 회색 구름 너머에 다른 세계가 있는
가. 물과 하늘 너머, 땅과 역사와 세상살이의 저편에 좀 더 정화된 세
계가 있는가? 세계의 지평은 무한의 지평이다. 이 지평에서 우리는
무한의 어떤 끝자락을 섬광처럼 떠올린다. 그 경험은 놀라움을 지나
전율에 가깝다. 그래서 신성하다. 자연 체험을 슐레겔^{F. Schlegel} 같은
문예이론가가 '영적 친교^{communion}'•와 비교한 것은 그 때문이다.

　낭만주의 풍경화는 무엇보다 무한성의 경험이다. 무한성은 진실
하고 영원하며 신적이다. 그러므로 좋은 풍경화는 단순한 풍경화가
아니다. 그것은 명상이면서 꿈꾸기이고, 기도이면서 비전이다. 참된

•　'communion'이란 종교에서처럼 신성하고 경건한 것의 경험을 뜻한다. 그래서 '성찬식'이라고
　불리기도 한다. 이 글에서는 자연이 단순히 물리적 경험의 대상에 그치는 것이 아니라 신성한 것
　의 체험을 불러일으키고, 그래서 그 경험은 영적 친교와 비슷하다는 것이다. 자연체험에는 영적
　친교에 비슷한 깊은 체험이 있다.

이 〈자화상〉에서 프리드리히가 입은 옷은 〈바닷가의 수도사〉에서와 같은 수도복이다.
그것은 아무런 치장도 없는, 누런 빛깔의 수수한 차림새다.
그는 자신이 선택한 회화라는 작업에, 마치 수도사가 신을 위해 헌신하듯이,
일생을 바치겠다는 다짐으로 이 수도복을 걸쳤는지도 모른다.

자연을 체험하는 것은 성스럽고도 장엄한 종교 의식과 같다. 그래서 믿음은 회의와 만나고, 우울은 희망과 짝한다. 세계의 전체를 어루만지게 된다고나 할까. 삶의 이곳은 그 둘레와 너머까지 가늠할 때 온전해진다. 우리는 우리의 여분을 허용하고 그 나머지를 돌볼 때 본래성에 조금 더 다가선다.

풍경화를 제대로 보려면 홀로 있어야 한다. 수도사처럼 혼자 서서 느끼고 생각하며 돌아봐야 한다. 정신의 내면적 눈은 이때 생긴다. 생명은 지워지는 하나의 점이면서 무한의 우주로 이어진 고리다. 이 무한성 앞에서 우리는 우리가 알아왔던 세계가 일부일 뿐이며, 그 일부의 세계 너머에 알 수 없는 무엇이, 또 다른 광활함이 있음을 감지한다. 그러면서 이곳이 저편과 어떻게 얽혔는지, 부분은 어떻게 전체로 이어지는지 깨닫기 시작한다. 그러나 오늘의 삶에서 이런 생각은 하기 어렵다.

아름다움과 끔찍함은
짝이다

그림은 어떻게 봐야 하나. 모티브
나 양식의 변화, 구성 방식 등 여러 사항이 있지만, 그것이 정답일 수
는 없다. 가장 간단한 것은, 상투적이지만, 그냥 천천히 하나하나 세
심하게 음미하는 일이다.

그림에서 사람과 사물은 어떻게 배치됐고, 빛은 어디에서 나와 어
디를 비추며, 인물의 표정이나 팔다리 그리고 몸의 자세는 어떤가
에 많은 것이 들어 있다. 거기에는 화가의 기술적 숙련성은 말할 것
도 없고 관심이나 성격 그리고 문제 의식까지 배어 있다. 내가 주목
하는 것은 이런 것에 배어 있는 작가의 흔적─세상을 바라보는 태도
다. 그는 어떻게 이 세상을 표현했고, 어떻게 자기 삶을 살았을까? 예
술도 결국 삶의 가능성을 탐색하는 한 방식인 까닭이다.

카라바조$^{Caravaggio,\ 1571~1610}$의 그림은 강렬하다. 정물화든 종교적 묘사든 일상화(장르화)든 자화상이든 모두 우울과 놀라움, 탄식과 경탄을 불러일으킨다. 그래서 그림에서 시선을 돌려도 그 이미지가 쉽게 사라지지 않는다. 뇌리에 남아 다시금 느끼게 하고 돌아보게 한다. 도대체 그는 누구인가?

카라바조의 원래 이름은 미켈란젤로 메리시$^{Michelangelo\ Merisi}$다. 카라바조란 그가 태어난 이탈리아 북부의 마을 이름이다. 서양 예술사에서 그는 흔히 '빛과 그늘의 혁명가', '회화의 이단아'라고 평가받지만, 독특함은 그림에만 국한되지 않는다. 무엇보다 삶 자체가 한 편의 드라마였다. '드라마 같다'라는 것은 멋진 표현 같지만 반드시 그렇지만은 않다. 좋게 보면 긴장감 있지만 나쁘게 보면 그만큼 불안정하다는 뜻이다. 카라바조의 삶은 불안한 나날의 연속이었다. 그는 평생 싸우고 잡히고 죽이고 도망쳤다. 그리고 그렇게 쫓기고 사라졌다가 결국엔 죽은 채로 발견됐다. 아마도 그가 맞닥뜨린 가난과 생활, 관습과 예술 때문이었을 것이다. 술과 싸움, 내기와 살인이 빛과 그림자처럼 그의 일상을 엮었고, 이런 혼돈 속에서 그는 피해자이면서 가해자이기도 했다. 이는 어느 그림에서나 감지된다. 〈도마뱀에 물린 아이〉^{1595}는 한 예다.

한 아이가 놀란 표정으로 어깨를 움츠린 채 앉아 있다. 그 앞에는 꽃이 담긴 물병이 세워져 있고, 물병 옆에는 버찌와 무화과 같은 열매가 아무렇게나 놓여 있다. 열매 잎사귀 사이에는 도마뱀이 한 마리

카라바조의 〈도마뱀에 물린 아이〉
카라바조의 그림을 보는 것은 불편하다. 그러나 긴 울림을 준다.
그것은 아마도 그의 완벽한 자연주의 때문일 것이다. 이 그림도 그렇다.
그는 왜 꽃을 감상하는 순간 도마뱀에게 물리는 아이를 그려놓았을까?
시민문화의 미래를 생각하는 이라면, 이 불편한 전언을 그 나름으로 소화해야 할지도 모른다.

있다. 도마뱀은 머리를 치켜들고 아이의 손가락을 깨물고 있다. 꽃을 감상하려던 기분 좋은 바로 그 순간에 잎사귀처럼 푸르게 위장한 도마뱀에게 물린 것이다. 움찔하며 손가락을 빼내려는 순간을 그는 잘 포착한 듯하다.

〈도마뱀에 물린 아이〉에서 초점은 꽃과 도마뱀이다. 그것은 아름다움과 끔찍함의 대비로 번역될 수 있다. 릴케는 "아름다움이란 끔찍함의 시작일 뿐"이라고 했지만, 미는 혼자 오지 않는다. 아름다움 옆에는 끔찍함이 있고, 그 앞과 뒤에는 추함과 경련과 전율이 있다. 우리는 미와 경악이 무관한 것처럼 생각하지만 그것들은 깊게 얽혀 있다. 비중의 차이가 있을 뿐 그것은 늘 뒤섞여 찾아온다. 아름다움과 끔찍함은 빛과 어둠처럼 현실에서 짝한다. 이 교차적 운명에서 우리는 헛되이 미를 갈구하곤 한다. 그러나 삶은 아름다움과 끔찍함이 어울리는 몇 번의 순간 사이에서 시작하고 끝나고 만다.

꽃과 도마뱀, 아름다움과 끔찍함의 대비는 카라바조가 창출한 명암 효과로 더 두드러진다. 왼쪽 위에서부터 흘러드는 빛에 드러난 부분들—이마와 뺨과 어깨 그리고 손등을 보라. 그늘진 부분으로 이것에는 조각상 같은 입체감이 있다. 어깨의 양감과 잎맥의 질감이 만져질 듯 느껴지지 않는가. 진한 자주색 체리는 또 어떤가?

카라바조의 색채는 하나같이 자연을 닮았다. 꽃병에 비친 빛의 묘사는 놀랍다. 화병의 왼편 위쪽에서 들어온 빛은 오른쪽 아래로 투과된다. 자세히 보면 병 표면에는 물방울이 서너 개 붙어 있다. 대가가 아니면 이러한 극명한 사실성을 보여주지 못할 것이다. 거장 미켈란 젤로나 라파엘조차도 카라바조에 비해 어떤 인체는 과장되고 명암은 밋밋해 보인다. 유명한 미술사가인 롱기[R. Longhi]가 왜 "카라바조가 없었다면 리베라도, 베르메르나 라 투르나 렘브란트도 없었을 것"이고, "들라크루아나 쿠르베 그리고 마네도 다르게 그렸을 것"이라고 했는지 이해된다.

카라바조가 스무 살이던 1590년쯤은 이른바 매너리즘—르네상스 고전주의를 모방하고 답습하던—에 대한 강력한 반대운동이 일어나던 시기였다. 카라바조는 기존의 화풍이 지나치게 인위적이고 과장됐다고 여겼다. 그는 무엇이든 자연스럽기를 원했고, 자연스런 표현에 진실이 있다고 믿었다. 인물과 소재를 거리에서 구한 것은 이 때문이다. 자주 등장하는 성인들은 농부의 옷차림이고 발에는 흙이 묻어 있다. 그가 그린 마리아의 모델조차 매춘부라고 말해진다. 머리에 꽃을 꽂은 〈도마뱀에 물린 아이〉도 그가 어울리던 로마 교외의 빈민가 출신이란 설명도 있다. 이는 그 당시 회화 규범에서 보면 생각하기조차 어려운 반역이었고, 교회의 권위를 거스르는 도전이었다. 그가 그린 제단화나 천장화는, 주문받아 제작했음에도, 그래서 자주 거절되었다.

이 그림에서 나는 두 가지 상반된 사실을 본다. 하나는 아름다움을 위협하는 모든 것, 즉 상스럽고 속되며 불량하고 끔찍한 것에 대한 주의[注意]이다. 인간 운명의 사실적 비극성에 카라바조는 눈이 밝았

〈도마뱀에 물린 아이〉 부분

던 것일까. 그가 경멸한 것은 비천함이 아니라 진실하지 못함이었다. 다른 하나는 끔찍함을 용인하지 못하는 기성문화와 제도교육(아카데미즘)에 대한 노여움이다. 이 모든 것은 물론 오늘날에도 곱씹을 만한 대목일 것이다.

　오늘의 문제에 말을 걸지 못하는 예술은 예술사에 남지 못한다. 예술 비평도 마찬가지다. 〈도마뱀에 물린 아이〉를 보며 나는 우리의 꽃은 어디에 있고, 도마뱀은 무엇인지 묻는다. 5월, 목련꽃이 살점처럼 뚝뚝 떨어진다. 이 주가 지나면 아마 내년 봄에야 다시 볼 수 있을 게다.

담소하는
기쁨

오귀스트 르누아르^{A.Renoir, 1841~}
1919의 그림들은 어느 것이나 밝아 보인다. 이런저런 사람들이 만나서 먹고 마시고 얘기하고 춤추며 노는 한때의 정경들을 그것은 보여주는 것이다. 사실 이런 즐거운 분위기는 그의 회화적 지향점이기도 했다. 그는 이렇게 말한 적이 있다. "그림이란 내게 무엇보다 아름답고 사랑스러우며 즐거워야 한다. 그래서 정말이지 예쁜 것이어야 한다. 불편한 것들이야 충분히 있으니까. 그래서 그런 것을 새삼 더할 필요는 없다." 일리 있는 말이다. 삶의 무대에서는 얼마나 끝없이 고통이 이어지고, 슬픔은 얼마나 지칠 줄도 모른 채 등장하는가.

인상파로 불리는 화가들의 세계도 꼼꼼히 관찰하면, 미묘하고도 때로는 극명하게 이질적인 차이를 드러낸다. 그러나 대체적으로 보면, 이들의 작품에는 카페나 음악회, 극장이나 댄스홀 아니면 레스토랑 같은 유흥가의 풍경이 자주 등장한다. 실내의 작업실이 아니라 야외를 선호하였으니, 그것은 당연하다. 르누아르가 그린 〈뱃놀이 하는 사람들의 아침식사〉[1881]도 예외는 아니다.

이 그림에는 젊은 남녀들이 다들 유쾌한 표정으로 얘기를 나누거나 말을 듣거나, 서로를 혹은 먼 어딘가를 바라보거나, 뭘 마시거나 설명하고 있다. 그 가운데는 강아지와 장난치는 숙녀도 있고, 난간 받침대에 기댄 채 이런 담소를 부러운 듯 구경하는 처녀도 있다. 노란 모자의 두 남자가 입은 몸에 달라붙는 흰 옷은 배를 저을 때 착용하는 운동복이다. 이 청년들은 왼쪽 화면 저 너머 강가에서 놀다가 막 돌아온 듯하다. 그러니 이 모임은 수상스포츠 클럽 회원들의 회합쯤으로 간주되어도 좋을 듯하다.

식탁 위에는 막 식사가 끝난 듯 반쯤 빈 포도주 병이 서너 개 놓여 있고, 먹다 남은 포도송이와 흐트러진 과일접시 그리고 각자의 그릇이 아무렇게나 널려 있다. 작가 모파상에 의하면, 이 당시 일반식당에서 먹을 수 있는 메뉴란 구운 생선과 삶은 토끼, 샐러드 그리고 후식과 같은 것이었다고 한다. 여기에 포도주가 몇 잔 곁들어졌을 것이고, 부유한 사람들이라면 몇 가지 진기한 메뉴도 추가로 주문했을 것이다. 어떻든 그림 속 인물들은 허기를 다 채운 듯, 이제는 긴장을 풀고 여유롭게 담소를 나누고 있다. 차양 지붕 밑으로 밝은 햇살이 비쳐들고, 공기는 상쾌하며 나무들은 싱그럽게 우거져 있다. 그리고 돛

단배는 강에서 유유히 지나가고 있다. 무엇을 말해도 다 받아들여질 것 같은 성찬의 유쾌함이 느껴진다.

이 식당은 '레스토랑 푸르네즈'로 알려져 있다. 실제로 르누아르는 파리 시내의 작업실에서 이곳 생 제르멩의 작은 마을 샤투Chatou에까지 20분이면 기차로 도착할 수 있었다. 1860년대 이후 그는 이 술집에 즐겨 와서 주인 푸르네즈와 사귀었고, 여기서 화가 동료들과 어울리곤 했다. 프랑스에서 카페나 술집, 살롱이나 레스토랑 문화가 발전하게 된 것에는 개별 주택구조가 형편없었기 때문이라는 지적도 있다. 어쨌든 주말이면 이 술집은 찾아온 파리 시민들로 북적거렸다. 그들은 인상파 화가들이 그랬던 것처럼, 찬란한 빛과 맑은 공기를 예찬하면서 세느강을 산보하거나 이 강가에 앉아 취미로 그림을 그리거나 뱃놀이를 하거나 아니면 수영을 했다.

르누아르는 이 북적대는 술집에서 편안함을 느꼈다. 그는 이곳에서 쉬면서 풍경화나 이런저런 초상화를 그렸다. 〈뱃놀이 하는 사람들의 아침식사〉도 이렇게 해서 그려진 것이다. 그는 이 그림을 1880년 봄부터 가을까지 주인집의 테라스에서, 계속되는 축제를 즐기며 그렸다고 한다.

놀라운 것은 이 당시 르누아르의 형편이 그다지 좋지 않았다는 점이다. 사실 이런 생활고란 마네나 세잔과 같은 부유한 집안 출신이 아니라면, 거의 모든 다른 인상파 화가들에게도 해당되는 것이었다. 그들은 1860년과 1870년대 무렵 평단의 인정을 받지 못했고, 대중들로부터도 외면당한다. 이들의 두 번의 전시회는 실패로 끝났고, 그 때문에 작품을 내다 팔기도 어려웠다. 그 가운데 가족을 부양해야 했던 모네의 형편이 특히 어려웠다. 그래서 르누아르 같은 사람은 그에게 빵을 갖다 주었다고 전해진다. 그러나 그 역시 녹록치는 않았다.

르누아르는 15살 때부터 도자기 채색으로 생계를 벌었지만, 21살 이후에는 이 일을 그만두고 화가가 되기로 결심한다. 해부학이나 원근법 혹은 인물연구를 새로 배워야 했고, 그 때문에 가난을 감수해야 했다. 그 무렵 그가 살던 집안의 가구란 의자와 탁자가 전부였고, 수년 동안 그는 맨 바닥에 요를 깔고 자면서 콩 수프로 연명하거나 자주 굶어야 했다. 그러니 모델을 구할 생각은 아예 하지도 못했다.

그럼에도 르누아르는 담소와 교제의 희희낙락을 이렇듯 남겼다. 이 무렵 그는 이미 마흔 가까운 나이였고, 화단에서의 오해에도 불구하고 새로운 회화방식과 표현법을 찾고자 매진했다. 인상파의 다른 화가들처럼 야외로 나와 작업하면서도 물이나 나무에 반사되는 빛을 생생히 표현하기 위해 그는 엄격한 구성과 양식미를 견지하고자 했다. 예술이 아니라 배고픔이 여전히 그를 옥죄었지만, 그 어떤 것도 천성적인 박애의 감정을 그에게서 뺏을 수 없었던 듯싶다.

삶의 기쁨을 포착하려는 이런 마음은 〈뱃놀이 하는 사람들의 아침식사〉에도 스며들어 있는 듯하다. 왜냐하면 이 그림에는 르누아르와 사귀거나 인연을 맺은 여러 계층의 다양한 사람들이 등장하기 때문이다.

왼편 아래에서 강아지와 노는 처녀는 재봉사 샤리고[A. Charigot]다. 통통한 몸매의 그녀는 이 화가에게 어떤 미적 이상을 체현하게 한 인물이었고, '삶을 견디게 하는' 영감을 줌으로써 21살이나 많던 그와 나중에 결혼하게 된다. 오른편 의자에 걸터앉은 청년은 부유한 엔지니어이자 여가로 그림을 그리던 카유보트[Caillebotte]다. 오른편 위쪽으로 검은 원통 모자를 쓴 남자는 예술잡지의 발행인으로서 인상파 특집을 싣기도 했던 은행가 에프루시[C. Ephrussi]라고 한다. 이 남자의 뒤편에 앉아 포도주를 마시는 여자는 몽마르트르의 창녀인 안젤레[Angèle]로 알려져 있고, 난간에 기댄 채 한 손으로 턱을 괴고 있는 여성은 식당주인의 딸인 알폰시네[Alphonsine]다. 이렇듯이 시민이나 귀족, 보헤미안과 숙녀들, 잡지발행인, 기사, 주인집 딸 등 여러 부류의 사람들이 아무런 격의 없이 여기서는 어울리고 있다.

이 그림 속 정경은, 아무리 사소하고 우연적인 것일지라도 일상의 것들은 그 자체로 유쾌하고 풍요롭다는 듯이, 더없이 부드럽고도 미묘하게 채색되어 있다. 그래서 모든 요소들은, 그것이 인물이든 사물이든 풍경이든 간에 서로 어울리듯 이어지면서 어디론가 흘러가 버릴 듯하다. 너울거리는 차양은 마치 마음에서 마음으로 전해지는 사람들의 들뜬 심정적 분위기를 상징하는 듯하다. 냉혹한 현실이 우리를 속일지라도, 때로는 이렇듯 아무런 생각 없이 그저 반가운 사람들과 먹고 마시고 어울리면서 실없이 떠드는 가운데 맘대로 보내고 싶은, 그렇게 맘대로 보내도 좋은 어느 한때를 나도 갖고 싶다.

르누아르의 〈뱃놀이 하는 사람들의 아침식사〉

행복이나 삶의 기쁨에 대한 권리만큼은, 적어도 간혹은, 아무런 전제 없이 보장되었으면 좋겠다. 그러나 이런 바람이 언제 이뤄질 것이며, 이뤄진다고 한들 그것이 어떻게 지속될 수 있을 것인가? 곳곳에 한계가 있다.

그러나 이 한계는, 우리가 '스스로 정할 수 있다면' 더 이상 한계가 아니다. 그래서 옛 현자들은 절제를 권유했던 것일까? 절제를 동반한 축제는 좀 더 오래갈 것이고, 그 시간은 더 믿을 만할 것이다.

저 너머
'환상의 사실성'을
보다

　　　　　　　　　　　　　　낭만주의 예술의 주요 특징은 간
단히 말해, 꿈과 그리움과 무한성과 향수다. 그림이든 음악이든 문학
이든 철학이든 이 모든 것은 지금 여기에 없는 것—아득하고 무한하
며 끝닿을 데 없는 저 너머를 향해 있다. 그래서 그 인물들은 열린 창
밖을 쳐다보거나 평원이나 협곡에서 정처 없이 걷거나, 산꼭대기에
서 끝없는 지평선을 내려다보고 있다.

　이들이 갈망하는 '저 너머'는 여러 가지로 나타난다. 서정적 · 전
원적으로 나타나기도 하고(베토벤의 〈전원교향곡〉처럼), 때로는 열정
적이고 격정적으로 나타나기도 한다(슈베르트의 현악 4중주 〈죽음과
소녀〉처럼). 아니면 기괴한 몽상이나 환영의 형태로 나타나기도 하고
(블레이크의 그림들처럼), 광활하게 펼쳐진 산과 바다, 들과 계곡의 모

습으로 나타나기도 한다(존 컨스터벌의 풍경화처럼). 먼 곳에 대한 이런 갈망이 극단화되면 죽음에 대한 동경이나 영원성을 향한 신화적 · 종교적 염원으로 변한다(로세티의 경우). 갈망의 대상이 외면적이냐 내면적이냐의 차이는 있지만, 모두 낭만적 감정의 원형이라 할 수 있다.

터너W. Turner, 1775~1851의 그림은 낭만주의의 이런 원형을 잘 보여준다. 그런데 〈비, 증기, 속도: 서쪽을 향한 거대한 철도〉1844는 좀 더 각별해 보인다. 이 그림에서는 여리고 짙은 노란색과 갈색이 뒤엉켜 있다. 화면을 아래와 위로 나눈다면, 아래는 땅을 보여주고 위는 하늘을 보여주는 것처럼 보인다. 그러나 그리 분명하지는 않다. 자세히 보면, 왼편 아래로 다리가 보이고, 강물 위로 희미하게 조각배가 한 척 지나간다. 화면 중앙에서 오른편 아래로 그어진 선은 아래로 갈수록 굵어지면서 선명하다. 기차의 몸체는 선명하지 않고, 꼬리는 지워졌다. 머리 부분은 형태를 갖추었는데, 특히 검은 연통은 윤곽이 뚜렷하다. 기차는 몇 가지 색들이 교차하는 철길을 치닫듯 우리를 향해 달려오고 있다.

〈비, 증기, 속도〉에서 모든 것은 떠다니는 듯하다. 비도 기차도 부유한다. 이 효과는 화면을 채우는 안개의 희뿌연 색채 덕분에 더 실감난다. 어쩌면 기차의 속도감을 암시하는지도 모른다. 속도가 빠르면 시각의 소실점을 잡기가 어렵기 때문이다. 그래서 많은 것이 모호해진다. 어딘가에서 달려와 다시 어딘가로, 무한으로 기차는 달려간다. 기계의 힘, 그로 인한 가속도의 증가는 무한정 뻗어갈지도 모른다. 나는 여기에서 속도가 풍경을 압도하고, 기술(과학)이 자연(환경)을 능가함을 본다. 그리하여 사물은 스스로 틀을 지워버리고 무정형적 혼돈으로 변모한다. 원래 무한성이나 신비는 자연의 속성이었지만, 이제 자연을 벗어나 기술이나 기계 문명의 성격이 되어버린 것이다.

전통적 풍경화가 엄격한 규칙과 공간 배분을 강조한다면, 터너의 그림은 질서정연한 공간 논리를 포기한다는 점에서 현대성을 선취한다고 평가된다. 그의 색채는 인상주의적이라고 할 정도로 대기의 순간적 움직임이나 미묘한 뉘앙스를 잘 포착한 것 같다. 그 방법은 때로는 극히 모호해서 현대 회화의 추상적 경향까지도 담고 있다. 대상의 이미지는 빛과 색채 속에서 모두 분해되기 때문이다. 그래서 사물의 윤곽을 알아보기 어렵다. 공간적·시간적 경계가 지양되는 것이다. 재미있는 것은, 이런 낭만적 풍경화가 지극히 구체적이고 기계적인 질료인 기차를 묘사하고 있다는 사실이다. 제목에 '속도'가 붙은 것부터 모던하지 않은가.

속도는 분명 기계 문명적 술어다. 사실 낭만주의자들은 고대 신화나 중세 등 이미 가버린 시대를 갈망했지만, 이런 갈망을 채운 환상과 고독은 사회 현실적·정치적 요인을 가지는 것이었다. 더 구체적으로 말해, 낭만적 감정은 산업화 이후의 노동 소외나 도시화에 따르는 빈부 격차에 대한 안티테제antithesis로 생겼다. 그리하여 그들이 갈망한 세계는 인간과 자연, 인간과 기술의 대립이 지양된 곳이다.

터너의 〈비, 증기, 속도〉

터너는 영국 낭만주의의 대표적 화가다. 그의 그림은 낭만적이면서도 '현대적'이라는 평가를 받는다.
〈비, 증기, 속도〉는 제목부터 신선하다. 이 그림이 살아남은 것은 낭만적 감정에 '속도'라는 기술적,
문명적 요소를 더하여 변화하는 현실을 묘사했기 때문일 것이다.
현실적 바탕이 없다면 낭만적 감정도 오래가지 못한다.

이는 터너에게도 해당된다. 1800년을 전후해 영국은 이미 수공업에서 노동 분업적 대량생산체제를 뿌리내렸고, 도시는 엄청나게 불어나 사회적 빈곤층의 문제가 악화일로에 있었다. 그러니까 이 기차는 현실의 비참을 야기하는 기술과 자본, 시장과 문명의 괴물을 암시하는지도 모른다. 실제로 터너는 폭풍 치는 바닷가를 관찰하기 위해 돛대 꼭대기에 서너 시간 자기를 묶어두었다는 일화도 있다. 그 점에서 이 그림은 오늘의 현실에도 닿아 있다.

〈비, 증기, 속도〉를 보면, 관찰자는 뿌연 안개와 비(화면의 오른쪽 아래에 어렴풋한 사선으로 표현돼 있다) 그리고 기차의 속도 속으로 빨려들어가는 듯한 느낌을 받는다. 그래서 시선을 둘 때가 마땅치 않다. 화면 속 사물들처럼 이 그림을 바라보는 우리 역시 고정된 점을 잃은 채 이곳저곳 떠다니게 된다. 오로지 한 곳─기차의 앞부분만 뚜렷하게 보인다. 이 무한질주의 몽롱한 세계에서 파괴의 속도만은 확실하다는 것인가. 여기에서 사람과 생명은 비(자연)와 기차(기술)에 아무렇게나 노출되었다. 그것들은 스스로 결정할 힘이나 의지도 없는 것 같다.

좋은 그림은 한 시대의 역사적 산물이면서 동시에 역사적 제약을 뛰어넘는다. 마치 터너가 낭만주의 화가이면서 그 사실적 밀착으로 현대성까지 획득하듯이. 그래서 감정 속에서 감정 이상의 현실을, 삶 속에서 삶 이상의 것을 떠올리게 한다. 우리는 이 그림을 보며 현실로부터 멀어지게 하는 것이 아니라 그 폐부로 들어가게 된다. 나는

〈비, 증기, 속도〉에서 낭만적 감정과 현실, 상상과 사실이 만나는 한 지점을 읽는다. 이것들이 동시에 구비될 때 현실의 다른 모습이 드러난다. 이는 '환상의 사실성'이고 '논리의 감각'이다. 이 그림에서 우리는 꿈을 꾸듯이 우리의 현실을 떠올리고, 이 그림 밖의 현실이 조금은 바뀌어야 함을 깨닫게 된다.

◆
◆
◆

나는
나를 그린다

옛날 초상화의 인물들은 날 불편하게 한다. 그들은 신이나 왕, 귀족과 같은 이른바 '고귀한' 사람들이다. 이들의 이미지는 대체로 무뚝뚝하고 고상하며 근엄해 보인다. 마치 인형극 속의 꼭두각시처럼 혹은 공식석상의 인물들처럼 입은 꽉 닫혔고, 눈빛은 주변을 경계하는 듯하다. 표정은 가면처럼 굳었고, 그래서 친밀감을 느끼기가 어렵다. 자세나 몸짓, 동작과 행위는 의례적이어서 자연스럽지 않다. 초기 자화상의 주인공이었던 이들은 곧 상인 같은 신흥자본가들로 채워진다.

역사적으로 보면 초상화의 인물들은 대개 정치 권력이나 경제적 부를 가진 사람들이다. 그래서 그 삶을 상징하는 여러 소품—비단이나 털모자, 귀고리나 반지 같은 금은 세공품 등—이 늘 주위에 배치

돼 있다. 그러나 이 같은 대상은 차츰 변한다. 돈과 힘과 권위를 가진 인물들에서 화가의 가족이나 친구, 일반 서민으로 모델이 옮겨지면서 초상화는 지난날의 이상화된 형태로부터 벗어나기 시작한다. 좀더 현실에 밀착한다고나 할까. 무엇을 과시하거나 자랑하기 위해서가 아니라 삶 자체, 인물의 성격과 고민과 세계관이 조금씩 더 직접적으로 표현되는 것이다. 자기를 그린 초상화인 자화상에서는 개인의 복잡다단한 내면이 특히 잘 나타난다.

렘브란트1606~1669의 자화상은 회화사에서도 유일무이하다는 평을 받는다. 남아 있는 유화는 거의 쉰 개, 에칭 판화는 서른 개, 소묘는 열 개 정도 된다. 라이덴에서 화가로 활동하기 시작하던 스무 살 무렵부터 암스테르담에서 죽을 때까지 그는 거의 매년, 때로는 일 년에 여러 차례 자신을 그렸다. 동시대의 루벤스가 네 개, 푸생이 두 개, 벨라스케스가 단 한 개의 자화상을 그린 것과 비교하면 확연히 차이가 난다. 그 많은 자화상 가운데 내가 자주 감상하는 에칭 판화가 하나 있다. 〈창가의 자화상〉1648이다.

이 판화에서 렘브란트는 작업 중이다. 열린 창가로 빛이 들어오고, 그는 무엇인가 그리고 있다. 그리다가 잠시 고개를 들어 정면을 쳐다본다. 여기에는 젊은 날의 화려함이나 야심이 없어 보인다. 입은 옷은 낡은 작업복이고, 모자도 흔히 쓰는 멋들어진 화가의 것이 아니다. 아무런 장식도 없는 평범한 모자다. 길게 늘어뜨린 머리카락이나 멋 부린 이전의 턱수염 대신 코밑수염이 나 있다. 그는 외모에 무

렘브란트의 〈창가의 자화상〉
그의 나이 마흔둘일 때.
한창 나이, 자기 세계를 가꿀 때 혹은 그려진 세계가 그림 밖 세계의 안티테제가 될 수 있다고 믿을 때.
그리하여 일하고, 일하는 것은 살아가는 최고의 이유가 된다.

신경한 듯하다. "나이 마흔둘. 나는 오로지 나를, 세상을 기록할 것이니." 응시하는 눈빛은 이렇게 말하는 듯하다. 대상에게 무언가 기대하기보다는 그 대상을 투시하려 하고, 투시를 통해 또 다른 세계를 꿈꾸는 듯하다. 주위에 있으나 속하지 않은 그러나 속하고 싶은 어떤 세계를 그는 떠올리는 것인가.

〈창가의 자화상〉은 9년 전에 그린 〈돌 벽에 기댄 자화상〉1639과 자주 비교된다. 챙 없는 모자를 비껴 쓴 채 그는 정면을 주시하고 있다. 입을 꽉 다문 채 왼쪽 어깨를 내밀고 있다. 눈빛은 이때도 예사롭지 않다. 그러나 옷은 화려하고 모자도 한껏 멋을 풍긴다. 장갑의 무늬와 목걸이의 십자가도 보인다. 팔을 기댄 벽은 허물어지고 금이 나 있지만 어떤 결의가 느껴진다. 존경하던 티치안이나 라파엘을 거울삼아 그는 이 그림에서도 모자의 형태나 위치, 몸의 자세를 바꿔 묘사했다. 대가大家의 이상을 배우고 따름으로써, 그러나 다르게 표현함으로써 이들처럼 독자적 길을 가겠다는 뜻인지도 모른다. 그렇지만 마흔둘 때의 작업복 모습이 내겐 더 맘에 든다. 그래서 방에 걸어놓고 시간 날 때마다, 지나칠 때마다, 쳐다보곤 한다.

이전의 화가와는 달리 렘브란트는 교회나 왕실, 귀족에 의존하지 않았다. 그가 기댄 사람들은 막 태동하기 시작하던 미술 시장의 고객이었다. 이 점에서 그는 자본주의적 시장 원리를 이용했다고 할 수 있다. 그러나 이 원리에 종속된 화가는 아니다. 예술의 상품시장화 속에서도 그는 자신만의 회화 세계를 창출했기 때문이다. 미술학자 존 몰리뉴J. Molyneux는 그를 "반자본주의적 화가"라고 말했지만, 사실 16세기에 유화가 번성한 것은 점증하는 자본의 구매력과 긴밀히 연관돼 있다. 거래와 교역, 유통과 무역의 발전이 유화의 시장적 구매를 지탱한 조건이 된 것이다. 이는 르네상스 시기 플로렌스와 베네치아의 회화 발전이 무역상을 통한 엄청난 부의 축적으로 가능했던 것과 같다. 그림은 동시대 지배 계급의 소유욕과 이데올로기적 관심—자신의 정치·경제적 힘을 확대하고자 하는—의 결과로 나온 것이다.

이는 중요하지만 그러나 하나의 관점이다. 우리는 경제적 조건과 이데올로기의 관계를 부정할 수 없다. 예술의 표현은 물질적 필요와 이념적 갈구 사이의 줄다리기 아닌가. 그러면서 이런 갈구에는 쉽게 말하기 어려운 충동과 내적 의지도 작용한다. 그러므로 지난날의 렘브란트 해석이 그렇듯이, '자기 탐구'나 '영혼', '개인성'의 의미만을 강조하는 것은 바람직하지 않다. 우리는 예술가와 작품 그리고 시대 조건의 상관관계를 함께 고려할 수 있어야 한다. 하나의 작품과 이를 둘러싼 다른 작품들과의 관계를 생각해야 하듯, 모티브와 양식 그리고 역사적 조건과 문화적 정신도 동시에 고려할 수 있어야 한다.

렘브란트는 당시에 널리 퍼져 있던 전통적 회화 규범을 무조건 추종하지 않았다. 인물이 아름다울 때도 있지만 추한 모습도 여지없이 드러냈고, 구성은 정제돼 있지만 그렇다고 일률적이지 않았다. 그는 시대가 요구하는 것을 적극 받아들였지만, 이러한 수용은 '현실에 충

실하는 한도 안에서만' 허락되었다. 그 외의 것은? 모두 자기 원칙으로 대신했다. 현실에 기반한 창조적 변형의 능력이 그의 독자적 세계를 일군 것이다. 그리하여 자신의 관찰 속에 사람들의 일반적 고찰 내용을 모두 녹여버렸다.

"나는 그리며 산다. 나는 숨쉬며 그린다. 나는 그리며 견디고 웃으며 그린다." 판화 속 렘브란트는 이렇게 그리며 내게 말한다. "지금은 일할 때, 네 세계를 구축할 때"라고.

◆
◆
◆

열망적
삶의 좌절

줄리 당신은 절 믿나요?

당통 글쎄, 우리는 서로 잘 몰라. 우린 두꺼운 피부를 가진 후피류^{厚皮類}

동물이지. 상대에게 손을 뻗어보지만 부질없는 짓이야. 우린 그저

거친 가죽을 서로 비벼댈 뿐이지. 우리는 참으로 고독해.

24세의 나이에 세상을 떠난 독일 작가 뷔히너^{G. Büchner, 1813~1837}가
쓴 「당통의 죽음」¹⁸³⁵ 첫 장면에 나오는 구절이다. 당통의 대답은 혁
명 현실에 대한 그의 비관주의를 보여주지만, 다른 한편으로 인간의
삶이 간단할 수 없음을 나타내기도 한다. 많은 것이 정의의 이름으로
행해지지만, 이렇게 '언급된 정의가 참으로 정의로운 것인지'는 묻지
않는다. 그래서 희생은 불가피하다고 간주된다. 당통 역시 프랑스 혁

명 당시 급진파와 온건파 사이에서 처형됐다.

프랑스 혁명을 전후로 하여 서구 사회가 삶의 모든 차원에서 격렬한 변화를 겪었다는 사실은 잘 알려져 있다. 이러한 변화는 문학과 회화를 비롯한 예술 분야에도 해당된다. 인간은 이 무렵 자신과 현실 그리고 신을 이전과는 확연히 다르게 이해하게 됐다. 기독교 신앙은 사회적 영향력을 상당 부분 상실했고, 종교적 모티브도 일반적인 세상살이에 있어 점차 줄어들었다. 신화적 소재도 역사 속의 소재로 옮아갔고, 이 역사성도 과거가 아닌 현실과 밀접하게 이어졌다. 예술의 사회성에 대한 고민도 이즈음 등장했다. 자크 루이 다비드^{J. L. David,} ^{1748~1825}의 그림 〈살해된 마라〉¹⁷⁹³가 이 점을 잘 보여준다.

마라는 가난한 사람들의 권리를 위해 싸웠던 급진적 민중지도자이자 언론인이었다. 왕의 죽음을 주장했던 그는 자코뱅당의 당수로 활동하다가 그 후에 암살됐다. 이런 마라의 죽음을 다비드는 혁명적 이념을 선전하기 위해 이용했다. 그러나 이 선전적 기능은 고대 그리스 로마에 대한 관심으로—다비드는 프랑스 고전주의 회화를 대표한다—완화되어 나타났다. 즉, 정치적 변화에 대한 화가의 관심은 고전적 형식미에 제어되면서 절도 있게 변용된 것이다. 그래서 〈살해된 마라〉는 현실도피적 순수예술도 아니고, 그렇다고 단순한 참여예술도 아닌 그보다 긴 여운—어떤 감동을 준다.

〈살해된 마라〉에는 영웅적 파토스—민중의 삶을 위해 헌신하다가 죽어간 한 도덕적 인간의 비참한 최후가 잘 묘사되어 있다. 간결한 구성이나 차분한 색채, 그 색채에 담긴 정적 분위기가 한몫한다. 그러나 이 그림에서 내가 보는 것은 열망적 인간의 좌절이다. 또는 넓게 말하여 표현하는 인간의 그리 장엄할 수는 없는, 차라리 초라해 보이는 죽음이다. 혁명의 영웅성이나 숭고한 성스러움이 없지 않지만, 이 그림을 지배하는 것은 쓸쓸함으로 보인다. 몇 가지 소도구들—나무 상자나 그 위의 잉크병, 펜은 이를 잘 보여준다. 수건의 꿰맨 자국이나 장식 없는 벽의 단조로움은 또 어떤가. 이런 구성의 명료성은 절제나 금욕처럼 고전주의적 이념의 특성이다.

마라는 신문을 제작하고 글을 쓰면서 서민들의 불행에 주목했고, 실제로 검소한 삶을 살았다고 전한다. 살해되기 전에 그는 이미 중병을 앓고 있었다. 종기 때문에 국민회의 모임에도 나갈 수 없었던 그는 죽던 날에도 치료를 위해 욕실에 앉아 글을 쓰고 있었다. 그림 속 나무 상자는 책상 대신 사용하던 거였다. 그 위에 놓인 쪽지엔 이렇게 적혀 있다. "남편이 조국을 수호하다가 죽은, 다섯 아이의 어머니에게 이 지폐를 보내달라." 이것은 마라의 민중성을 강조하기 위해 다비드가 일부러 그려 넣은 것이라고 한다. 왼쪽 이마와 눈 밑에는 피부병을 암시하듯 버짐 같은 게 피어 있다. 이런 비극성은 젖혀진 머리, 늘어진 팔, 가슴의 칼자국으로 더욱 고조되는 듯하다.

인간의 이념은 찬란하다. 그러나 현실은 늘 그것에 못 미친다. 간극은 그래서 생겨난다. 삶의 간극과 균열은 불가피해 보인다. 이는 인간 능력의 한계 때문일 수도 있고, 현실 자체의 모순성에서 오기도

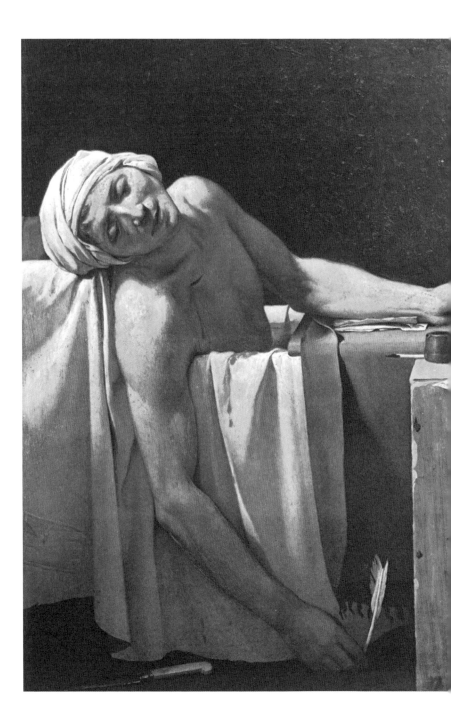

다비드의 〈살해된 마라〉
쓴다는 것은 꿈꾼다는 것,
꿈꾸며 표현 속에서
개입하다가 죽는다는 것이다.
그러나 그 표현이 성공하기란 어렵다.
현실이 글보다 강하기 때문이다.
그러니 나는 쓰다가 죽을 것이다.

한다. 모순 가운데 어떤 것은 부조리하고, 어떤 것은 제도에서 온다. 반면, 주의하면 피할 수 있는 것도 있다. 한 초등학교에서 안전사고 예방교육을 받다가 두 명의 학부모가 목숨을 잃은 사건은 후자에 해당할 것이다. 어머니의 죽음을 현장에서 본 열 살 아이는 무서움 때문에 지금도 자면서 오줌을 싼다고 한다.

나는 〈살해된 마라〉에서 숭고한 영웅주의가 아니라 사실로서의 죽음을, 성스러운 순교자가 아니라 너, 나 다를 것 없는 사람의 가차 없는 최후를 본다. 혁명의 이상도, 애국주의적 정열도, 선의의 덕성마저도 죽음 앞에선 아무것도 아니다. 죽음은 절대적 무화無化이자 무차별성인 까닭이다. 그것은 모든 것을 무로 균질화한다. 영웅의 죽음마저 이러할진대 보통 사람들의 죽음이란 어떠할 것인가. 대부분 인간의 생애는 기록되지 않는다. 마치 없었던 것처럼, 살지 않았던 것처럼 깡그리 잊혀지고 만다. 이 같은 현실에 눈을 돌리면 숭고나 영웅성, 순교자와 같은 찬란한 술어도 표백돼버린다. 그러나 이 같은 죽음에서 무의미를 도출하는 것은 진부하다. 삶은 무너지기 쉽지만, 그렇다고 함부로 할 무엇은 아니다. 마라의 죽음이 하찮지 않은 것은 그가 혁명가여서가 아니라 인간인 까닭이다.

모든 인간은 자신의 목적성 속에서 고귀하지만, 이 고귀성은 언제 어떤 식으로든 손상될 수 있다. 그 점에서 인간은 초라하다. 우리는 두꺼운 각피질로 서로 몸을 비벼대는 무감각하고 가련한 존재지만, 이런 무감각을 가끔은 자각하는, 그래서 조금은 다를 수도 있는 삶을

———————————— ◆◆◆

〈살해된 마라〉 부분

죽음 후에 남겨진 것은 잉크통과 펜대 그리고 종잇조각들.
쓰다 만 물건에는 사람의 흔적이 각인된다.
사물은 삶의 역사다.

생각하는 존재이기도 하다.

삶이 죽음만큼 불행해선 안 된다. 우리는 인간 조건의 근원적 허약성을 인정함으로써, 그러나 이런 인정에도 불구하고 하찮지 않은 다른 삶의 가능성을 타진할 수 있는가. 어깨의 힘을 조금 더 빼고, 더 유연하고 탄력적인 성찰로 현실에 좀 더 가까이 다가갈 수 있는가. 삶의 배후와 속살은 그때야 조금씩 자신을 드러내 보일 것이다. 예술과 철학, 학문과 문화도 이 방향으로 나아간다.

젊음과 늙음:
아름다운 날들이
가고 있다

미술연구자들이 하는 일은 그림을 해명하는 것이다. 그런데 수백 년이 지나도 이렇게 해명되지 않는 그림도 있다. 그리고 이때의 그림이 볼수록 묘한, 그러면서 삶을 깊게 돌아보게 하는 경우도 있다. 한스 발둥H. Baldung의 〈삶의 세 시기와 죽음〉1500년경은 그 한 예라고 할 수 있다.

발둥은 1485년에 독일에서 태어나 1545년에 죽은 화가이다. 그 시대의 대부분 화가가 그러하듯, 이 화가에 대해서도 알려진 것이 별로 없다. 그저 1503년부터 1507년까지 뒤러A. Dürer의 작업실에서 조수로 있었다고 알려져 있다. 〈삶의 세 시기와 죽음〉에는 알 수 없는 인물과 소도구가 곳곳에 들어서 있다. 그러면서 르네상스 시기

발둥의 〈삶의 세 시기와 죽음〉

처녀의 미모와 미라의 모래시계….

시간은 휴식을 모른다. 그것은 끝없이 흐르기 때문이다.

어느덧 젊음도 지나가고, 아름다움도 조금씩 시들며, 생명도 차츰 꺼져간다.

아마도 미의 본질은 이 지나가고 시들며 꺼져가는 것들을 주시하지 않고는 포착할 수 없을 것이다.

의 그림들에 흔히 있는 기독교적 모티브나 상징은 보이지 않는다. 비엔나의 미술사박물관에 있는 이 그림의 1896년 목록에는 '노파는 악덕이고, 처녀는 허영심이며, 아이는 사랑이다'라고 되어 있고, 1938년 목록에는 '덧없음의 알레고리'라고 적혀 있으며, 그 뒤 20년 후의 목록에는 '여자의 세 삶의 시기와 죽음. 모든 지상적인 것의 헛됨에 대한 알레고리'라고 되어 있다고 한다.

그런데 이런 정보 없이 그냥 이 그림을 보는 것도 즐거울 수 있다. 어떻게 그런가. 이 그림의 중앙에는 아리따운 여성이 벌거벗은 몸으로 거울을 쳐다보며 서 있다. 그녀의 피부는 백옥처럼 하얗고, 그 때문에 그 왼편에 선 노파나 오른편의 죽은 자死者 그리고 그림 전체의 진갈색 분위기와 뚜렷하게 대조된다. 그녀는 선 채 오른손에 든 볼록거울을 쳐다보고 있고—그 당시 거울은 대체로 볼록거울이었고, 평면거울은 만들기 어려워 매우 비쌌다고 한다—, 왼손으로는 흘러내린 머리카락을 걷어 올리고 있다. 그 또래의 처자들이 대개 그러하듯, 자기 미모에 한껏 빠져 있는 순간이다. 왜 남자의 육체가 아니고 여자의 육체인가? 왜 추가 아니라 미인가? 그것은 아마도 여자의 몸이 남자의 몸보다 더 큰 변화를 겪기 때문인지도 모른다. 그리고 이 미는 여자의 몸에서 더 강력한 매력을 가진다고 할 수 있다.

처녀의 발치에는 한 아이가 한 발을 접은 채 베일을 들고 있다. 처녀 왼편으로는 볼록거울을 오른손으로 받치면서 한 노파가 쭈글쭈글한 몸으로 다가오는 사자를 왼손으로 막고 있다. 이 아름다운 처녀에게 다가들지 말라는 듯이. 사자는 해골이 아니라 미라 모습을 하고 있다. 그는 오른손으로 모래시계를 치켜들고 있고, 왼손으로는 베일을 든 채 그림 오른편에 서 있다. 보아라, 모래는 이렇게 흘러내리고 있으니, 네 아름다움은 그리 오래 가지는 못하리라. 그렇게 말하고 있는 듯하다.

화면의 네 인물은 연령에 따른 삶의 경과를 보여준다고 할 수 있다. 혹은 죽은 자를 빼고 세 인물을 강조하기도 한다. 숫자 4는 예로부터 여러 가지를 의미하는 중대한 상징이었다. 그것은 흔히 미술사에서 말하듯이, 다혈(낙천), 담즙(격앙), 우울, 점액(침착)을 뜻하기도 하고, 동서남북의 네 방향이나 봄여름가을겨울이라는 사계절을 뜻하기도 한다. 혹은 3이라면, 그것은 시작과 끝 그리고 중간을 뜻할 수 있다. 교회가 그림의 주된 주문자였던 중세에는 이런 식의 시기 구분은 그리 중요하지 않았지만(신 안에서는 내세만 중요하므로), 대략 1500년을 지나 세속의 주문자들이 자기 그림의 주제를 직접 정함에 따라 점차 자주 등장하게 된다.

어떻든 여기에는 사람이 태어나 아이로 자라고 처녀가 되고 늙어 노파가 된 후 죽은 후까지의 변화과정이 묘사되어 있다. 흥미로운 것은 이 모든 과정이 투명한, 그래서 '없다'고도 할 수 있는 베일에 의해 아이와 처녀와 죽은 자가 이어져 있다는 점이다(그 당시 창녀는 베일을 쓰고 다녔고, 그래서 이 처녀가 창녀이고 노파는 뚜쟁이라는 해석도 있다). 죽음은 사물의 모든 내용을 비워버린다. 그래서 그것을 투명하게, 보이는 면과 보이지 않는 면을 같게 만든다. 시간의 특징이 사물을 무화시키는 데 있다면, 죽음은 이렇게 무화하는 시간의 가장 적나라한 증언자다. 지위나 계급, 부귀와 신분과 성과 인종의 차이는 죽음 앞에서 자취를 감춘다.

우리를 골몰케 하는 것은 늘 현재의 무엇이다. 현재의 업무, 현재의 부귀, 현재의 쾌락, 현재의 고민이다. 그러나 이 현재는 그 앞과 뒤로 이어져 있다. 이것을 사람은 쉽게 놓친다. 이 처녀 역시 죽음이 다가오는 것도 모르고, 모래가 흘러내리는 것도 보지 못한다. 그녀는 자기의 현재적 미모에 탐닉해 있다. 그러나 이러한 탐닉은 그렇게 몰두하게 하는 것의 본성—사라지고 부패하고 증발하는 사물의 본성을 헤아리게 될 때, 다가올 환멸을 줄일 수 있을 것이다. 소멸하는 것이 아름다운 것은, 우리 스스로 소멸하는 까닭이다.

슬픔에
대하여

이즈음 보는 것, 또 마주치는 것은 왜 이리도 슬프게 느껴지는가. 학교를 오가면서, 전철 안에서 아니면 지하도를 나오거나 들어가면서 잠시 스치는 사람들의 표정이나 옷차림, 주름과 기미는 왜 내게 슬픈 감정을 자아내는가. 올 겨울 날씨는 그리 춥지도 않은데, 사람의 행색이나 도시의 풍경은 여느 겨울처럼 새삼스러울 게 없는데, 내 마음은 왜 저려오는가? 사실 요즘의 나를 채우는 건 슬픔이다.

나는 '슬픔'이나 '절망' 같은 단어를 별로 좋아하지 않는다. 자주 사용하면, 마치 '가격파괴'라는 단어처럼 허황해 보이기 때문이다. 그런데도 하늘과 땅 사이에서 나는 요즘 우울하다. 거리와 나무와 사람과 바람, 공허한 말과 행동의 교차가 무수히 일어났다가 사라지고 있다.

이 땅의 사람들은 지쳐 보인다. 토요일 쉬는 이가 없지는 않건만, 허겁지겁 허둥대거나 어깨를 늘어뜨리며 걷거나 고개를 숙인 채 한 구석에서 졸고 있다. 깨어 있는 이는 무가지 신문을 읽고 있거나 못 먹어 핏기가 없거나, 너무 먹어 비대하거나 아니면 그 눈빛이 사납다. 계산기인가 게임기인가. 어떤 이는 무엇인가 열심히 두드리고, 그 옆 사람의 휴대전화는 쉴새없이 울린다. 이어지는 인공음 "전화 왔어요." 일렬로 서서 내달리듯 일렬로 앉아 넋을 놓고 있다.

호들러F. Hodler의 그림처럼, 이들은 '삶에 지친 자들'이다. 왜 그렇게 다들 쫓기듯 살고, 왜 혼을 뺀 채 내달려야 하는가. 아이들은 왜 하루 종일 분주해야 하고, 학생들은 왜 자정 넘긴 시간에 학원 버스에서 내리는가.

거리를 지나다가 '베트남 캄보디아 결혼 주선' 현수막을 보게 될 때, '도와달라'는 쪽지를 보여준 노인을 다음 날에도 만날 때, 내 마음은 가라앉는다. 천 원짜리 김밥 하나 말면 200원 남는다고 들었을 때 떠오른 건 7년 일해 번 돈이 117만 원이었다는 한 가장이었다. 그는 예르킨이라는 우즈베키스탄 사람이다. 여수출입국관리소에서 연기에 질식되어 죽은 9명의 이주노동자 중에 그가 있었다. 그들에게 '사장님'이라는 단어는 '일만 부려먹고 돈도 주지 않는 인간'이라고 했다. 왜 우리가 사는 땅과 집은 하루가 멀게 값이 치솟고, 자살률은 세계 제일인가. 술에 취해 귀가하는 사람이나 이 땅을 떠나는

호들러의 〈삶에 지친 자들〉[1892]
이 그림 속의 인물들처럼, 이들을 바라보는 우리 역시 모두 지쳐 있다.
두 어깨는 축 처지고 두 팔을 늘어뜨린 채 우리는 발치를 내려다본다.
이 땅의 도시와 거리, 사람과 그 관계는 활기를 잃은 지 오래다.
만물들로부터의 만인의 격리, 여기에 도시인들의 깊은 슬픔이 있다.

이민자들을 나는 이해한다.

낙담케 하는 일이 사방에서 일어나면 자포자기도 번거로워진다. 있었던 일들은 '있었다'라는 이유로 자연스럽게 돼버린다. 그래서 슬퍼할 거리도 못 된다. 구제란 처음부터 인간 세상에 어울릴 수 없는 말인지도 모른다. 슬퍼해야 할 것은 이 모든 비정상적인 것을 정상적인 것으로 착각하는 우리의 무감각일 것이다. 슬픔에도 여러 층위가 있는 것이다. 보이는 슬픔과 보이지 않는 슬픔, 현상적 슬픔과 내밀한 슬픔을 나는 떠올린다. 현실의 어떤 사건이 현상적 슬픔이라면, 내 몸이 느끼는 어떤 변화는 내밀한 슬픔이다. 무감각과 타성은 이 내밀한 슬픔을 이룬다. 여기에는 나이 탓도 있을 게다.

불혹이란 나이를 이전부터 나는 두려워했다. 얼마나 신조가 굳건해야 미혹되지 않을 것인가? 나는 도저히 자신이 없었다. 그런 불안한 시절을 십여 년 겪는 동안 나 역시 그 대열에 끼게 됐다. 지금은 굳건히 살아가고 있는가? 글쎄, 알 수 없는 일이다. 그래서 마흔은 '흔들림 없는 신념의 연령'이 아니라 '온갖 아집에 빠져 요지부동인 연령'이라고 어딘가에 쓴 적이 있다. 좋게 보면 자기 일을 성실히 한다고 하겠지만, 나쁘게 해석하면 달리 어쩔 수가 없는, 기껏해야 해온 것을 할 뿐인 때인 것이 인간 나이 마흔이다. 아이들은 커가고, 세상은 예나 지금이나 호락호락하지 않다.

누군가를 믿고 따르기도 어렵지만 드물게 믿는 것조차 헛된 것으로 드러나기도 한다. 우리는 얼마나 자주 다른 사람을 실망시키고,

또 얼마나 자주 그들에게 실망하는가. 잘못이 쌓이고 쌓이면 용서란 말도 꺼내는 데 주저하게 된다. 그럴 즈음 용서받을 것은 지나간 일만큼이나 다가올 일임을 깨닫게 된다. 앞으로의 삶에서도, 지금까지의 삶에서와 마찬가지로, 과오는 불가피할 것이기 때문이다. 사람은 제가 알고 믿고 행하는 것에 희생될 뿐이다. 더 슬픈 것은 이런 회한마저 곧 휘발될 것이라는 점이다. 남은 것은 무엇인가? 여전히 살아 있다는 사실이다. 그리하여 가장 깊은 슬픔은 이 생존의 현실이 훼손되는 데 있다.

한탄과 부정否定이 옳다고 해도 그것이 살아 있는 기쁨을 북돋지 못한다면, 그것은 무엇인가? 그것은 투정이 될 수도 있다. 삶의 진실 하나는 노래하든 울든, 이렇게 '뭐라고 하는 순간에도 내가 소진해간다'라는 사실이다. 일할 때도 우리는 늙어가고, 쉴 때도 생명은 녹아 든다. 그러므로 궁극적으로 소중한 것은 여기 있음—지금 살아 있음일 것이다. 삶의 경이를 새롭게 발견하는, 발견하려는 일일 것이다. 힘겨워도 웃을 수 있는 것은 삶 속에서가 아닌가. 우리가 죽음을 향유할 수는 없다. 생존의 놀라움에 비하면 슬픔은, 그것이 아무리 크다 해도, 사소한 것일 수 있다. 적어도 근원적인 사항은 아니다.

이 세상의 일과 하루의 저녁과 다시 아침으로 이어지는 나날들. 곳곳에 침묵이 어려 있고, 그 침묵에서 나는 길고 짧은 죽음을 본다. 그림자들은 고개 숙인 채 울고, 생활의 먼지는 진군하는 적들처럼 우리를 덮친다. 나무와 의자와 하얗게 펼쳐진 종이 그리고 지우개. 지

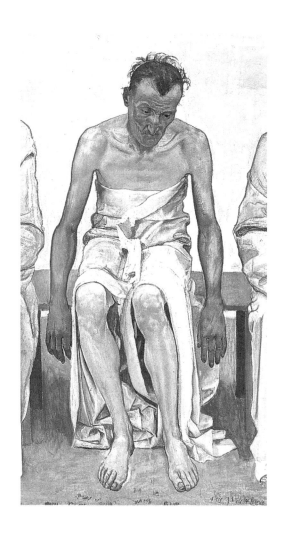

◆ ◆ ◆ ────────────

〈삶에 지친 자들〉 부분

이 그림에 나오는 사람들 중 이 중앙의 인물이 가장 절망적으로 보인다.
그는, 두 손을 모아 쥔 다른 인물들과는 다르게, 두 팔을 맥없이 늘어
뜨리고 있다. 겨우 남아 있던 신앙의 한 가닥마저 그는 포기한 것일
까?

워야 하고 또 기억해야 할 무수한 것들. 우울도 해묵으면 에너지가 된다던가.

곪고 찢어진 마음들이 만나 서로 위로받기를 우리는 기대한다. 부질없는 기대는 실망을 낳고, 실망은 쌓여 환멸이 된다. 환멸 속에서 모욕은 자산처럼 쌓여가지만 그래도 명심하자. 무엇보다 먼저 존중돼야 할 것은 자기 자신이라고. 나의 안위로부터 세계의 평화는 발원한다고. 개체의 안녕은 물과 공기처럼, 또 뿌리처럼 근본적이다. 삶의 많은 의미는 아마도 이 뿌리를 타고 올 것이다. 그 거대한 뿌리는 땅 밑으로, 내 속으로 나 있다.

◆
◆
◆

무대의
뒷면

누구에게나 활동의 공간이 있다.
집을 짓는 곳일 수도 있고, 24시간 영업하는 편의점일 수도 있으며,
백화점이거나 학교, 경찰서나 시장일 수도 있다. 그러나 이런 공간에
서 모두가 주인공인 것은 아니다. 몇 명의 주역이 있다면, 대부분의
사람들은 이런 주역을 돕거나 이렇게 도와주는 사람들의 잔일들을
처리하거나 혹은 이런 장소를 마련하는 데 관련되는 일을 한다.

　삶의 활동공간을 '무대'의 형태로 보여준다는 것은 그 공간을 성
찰의 대상으로 삼는다는 뜻이고, 그래서 '객관적으로 드러낸다'는 뜻
이 된다. 단순히 어떤 공간에 얽매여 사는 것이 아니라 이 얽매여 살
아가고 있다는 것, 이렇게 얽힌 채 살아가게 하는 삶의 조건을 거리
감 속에서 투시하게 하는 것이다. 이런 점에서 보면, 무대란 곳도 한

정된 것이고, 이 무대로 등장하는 사람이나 여기서 일어나는 사건도 제한될 수밖에 없다. 말하자면, 무대의 밖―그 뒤나 아래에서 일어나는 일은 훨씬 많은 것이다. 그러나 이것은 쉽게 조명되지 않는다. 예술은 바로 이 어두운 곳을 비추고자 한다.

드가가 그린 〈무대 위의 발레연습〉[1873]을 보고 있노라면, 여러 가지로 착잡한 느낌이 든다. '착잡하다'는 것은, 그림을 보는 시간이 늘어나고, 이 등장인물들을 자세하게 보면 볼수록 밝은 데로부터 어두운 데로, 경쾌한 것으로부터 우울한 것으로 감정이 바뀌는 걸 경험할 수 있기 때문이다.

이 작품은 파리에 있던 그랑드 오페라[Grand Opéra]의 무용수들이 휴식하는 장면을 보여준다. 발레는 원래 300여 년 전에 궁정예술의 한 형식으로서 주로 군주를 찬미하기 위해 공연되곤 했다. 처음에는 남자들이 의례적으로 추었지만, 그 뒤로 오면서 여자들도 허용된다. 그러다가 낭만주의 시대에 와서 요정이나 유령 같은 비현실적이고도 몽상적인 형상을 표현하는 게 필요했고, 그래서 남자보다는 여자가 더 어울리게 되었다. 발레의상이 소매 없는 코르셋이나 종 모양의 넓은 스커트로 줄여지게 된 것도 이 무렵이다. 왜냐하면 이렇게 치마폭이 넓으면, 아래위로 뛸 때 불룩해져서 허공에 뜨는 듯하고, 그래서 중력으로부터 해방되는 듯한 인상을 줄 수 있기 때문이다. 이후로 남자는 우아하고 가벼운 여자의 동작을 도와주는 역할을 맡는다. 그리고 이것은 여자무용수를 선호한 그 당시의 시대적 취향을 반영한 것

드가의 〈무대 위의 발레연습〉

이기도 했다.

드가 역시 발레리나만을 그렸지 발레리노는 그리지 않았다. 그가 남긴 1200여 개 되는 그림이나 조각품 가운데 무려 300여 개가 발레리나의 모습을 보여준다는 사실을 고려하면, 그 덕분에 발레가 회화의 주제로 유명해진 것은 당연한 것인지도 모른다.

이 그림에서 눈에 띄는 것은 동작의 자연스러움이 아닌가 여겨진다. 십대 중반쯤으로 보이는 앳된 여자 아이들이 고개를 숙이고 있거나 팔을 올리거나 신발을 고쳐 신거나 하품을 하고 있다. 혹은 앉은 채 등을 긁고 있거나 이런저런 손동작과 발동작을 연습하고 있다. 또 누구는 벽면에 선 채 이런 친구들을 따라해 보면서 쳐다본다. 그 어떤 동작이든 간에, 누군가를 의식해서라기보다는 자연스럽게—무의식적이고 본능적으로 이루어지고 있다. 저마다 하고 싶은 몸짓을 보이는 것이다. 화면의 오른쪽 끝으로 하얗게 각광이 비쳐들고 있고, 공간은 무대 안쪽으로 갈수록 어둡게 채색되어 있다. 그런데 무용수들의 얼굴은 그리 밝아 보이지 않는다. 오히려 창백하고 불분명하다. 아이들은 여러 몸짓 속에서도 근본적으로 익명의 존재로 남아 있는 것이다.

궁금한 것은 그림 오른편 구석에 앉은 채 정면, 그러니까 이 작품의 감상자(우리)를 쳐다보는 한 중년남자다. 그는 누구일까? 그는 발레를 지도하는 선생일 수도 있고, 감독일 수도 있다. 혹은 이들 발레리나를 돕는 돈 많은 후원자일 수도 있다. 사실상 그 당시 공연의 주된 고객은 도시의 한량들이었다. 발레나 연극은 더 이상 왕족이나 제후 같은 귀족의 호의보다는 돈을 내는 관객층에 점점 더 의존하게 되었다. 그러니 공연단체는 이들 고정고객의 관심을 끌어야 했고, 이들의 기부금을 얻어내야 했다. 그때까지 '예법'에 어긋난다고 하여 금지되었던 것, 예를 들면 여성 무용수의 다리를 보여주는 일도 이 무렵에 해제된다.

이런 식으로 고객들은 칸막이 특별석에 앉아 에로틱한 욕구들을 충족시켰고, 때로는 이 그림이 보여주듯, 연습시간에 들어와 구경하기도 했다. 그러다가 맘에 드는 발레리나가 있으면 돈을 대주기도 하고, 그러다가 추문에 휩싸이기도 했다. 어쨌든 이들은 무용수를 후원한다는 명분 아래 특별대접을 받았다(당시만 해도 오페라 출입구는 세 곳—황제용, 고정고객용, 일반관객용이 있었고, 이것은 1917년에 와서야 폐지되었다고 한다). 거꾸로 여자 무용수에게 춤은 가난을 벗어날 수 있는 기회이기도 했다. 이들은 대개 하층계급 출신이었고, 따라서 고객의 도움으로 배고픔의 뒷골목 생활을 벗어날 수 있었다(이렇게 춤추지 않으면, 그들은 그들 어머니처럼 바느질이나 세탁부로 살아야 했다).

그러니 이렇게 말할 수 있을까? 모든 우아함은, 춤까지도, 고단한 생활을 벗어나기 위한 몸부림이라고. 얼핏 보기에 자연스러운 이 모든 몸짓은 결코 자연스러운 것이 아닐 수도 있다. 그것은 감독이나 후원자의 눈에 들기 위한 방편일 수도 있다. 수백 개의 무대가 있다면, 이 무대 뒤의 사연이란 수천, 수만 개에 이른다. 헤아릴 수 없이 많은 것이 삶의 어두운 배경 아래 잠겨 있는 것이다. 예술이 묻는 것은 바로 이것이고, 그림 감상을 통해 우리가 깨닫는 것도 바로 이 배경 아래 잠긴 사연들이다.

예술은 어떤 공간을 드러내 보인다. 그것은 드러난 것이면서 드러나지 않으며, 보이는 것 속에서 보이지 않는 것을 암시한다. 그리하여 그것은 무대의 앞과 그 뒤를 동시에 비춘다. 무대의 이 뒤편을 보면서 우리는 우리를 고단하게 하는 게 무엇인지 잠시 생각한다.

대도시-밤-
술집-익명성

　　　대부분의 현대인은 아침이면 차
를 타고 직장에 출근하고, 저녁이면 사람을 만나 술을 한잔 걸치기도
하고, 주말이면 아이 손을 잡고 공원에 가거나 때로는 백화점 쇼핑을
즐기기도 한다. 그런데 이런 대도시적 삶의 양상은 원래부터 그러했
는가? 물론 그렇지 않다. 근대화 혹은 현대화로 특징지어지는 대도
시적 현상은 우리의 기준으로 보면 1920~1930년대를 전후해 시작
되었고, 서구를 기준으로 보면 1850년대를 전후하여 갑작스레 생겨
난다. 그 가운데 프랑스의 파리는 대표적이다.

　파리가 오늘날의 모습으로 된 것은 대체로 1800년을 지나면서부
터다. 19세기를 지나면서 파리는 산업화로 인해 그 규모가 급격하게
팽창했고, 1850년대 이르러서는 거주인구가 1800년대에 비해 거의

2배로 증가하게 된다. 시골에 있던 사람들은 일자리를 찾기 위해 너도나도 도시로 몰려들었고, 그래서 파리는 거주 인구가 100만 이상이나 되는, 세계에서 세 번째로 큰 대도시로 변모한다. 그러나 이런 인구팽창은 많은 부작용을 일으키기도 한다. 도시는 그저 화려하고 살기 좋은 곳이 아니라 전염병이 번지는 소굴과도 같은 불결한 곳이 된다. 조르쥬 오스만 남작의 파리 재개발계획은 그렇게 해서 시작된 것이다.

오스만 남작은 1853년부터 17년 동안 파리 지사를 지내면서 대대적인 파리 현대화 계획에 착수했다. 그는 시내를 관통하는 가장 큰 도로인 '그랑 불레바르Grand Boulevard' 체계를 고안했고, 그 유명한 상하수도 시설을 정비했으며 대규모 주택사업을 일으키기도 했다. 오늘날 파리 시내의 주요 시설들—유서 깊은 광장이나 극장, 교회와 공공건물은 모두 이때 건설된 것이다.

그러나 이런 재개발에 숨겨진 의도가 없었던 것은 아니다. 그것은 기존의 혼잡스런 골목 대신 대로를 건설하여 계속되는 폭동을 군사적 · 행정적으로 쉽게 통제하기 위해서이기도 했다. 또 이전에는 뒤섞여 있던 주거지역이 점차 분리되기 시작한다. 즉 노동자는 공장지대와 더불어 도시의 변두리로 밀려나고, 도시 중심부에는 부르주아들의 주거지역과 이들을 위한 유흥가가 조성되었다. 어쨌든 이 대규모 개조사업은 파리의 전체적 현대화에 크게 기여한다.

1860년을 전후하여 활동한 인상파 화가들은 파리가 지닌 이런 번잡하고도 복잡한 대도시적 면모—카페와 음악회, 극장과 댄스홀 등을 다양하게 포착하려고 애썼다. 그들은 기존 화가들과는 달리 작업실을 떠나 대로변의 풍경이나 기차역과 같은 현대적 철제구조물을 즐겨 그렸고, 강가나 초원으로 소풍 나와 주말을 즐기는 근대인의 생활풍경을 선호했다. 에두아르 마네[E. Manet, 1832~1883]가 그린 〈폴리-베르제르〉[1881~1882]는 이 당시에 흔히 있던 술집 안의 풍경을 잘 보여준다.

마네는 자기 자신을 인상파로 여기지 않았다. 그는 당시의 관객이나 비평가들이 좋아하던 아카데미즘에 반대하여 자연 속의 여인과 같은, 라파엘이 즐겨 그린 고전적 주제를 자주 인용했다. 그가 그린 〈풀밭 위의 점심식사〉[1863]는 소풍 나온 등장인물 가운데 한 여인이 옷을 벗고 있는 까닭에 전시가 거부된 것으로 유명하다. 그의 그림은 대기의 순간적 흐름을 즐겨 그린 여느 인상파 화가와는 달리 색채를 해체하지 않았고, 그래서 사물은 대체로 뚜렷한 윤곽을 보인다. 그리고 그는 풍경보다는 사람을 즐겨 그렸다.

〈폴리-베르제르〉 역시 재미있다. 술집의 한 아리따운 처녀가 대리석 카운터에 손을 받친 채 앞을 쳐다보고 있다. 금발의 그녀는 회색 치마 위에 검은 색 빌로도로 된 코르셋 모양의 긴 조끼를 입고 있다. 가슴에는 꽃을 달고 있는데, 그건 카운터에 놓인 연노랑 장미나 주황색 귤처럼 희미하게 칠해져 있다. 그리고 그 왼편으로는 샴페인 같은 술이 놓여 있다. 그녀의 눈빛은 멍하고 그 표정은 어딘가 지쳐 보인

마네의 〈폴리―베르제르〉
북적이는 술집과 그 직원. 한편에는 갖가지 술과 과일과 밤의 흥겨움이 있고,
다른 한편으로는 생계의 고단함과 고독이 있다. 이 간극의 버거움을 우리는 홀로 견뎌내야 한다.

다. 이것은, 화면의 5분의 4를 차지하는 그녀 뒤의 거울이 보여주는 술집의 거대하고도 왁자한 내부 풍경과 대조를 이루는 듯하다. 이 거울술집인 폴리-베르제르는 파리의 중심부인 몽마르트르 대로 부근인 유럽에서 가장 유명한 유흥가에 있었고, 댄디했던 모네 역시 즐겨 들르던 곳이기도 했다.

〈폴리-베르제르〉는 그림이 보여주듯, 그 당시[1881년] 최신 발명품이었던 둥근 전기램프를 달고 있었던 가장 현대적인 술집의 하나였고, 수백 명이 술을 마시고 담배를 피며 음악과 발레, 무언극과 심지어 곡예마저 공연되던 엄청 넓은 규모였다(그림 왼편의 위쪽 끝에는 초록색 신을 신은 공중곡예사의 발끝이 보인다). 그 당시 파리에는 카페나 레스토랑, 백화점이나 술집이 즐비했고, 시골에서 올라온 처녀들은 이런 곳에서 여직원이나 판매원 혹은 여급으로 근무했으며, 이들 중 다수가 창녀가 되기도 했다. 그러니까 폴리-베르제르 역시 매춘이 없지는 않았던 어떤 '급변'의 장소였다. 기록에 의하면, 여자들은 이 술집의 지배인이 가장 예쁘고 우아한 창녀에게 2주에 한 번씩 지급한 카드를 가졌을 때만, 남자 동반 없이 이 술집으로 들어올 수 있었다고 한다. 말하자면 이곳은 대도시적 삶의 여흥과 쾌락이 일어나던 장소였던 것이다. 그렇다면 '쒸종Suzon'으로 알려져 있는 그림 속의 이 여급은 어디에서 왔을까.

흥미로운 것은 그림 오른편의 맨 위 끝에 그려진 한 남자의 모습이다. 원통 모자를 쓴 이 남자의 표정은 희미하지만, 그 눈빛은 이 술집 여급을 향해 있다. 사실 이 여급은 그림의 정면을 보고 서 있으므로, 이 작품이 보여주듯이 거울에 등을 온전히 보이는 형태로 나타나기 어렵다(그 점에서 화가는 정확한 원근법을 무시했다고 볼 수 있다). 이 남자의 표정은 선명하지 않지만, 그의 시선은 이 시선을 바라보는 관찰자, 즉 우리를 향해 있다. 그는 아마 이 술집을 즐겨 찾던 마네 자신의 모습인지도 모른다. 중병을 앓던 그 당시의 마네는 가끔 이곳으로 와서 술을 마시며 이 여급과 농담을 나누거나 작품의 착상을 얻거나 혹은 사그라지는 자기 몸의 생기를 다독였는지도 모른다. 그것은 삶과 죽음 사이에서 아름다움을 쫓는 예술가의 허망하고도 부질없는 한 흔적처럼 보인다.

그러나 화가의 이 같은 모습이 아니더라도 우리는 무관계성—흔적 없이 쉽게 휘발되고 마는 인간 삶의 특성이 이 술집의 내부 풍경에 이미 담겨 있다고 말할 수 있을지도 모른다. 그 속의 수많은 사람들 또한 다들 희미하다. 그 자신의 독자적 윤곽을 보이는 경우는 없다. 그리하여 그들은 자기의 이름과 무관하게, 마치 아무런 이름이 없는 듯이, 그래서 언제든 교체될 수 있는 듯해 보인다. 어떤 외로움도 하소연할 데가 없어 다들 홀로 앉아 홀로 중얼거리며 홀로 마셔대는 것이다. 현대인은 이런 전적인 익명성과 고독 속에서 자기 삶을 탕진해간다. 그것은 아무런 생각이 없는 듯한 여급의 멍한 시선에서 느껴지는 것이기도 하다.

폴리-베르제르의 여급은 마치 정물화 속의 사물처럼 맥이 빠진

듯 '다음' 주문을 기다리며 서 있다. 그녀의 생활은 배경의 화려하고
도 유쾌한 분위기와는 무관하게, 지친 몸짓 속에 굳어 있는 듯하다.
우리 같은 현대인 역시 그녀의 삶과 크게 다르지 않을 것이다. 도시
의 화려함과 물질적 풍요는 우리와 관계하면서도 우리와는 전혀 무
관한 것이기도 하다. 현대문명이 자랑하는 것이 환락과 편리 그리고
유흥이라면, 그 뒤에 배인 고독과 익명성은 어찌할 바 없는 현대적
삶의 음울한 그늘로 보인다. 그렇다는 것은 술과 밤의 여흥을 즐기
기 위해서는 고독의 쓸쓸함과 생활의 고달픔도 감수해야 함을 뜻한
다. 누군가와 술을 같이 마신다고 해서 반드시 서로를 이해할 수 있
는 것은 아니며, 밤의 분위기를 만끽한다고 해서 술 깬 다음 날의 환
멸이 없는 것은 아니다.

　삶의 축제는 언제나 짧다. 누구는 무대 뒤편에서 축제를 돌봐야
하고, 누구는 파티 후에 남겨진 빈 그릇을 새벽이 밝아올 때까지 치
워야 한다. 우리가 환담을 누리는 것은 우울과 노동이라는 대가를 치
를 때뿐이다.

지옥
현실

현실이 어렵고 세계가 불투명하
게 보일 때, 마음이 어둡고 패잔감이 쌓일 때 내가 떠올리는 그림이
하나 있다. 외젠 들라크루아Eugène Delacroix, 1798~1863가 그린 〈단테의
조각배〉1822다. 시인 보들레르가 "르네상스를 잇는 마지막 위대한 화
가이자 근대의 첫 화가"라고 칭한 그는 흔히 낭만주의 회화의 거장
으로 불린다. 그는 미켈란젤로를 흠모했고 루벤스를 존경했다. 몸짓
과 표정, 자세와 근육을 표현하기 위해 앞선 거장의 작품을 그림이든
메달이든 조각품이든 가리지 않고 연습했다. 시스티나 성당의 벽화
는 한 예다. 그는 호머와 셰익스피어, 코르네유와 라신 같은 작가의
작품도 부지런히 읽었다. 그 가운데 단테와 버질은 그가 흠모한 선생
중의 선생이었다.

들라크루아의 〈단테의 조각배〉
하늘은 어둡고 삶의 물결은 출렁인다. 사람들은 서로 밀치고 누르며 물고 싸운다.
이 위태로운 시간을 뚫고 단테는, 버질에 기댄 채, 지옥 같은 현실의 강을 건너려 한다.
오직 예술만이 현실초극의 힘이 되는 것인가?
바로 이 순간을 들라크루아가 포착하여 그리고 있으니, 그는 단테와 버질을 기억하면서
1800년대의 시대적 파고(波高)를 넘어서려 했는지도 모른다.

그림을 보자. 중앙에는 두 인물이 서 있다. 왼쪽은 르네상스 이탈리아 시인인 단테이고, 오른쪽은 고대 로마의 시인 버질(베르길리우스)이다. 등을 보이며 노 젓는 이는 사공 플레기아스다. 이들 주위로 지옥의 저주받은 자들이 물 속에서 허우적거리며 몰려들고 있다. 폭풍우가 몰아치는 듯 하늘은 어둡고 물결은 출렁이며 저 멀리 성벽이 검은 연기에 휩싸여 불타고 있다. 단테는 스승 버질의 안내로 지옥을 돌아다닌다. 이 대목은 지옥문을 지나 디스라는 도시로 들어가는 순간이다.

단테는 흰옷에 수도사의 붉은 두건을 쓰고 있다. 왼팔은 버질에 기댄 채 오른쪽을 보며 구명을 청하듯 손을 흔들고 있다. 버질은 그 옆에서 갈색 망토를 두르고 월계관을 쓴 채 믿기 어려울 정도로 평정을 유지하고 있다. 그는 다독이듯 단테의 왼손을 잡고 있다. 요동치는 물결에 배는 곧 뒤집힐 듯하다. 지옥의 무리는 뱃전을 잡거나 사람을 밀치거나 서로 싸우고 있다. 배를 드러낸 채 탈진해 있는가 하면, 배 뒷전을 물어뜯는 이도 있다. 단 한 사람, 건너편에서 오른팔을 배에 걸친 사람만이 화면을 똑바로 쳐다보고 있다. 이 그림을 보는 당신은 누구인가라는 듯.

지옥 사람들이 배 주위를 에워싼 채 불안과 분노로 흔들리고 있다면, 배 안의 두 사람, 단테와 버질은 상대적으로 침착한 모습이다. 미술사가 율리우스 마이어 그래페J. Meier-Graefe는 이를 두고 "움직이는 수평성과 고요한 수직성"이라고 했지만, 이는 내게 현실에 대면하는 어떤 자세로 보인다.

단테는 당시 민중언어였던 이탈리아어로『신곡』을 썼고, 군인 신분으로 전쟁에 참가하거나 외교관으로 정치 활동을 하기도 했지만, 거듭되는 정쟁의 소용돌이 속에서 결국 추방되는 운명을 맞았다. 그럼에도 그는 정치론과 교육론을 집필했고, 도시와 정파를 중재하기도 했다.『신곡』은 그의 이런 삶, 지옥 얘기가 아닌 1200년대 이탈리아에 대한 알레고리다. 그는 고향 플로렌스로 돌아가지 못하고 56세의 나이에 라벤나에서 죽었다. 추방된 자로서 운명을 마친 것이다.

이것은 조형예술 아카데미에 들어가려 했으나 여섯 번 거절당하고 일곱 번의 시도 끝에 회원이 된 들라크루아를 생각나게 한다. 단테가 버질을 스승으로 삼아 지옥기행에 나섰듯, 그는 이 두 시인을 정신의 사표로 삼아 예술의 세계로 뛰어든 것이다. 그러니까 이 그림은 혁명과 왕정복고로 얼룩진 당시 상황에서 그가 택한 나름의 현실 응전법이다.

〈단테의 조각배〉를 보면 색채는 강렬하고 인물들은 격렬하게 요동치고 있다(바로크적이다). 그러면서 극적 효과를 위해 정교하게 배치됐고, 양식적으로도 우아하다. 이는 버질의 태도에서 느낄 수 있다(고전적이다). 역동적 · 충동적이면서도 합리적이고, 사실적이면서도 상상적 · 허구적인 이중성은 초기부터 말년까지 들라크루아의 작품에서 지속적으로 나타난다. 고전주의와 근대성 사이에서 그는 균형을 잡고자 했고, 낭만주의는 이런 근대성을 구현한 사조로 인식됐다.

색채적 강렬성은 이 낭만성을 잘 보여준다. 보수주의와 자유주의의 균형은 이 예술적 긴장의 정치적 변형이었을 것이다. 『신곡』의 '8번째 노래'에서 단테는 이렇게 말한다.

> 저 자는 현세에서 참 거만하였지.
> 남을 만한 선행은 아무것도 안 했어.
> 그래서 그 그림자가 저렇게 미쳐 여기 산다네.
> 왕이라 대단한 듯 자기를 여긴 이들은
> 끔찍한 악명을 남기며 언젠가
> 이곳 진흙탕 속에 돼지처럼 나뒹굴 거야.

밀려오는 현실의 파도 앞에서 성난 얼굴로 밀치고 찢고 뜯고 때리는 사람들의 싸움. 분노를 이기지 못하면 늘 불안하다. 이들의 광분과 두 시인의 대조. 어둠과 빛, 광기와 정적, 삶과 죽음의 드라마. 이 모든 것은 선명한 색채 안에 녹아 있다. 보들레르가 지적했듯 들라크루아의 작품은 파괴와 살육 그리고 화재로 가득 차 있다. 이는 영원히 반복되는, 더 나아질 수 없는 인간의 야만을 증거한다. 나의 시선은 저주받은 자들에게서 항해하는 자, 노 젓는 자에게서 손짓하는 자로 나아가고, 명상하는 자로부터 허우적거리는 자로 다시 돌아온다.

오늘날 우리는 단테처럼, 또 단테를 그린 들라크루아처럼 지옥의 강을 따로 떠올릴 필요가 없다. 지금의 현실과 크게 다르지 않기 때

◆ ◆ ◆
〈단테의 조각배〉 부분
출구를 찾기 위해 맨 먼저 필요한 것은 현실직시일 것이다.
지옥의 현장을 주시하며 그 실체를 파악하는 것.
좋은 그림에는, 이 그림에서처럼, 관객을 응시하는 인물이 자주 나타난다.
뱃전에 어깨를 걸친 채, 우리를 주시하는 그의 두 눈은 곧 화가 자신의 시선일 것이다.

문이다. 폐허와 죽음, 폭력과 울음은 역사에 항구적이다. 하루에도 수백 명이 파산 신청을 하고, 똑같은 일을 같은 시간 해도 같은 액수의 돈을 받지 못하는 수백만 명이 이곳 반도의 남쪽에 산다. 지구는 살 만한가. 쉼 없이 떠나고 목숨을 끊는 현실의 유황불은 보이게, 보이지 않게 있다.

영혼도 육체도 고통의 기억 없이, 추방의 경험 없이 살 수는 없을까? 스스로 인간성을 증명하지 못한다면 우리는 수치에 불과하다. 살아 있을 때 선하지 않으면 진흙 속 돼지와 다를 바 없다. 예술의 보편성은 바로 이 점, 당파나 관점을 벗어나 오늘의 지옥을 반성하는데 있다. 그래서 죽은 자의 영혼 이야기는 산 자의 행동에 대한 얘기가 된다. 어떻게 살 것인가 묻지 않는다면, 우리는 들라크루아의 그림도, 단테의 시도 그르칠 것이다.

빈자리를
돌아보다

책 읽고 생각하며 글 쓰고 수업하
는 일을 직업으로 삼고 있으니 하루의 대부분을 책상에 앉아 보내게
된다. 이메일로 답변하거나 원고 문제로 이런저런 연락도 한다. 학기
말에는 성적 처리 같은 사무도 보지만 대체로 큰일은 없다. 아니 잘
만들지 않는다.

그러다가 방학이 시작되면 이것도 잦아들고, 금요일 오후쯤 되면
나는 좀 한가해진다. 해야 할 일은 줄지어 날 기다리지만, 그 일에 부
림을 당할 정도는 아니 되도록 한다. 이즈음 나는 가끔 나를 되돌아
본다. 돌아봄은 누구에겐 반성이 될 것이고, 누구에겐 명상이 될 것
이며, 또 누구에겐 회고의 시간이 될 것이다.

한 인간의 삶이 수천 수만 개의 날로 이루어져 있다고 해도 이 숱

한 날은 하나의 계기로 수렴되는 듯하다. 그 계기란 오늘일 수도 있고, 지금 이 순간일 수도 있다. 이때 나는 불현듯 나를 만나고, 그래서 내가 누구임을 가늠하게 된다. 나를 둘러싼 다른 것들―타자는 이즈음 감지된다. 개인은 타자성을 의식할 때 조금 더 커진다. 내가 오늘 성실하다면, 1년의 성실도 멀지 않으리. 내 생애가 그리 거짓되지 않다면, 내 삶 안에서 나는 역사의 진실을 만날 수도 있으리. 그러나 나와 너, 순간과 순간보다 더 긴 시간, 개인과 역사가 만나는 합치된 경험은 오래가지 못한다. 그래도 그것은 기쁨을 준다. 내가 나 이외의 그 무엇으로 나아가고 확장되는 까닭이다.

그러므로 되돌아봄은 교리문답서나 처세술 책자처럼 지혜와 여유를 가르쳐서가 아니라 자신의 삶을 조금 다른 차원에서 채우는 일이기에 필요하다. 이 여유를 누리며 나는 내 주변을 잠시 돌아본다. 이 주변이 '빈자리' 또는 '꽃이 진 자리'일 수도 있다고 한 시인은 말한다.

생각한다는 것은 빈자리에 앉는 일
꽃잎들이 떠난 빈 꽃자리에 앉는 일
그립다는 것은 빈자리에 앉는 일
붉은 꽃잎처럼 앉았다 차마 비워두는 일

문태준, 「꽃 진 자리에」

조속 趙涑,1595~1668의 작품으로 알려진 '새 그림鳥圖'은 전체적으로 거칠고 황량하다.

양상한 가지 위에 조는 듯 앉아 있는 새 한 마리.

조는가, 꿈꾸는가?

평온 속에서 휴식하는 정신. 그것은 잠든 게 아니다.

명상은 다가올 비상을 위해 절대적으로 유익하다.

빈자리를 돌보는 일—시를 읽고 그림을 보는 일도 그러하다.

예술의 경험은 미래의 비상을 위해 현재의 빈자리를 돌아보는 일이다.

돌아본다는 것은 단순히 어떤 있음을 떠올리는 것이 아니다. 그것은 무엇보다 없는 상태―"빈자리"를 떠올린다. 무엇인가 이울었거나 누군가 떠나간 자리, 그 부재의 자리를 반추하는 것이 생각하고 그리워하는 일이다. 그래서 그것은 피고 지는 꽃잎처럼 스스로 "앉았다 차마 비워두는 일"과 같다. 되돌아봄은 부재에 닿아 있을 때 진실하게 된다. 이런 진실 속에서 우리는 사람의 생애도, 이 시인이 적었듯이, '한 호흡'에 불과함을 깨닫는다.

꽃이 피고 지는 그 사이를

한 호흡이라 부르자

제 몸을 울려 꽃을 피워내고

피어난 꽃은 한번 더 울려

꽃잎을 떨어뜨려버리는 그 사이를

한 호흡이라 부르자

꽃나무에게도 뻘처럼 펼쳐진 허파가 있어

썰물이 왔다가 가버리는 한 호흡

바람에 차르르 키를 한번 흔들어 보이는 한 호흡

예순 갑자를 돌아나온 아버지처럼

그 홍역 같은 삶을 한 호흡이라 부르자

문태준, 「한 호흡」

꽃잎이 피고 지는 것도 시인의 눈에는 한 호흡과 같다. 숨을 들이쉬듯 꽃이 피어나고, 숨을 내쉬듯 그 잎은 지고 만다. 세상의 많은 일이 들숨처럼 일어나고, 날숨처럼 사그라진다. 이런 깨달음도 그저 오지 않는다. 그것은 사람이 현실 안에 살고 사람과의 관계 속에 거주하는 한 요지부동일 수가 없다. 돌아봄은 언제 어느 때고 끊기거나 방해받거나 어지럽혀질 수 있다. 삶의 휴식은 각 개인이 만드는 것이면서 그 개인을 에워싼 조건으로 만들어진다. 즉, 개인의 의지와 외적 조건이 동시에 충족될 때 잠시의 휴식도, 휴식 속의 명상도 생긴다.

그러나 이렇게 말하는 것은 이 땅에선 아직도 버거운 일 같다. 가령 661만 4000명_{전체 노동자의 33퍼센트, 2018년 8월 기준}에 이르는 우리의 동료 시민들—비정규직 종사자는 정신 없이 살지 않으면 안 되는 생계 조건 속에 있다. 이들에게 휴식이나 명상, 정관^{靜觀}이나 하루의 기쁨은 사치에 가깝다. 현실은 더 면밀하게 검토돼야 한다. 불법을 합법인 양 자행하고 개발의 이름으로 전 국토를 투기 삼는 이 거짓 시대에 현실은 더는 연속적으로가 아니라 불연속적으로, 변화와 단절의 관점에서 파악돼야 할지도 모른다. 철학은커녕 부패하며 거짓을 일삼는 이들이 이 땅을 대표하게 해선 안 된다. 지배적 담론은 지배하는 자의 언어이지 지배당한 자의 언어가 아닌 까닭이다.

진보나 발전을 믿는 사람들에게 흔히 그러하듯 역사는 동질적이거나 직선적으로 전개되지 않는다. 오히려 단절적이고 이질적이며 균열적이라고 할 수 있다. 이는 무엇보다 문화사를 '야만의 역사'로 규정한 발터 벤야민의 생각이지만, 우리는 삶의 현실을 더 복합적이고 다각적으로 사유할 필요가 있다. 그러나 이때의 단절이 꼭 파편적일 필요는 없다. 논리의 일관성은 '숨은 체계'로 있으면 된다. 그래서 비체계적 사유로 우리는 지속적 모순의 역사를 어떤 식으로든 간섭할 수 있다. 적어도 이런 의식이 있다면 이때의 명상은 정태적이지도 수동적이지도 않다. 이는 침잠 속에서 비판적으로 성찰한다.

오늘의 세계는 분명 광고와 환몽, 자기 선전과 공시^{公示}의 세계다. 여기에는 순간의 즉흥과 변덕이 있지 현재에 대한 경외는 없어 보인다. 그러므로 더 긴 시간적 차원은 잘 고려되지 않고, 하루의 기쁨은 자주 잊혀진다. 이래서 휴식과 돌아봄이 필요하다. 시인의 못다 부른 찬가를 듣고, 주위에 남은 고통을 우리가 헤아릴 수 있는 것도 이 무렵이다. 현재의 순간 속에서 영원을 예감하며 우리는 매일매일 살아갈 수 있을까? '지금 시간의 근원적 기쁨' 속에서 나는 꽃잎 떠난 내 빈자리를 돌아본다.

창밖을
내다보다

　　그가 사는 집에는 어느 쪽이든 창
문이 하나둘 달려 있다. 이 창가에서 사람은 일하거나 쉬거나 가족과
얘기하거나 음악을 듣거나 잠을 잔다. 혹은 인터넷 서핑을 하기도 하
고, 그저 멍하니 앉아 지낼 수도 있다. 그렇듯이 때로는 창문을 열고
그 밖을 내다보거나, 그 아래로 지나가는 이들을 구경하기도 한다.

　　그러나 그가 서 있는 곳은 지금 여기—실내다. 이 실내는 일정하
게 제한된 장소다. 그에 반해 창문 밖은 실외이고, 그래서 얼마든지
퍼져나갈 수 있다. 즉 공간적으로 무제한적이다. 밖에 있는 것이 시
시각각 변하고 있다면, 안에 있는 것은 사람이든 사물이든 간에 일정
한 수로 제한된다.

　　창밖을 내다본다는 것은 무엇인가? 그것은 그리움의 표현이다. 그

것은 나에게서 너로 향한다는 것이고, 여기에서 저 너머를 바라본다는 것이며, 현재로부터 과거와 미래를 꿈꾼다는 것이다. 그것은 그리움이고 호기심이며, 꿈이고 열망이다. 이 꿈과 열망, 그리고 그리움을 가장 강렬하게 담고 있는 것은, 예술사조로 보면 낭만주의라고 할 수 있다. 물론 모든 예술작품이 어떤 열망의 표현임은 틀림없다. 그러나 꿈은, 그것이 낭만주의에서 가장 적극적으로 드러나고, 그래서 사조 전체의 동력으로서 자리한다는 점에서 각별하다. 그래서 독일의 시인 노발리스^{Novalis}는 이렇게 썼다.

> 천박한 것에 어떤 고귀한 의미를, 흔히 있는 것에 비밀스런 외관을, 알려진 것에 알려지지 않은 것의 품위를, 유한한 것에 어떤 무한한 기상을 부여한다면 나는 그것을 낭만화하는 것이다.

낭만주의적 충동이란 모든 일상적이고 정상적인 것에서 벗어나 기이하고 불합리하며 모험적이고 환상적인 것을 예찬하고자 한다. 그것은 유한한 것, 제한된 것, 그리고 닫힌 것에서 무한한 것, 무제한적인 것, 그리고 열린 것으로 나아간다. 이렇게 나아가려는 것은 낭만적 그리움―세계를 낭만화하겠다는 시적 의지 때문이다. 세계의 낭만화 혹은 삶의 시화^{詩化} 없이 우리는 어떻게 이 지루하고 케케묵은 나날의 일상을 견뎌낼 수 있단 말인가? 모든 예술적 표현은 이런 시적 갈망의 의지에 다름 아니다. 이런 그리움은 프리드리히의 소박한 그림 〈창가의 여인〉[1822]에서도 잘 나타난다.

한 여자가 어느 실내에 서 있다. 창가에 기댄 채 그녀는 그 밖을 쳐다보고 있다. 그녀가 서 있는 공간에는 별다른 장식이 없다. 실내는 짙은 녹청색으로 칠해져 있고, 문은 창으로 고정된 윗부분과 덧문으로 열고 닫을 수 있는 아랫부분으로 되어 있다. 아랫부분은 마치 삼단장식화triptychon처럼 세 겹인데 그 중간이 열려 있고, 이 열린 문 밖으로 그녀는 고개를 내밀고 있다. 창문 밖으로는 누런 포플러나무가 정면에 무성히 보이고, 그 앞으로 강물이 흘러가는 듯 돛대가 곧게 서 있다. 여자가 내다보는 것에는 물리적 정경(나무)만이 아니라 배가 암시하듯, 이 정경을 넘어서는 미지의 세계까지 암시되는 것이다. 창틀 위까지 솟은 돛대의 끝은 수평의 창틀과 대비되면서 십자가 형태를 만들기도 한다.

사람이 자리한 실내는 이렇듯 늘 좁다. 어두운 이곳은 지상적 삶의 협소함을 알려준다. 이에 반해 밖의 공간은 밝다. 그 세계는 얼마든지 넓고, 또 더 넓을 수 있다. 그래서 무한정한 차원을 담는다. 그런데 이 넓은 세계를 볼 수 있는 것은 창문을 통해서다. 우리는 실내에 있고, 이 창문을 통해 더 넓은 곳으로 시선은 옮아간다. 사람이 외부 현실을 파악하고 그에 참여하는 것은 창틀이 보여주듯, 일정한 형식—수직과 수평으로 구성된 좌표계를 통해서다. 이 좌표계란 그림에서처럼 창문일 수도 있고, 아니면 안경일 수도 있고 혹은 이미 가지고 있는 느낌과 생각의 내용일 수도 있다. 또는 한 시대의 사회적

프리드리히의 〈창가의 여인〉
'창밖을 보다'란 '그리워하다'와 동의어다.
창밖을 내다볼 때, 내 마음은 이미 이곳을 떠나 있다.
지금 여기를 떠나 저기 먼 곳을 헤맨다.
그것이 낭만적 그리움의 궤적이다.

관습이거나 어떤 유행적 풍조일 수도 있다. 우리가 무엇을 그 무엇이라고 생각하게 만드는 것은 무엇일까?

이러한 사실이 알려주는 것은 우리가 대상을 그 자체로 인식하는 것이 아니라 일정한 여과과정을 거친다는 점이다. 그만큼 사람의 경험 내용은 쉽게 편향되고 어떤 식으로든 왜곡되기 쉬운 것이다. 그래서인가. 그리움에는 믿음과 더불어 회의가 묻어 있다. 그리움에는 희망 이상으로 우울이 담겨 있고, 더 나은 삶에 대한 기대만큼이나 심연에의 불안이 배어 있다. 그리움은 그 자체로 열광할 일이 못되는 것이다. 그것은 반성적으로 검토되어야 한다. 자연적 감정은 이성적으로 검증될 때 비로소 투명해진다. 낭만적 인간이란 밤새도록 술을 마시고 고성방가를 일삼는 사람이 아니라, 이런 성찰적 자의식으로 무장된 그리움의 인간이다. 주관적 감정의 이성적 지양이야말로 참된 낭만주의의 길이라고 할 만하다.

나도 이제 그림 속의 여인처럼 내가 사는 거실의 창가로 다가선다. 그리고 그 밖을 쳐다본다. 세상은 내가 내다보는 것만큼 넓고, 내 안에서 꿈꾸어지는 꿈의 크기만큼 깊어질 것이다. 그렇듯 내가 사는 건물 그 옆 어딘가에서 내가 모르는 또 어떤 이가 창밖을 내다보고 있을지도 모른다. 세계는 보이게, 보이지 않게 이어져 있다. 꿈과 그리움은 어렴풋하지만 완강하게, 간헐적이지만 끊이지 않고 이어진다. 이 조각난 꿈들이 각자의 시공간적 제약을 넘게 될 때 사람의 그리움은 비로소 좀 더 온전해질지도 모른다.

카를 구스타프 카루스^{C. G. Carus}의 〈드레스덴 부근 엘베강 위의 곤돌라〉¹⁸²⁷
카루스의 이 그림 역시, 낭만주의의 많은 그림처럼 인물의 뒷모습을 보여준다.
우리는 이 아가씨의 어깨와 모자 너머로 엘베강과 그 앞에 펼쳐진 드레스덴의
시가지—교회의 첨탑과 궁전의 지붕을 보게 된다.
이렇듯이 낭만주의 그림은 인물의 뒷모습을 통해 시각적 지평을 새롭게 펼쳐 보인다.

삶의 정경은 창문의 안과 그 밖, 여기 이곳과 저기 저 너머, 나의 이쪽 현실과 그들의 그 밖 현실 사이의 경계를 지금의 내가 얼마나 넘을 수 있는가에 따라 다르게 나타날 것이다. 이 넘어섬, 아니 넘어서려는 의지야말로 비루한 일상에 품위를 부여하는 낭만적 그리움이기 때문이다.

늘 그러했고
그러할 뿐인 삶

　　　　　　　　　　　이런저런 일이 많이 일어난다. 글
을 읽고 쓰고 강의하는 일 이외에는 가능한 한 일을 줄이려고 하는
데 그것도 잘 안 된다. 그런 와중에도 짬을 내어 보는 공연이나 전시
회는 활력을 준다. 두어 주 전 학교에서 봤던, 아마추어 동아리의 〈대
머리 여가수〉 공연도 아직 남아 있다.

　'부조리극' 또는 '실험극'으로 불리는 현대극이 그러하듯, 이오네
스코의 이 작품에서도 특별한 사건이나 줄거리는 없다. 주인공인 스
미스와 그 부인이 거실에 앉아 나누는 이야기는 판에 박혔다. 부인이
생선과 야채를 어느 상점에서 사다가 요리해서 먹는 것이 좋은지 말
하면, 남편은 그날 신문에 실린 이런저런 사건들을 구시렁거린다. 이
들 부부 이외에 마틴 부부와 하녀, 소방관도 나오지만, 이 사람들의

말이나 생각 역시 크게 다르지 않다. 각자 상대의 말을 반박하면서도 대체로 따라한다. 이는 부부면서도 상대를 알아보지 못하는 마틴 내외에게서 잘 드러난다.

마틴 부부는 같이 겪은 일에 대해 이렇게 말한다. "정말 신기하네요. 그러나 우연의 일치겠지요. 잘 생각해보면 그럴 가능성이 있어요. 그러지 말란 법 없고, 또 그럴 수도 있으니까요. 하지만 기억이 안 나요." 그렇다. 우리는 수많은 일을 겪지만, '그랬을 것 같고 분명 그랬을 테지만 기억하지 못하는' 무수한 것을 많이 알고 있다. 그러나 그 무엇이 사실로 밝혀질 때까지 함께 겪은 일들은 우연으로 치부된 채 그 다음으로 이어진다. 우리는 결국 아무것도 완전히 알지 못한 채 하루하루 고갈시킨다.

주고받는 말은 사람들 사이에서 끊임없이 반복되고, 행동 또한 다를 바 없어 보인다. 사실과 허위가 얽혀 있듯, 웃음과 울음, 분노와 기쁨의 경계도 흐릿하다. 어떤 일이든 절대적 동기와 분명한 결과를 말하기 어려운 것이다. 그래서 서로 모순되는 진실들은 당당히 공존하게 된다. 여기에 고유한 무엇이란 건 존재하기 어렵다. 경험이나 언어가 공허하듯, 사고도 흔해빠졌다. 〈대머리 여가수〉라는 연극에 여가수가 등장하지 않듯이, 결국 사람의 생애에는 그 생애를 자기 것으로 만드는 요소가 누락된 것이다. 늘 시간에 쫓기며 살아가지만 그 시간엔 변화가 없다. 대머리 여가수의 머리 모양이 똑같듯, 모순이 공존하는 상투적 사실만은 절대적으로 확실하다.

라 투르의 〈점쟁이 여자〉
눈에 띄는 것은 눈과 손,
외양과 실제의 불일치다.
친절하게 주고받는 듯 보이지만,
각자의 눈빛은 서로 다른 일을 계산하고
그 손길은 다른 일을 꾸미고 있다.
우리가 지금 만나는 사람들의 눈과 손은,
또 내 시선과 손짓은
이와 다른 것인가?

라 투르G. de La Tour, 1593~1652의 〈점쟁이 여자〉1630년경에서 내가 보는 것도 이런 상투성이다. 거짓의 은밀한 횡행을 보여준다는 점에서 현대 사회의 상투성을 연극 작품보다 더 적극적으로 보여준다고 나 할까. 이 그림의 중앙에는 앳된 청년이 있다. 그를 네 명의 여인이 둘러싸고 있다. 핵심은 여러 시선과 은폐된 손의 움직임이다. 눈빛은 서로 교차하면서 어긋나기도 하고, 손은 움직이는 시선과는 별도로 여러 가지 일에 '작업 중'이다. 그래서 젊은이와 여인들, 젊은 여자들과 늙은 여자 사이에는 속고 속이는 긴장이 있다. 그 긴장의 내용은 무엇인가?

오른쪽 노파는 청년의 손금을 보며 미래를 점쳐 주었을 것이다. 그런 다음 그 대가로 돈을 받아 말을 거는 사이에 맨 왼편 여자는 그의 호주머니에서 돈지갑을 꺼내든다. 그 옆의 여자는 그 지갑을 넘겨받을 것처럼 오른손을 펴고 있다. 청년이 노파의 손짓에 주의하는 동안 오른쪽에서 두 번째 여자는 그의 메달을 끈에서 잘라내고 있다. 그들이 걸친 옷은 모두 번지르르하다. 옷에는 각양각색의 무늬가 수놓아져 있다. 또 누구는 모자를, 누구는 수건을 쓰고 있다. 그러나 이런 화려한 외양도 각각의 기만적 교류를 덮어주지 못한다. 아무 일도 없어 보이지만 훔치고 뺏는 일은 쉼 없이 일어난다.

라 투르는 극명한 명암 대비를 잘 보여준다고 해서 프랑스의 카라바조주의자로 불리지만, 그의 생애가 칭찬받을 만한 것 같지는 않다. 그는 루이 13세의 궁정화가로 성공하여 나중에는 프랑스 국민문화

◆ ◆ ◆
〈점쟁이 여자〉 부분

의 상징적 존재가 됐지만, 로트링엔의 작은 마을인 뤼네빌에서 일생을 거의 다 보냈다. 그는 고집불통에다 발끈하는 성질이었고, 전쟁으로 돈을 모으기도 했다. 한 자료에 따르면, 1646년 뤼네빌 시민들이 그가 "여러 마리의 개를 몰고 다니며 자기가 이 땅의 주인인 양 들판의 토끼를 쫓느라 논밭을 황폐하게 만든다"라고 그곳 영주에게 탄원한 적도 있다. 또 그는 사람을 때려서 고발된 적도 몇 번 있다.

라 투르를 둘러싼 이런 추문에는 과장된 면도 있겠지만, 그의 삶

◆ 133

이 그가 그린 그림의 진실에 못미친다는 것은 분명해 보인다. 그렇다고 해도 그의 그림은 우리를 놀라게 한다. 나는 고요하고 명상적인 그 특유의 여러 다른 그림들을 좋아하지만, 사기도박꾼을 묘사한 몇 점의 그림들도 즐겨 본다. 아마도 인간의 현실을 이보다 더 은밀하고 나직하게 보여주는 작품은 많지 않을 것이다. 그것은 우리의 정치 현실, 더 넓게 삶 일반에 대한 풍자로도 볼 만하다.

정녕 변해야 할 것은 변하지 않고, 변하지 말아야 할 것은 하루가 다르게 변하는 것이 인간의 현실이다. 첫내 나는 현실과 망측한 교제 그리고 잡다한 기억 같은 현실의 성격만큼은 상투적으로 지속된다. 그러나 이 같은 사실조차 사람은, 마틴 부부가 그러하듯, 자주 잊는다. 그래서 다들 회화 교재 속의 예문 같은 삶을 살게 된다. 우리는 늘 그러했고, 또 그러할 뿐인 생애를 산다. 그 시간 속에서 잔꾀와 교활함 그리고 간계는 늘어만 간다.

거짓과 진실, 믿음과 속임, 눈빛과 손짓은 서로 얽혀 있다. 이 간단할 수 없는 현실 앞에서 나는 가끔 정신을 잃는다. 제정신으로 살기 어려운 게 이 세상이다. 그러나 이것이 삶의 전부는 아니다. 때때로 라 투르 그림에 빛(촛불)의 원천이 숨어 있듯이, 그 비밀은 잘 드러나지 않는다. 고작 일흔 생애의 인간이 어떻게 삶의 깊이를 가늠하겠는가. 그러나 이오네스코나 라 투르는 이 같은 진면목을 두어 겹 보여주는 듯하다.

아름다움이란
무엇인가

오래전 일이지만 귀국한 지 얼마 안 됐을 때 길거리를 지나다가 '에스테틱'이라고 적힌 간판을 본 적이 있다. 처음엔 '미학과 어떤 관련이 있지?'라고 생각했다. 그런데 그런 곳이 한두 군데가 아니었다. 게다가 다들 깨끗하고 실내도 화려했다. 아니나 다를까. 그곳은 주름을 없애고 코를 높이는 화장과 성형의 장소였다. 이것도 미와 무관하지는 않다.

아름다움의 욕구는 어제오늘의 일이 아니다. 또한 우리나라만의 일도 아니다. 그것은 이전에도 그랬고, 중국이나 일본, 서구에서도 마찬가지다. 미의 이런 광적 추구가 가장 잘 나타나는 곳은 스타들의 세계일 것이다. 스포츠나 대중음악 분야도 그렇지만 영화계가 대표적이다.

할리우드에서 미는 흔히 날씬함에 있다고 인식된다. 살 빠지면 예뻐 보이고 날씬하면 인기가 치솟는다. 그래서 배우는 더욱 살을 빼고, 감독은 이런 배우를 열심히 찾아낸다. 그러니 살아남기 위해서라도 살을 빼야 한다. 한 신문에서는 이것을 '할리우드의 단식 나선'이라고 했다. 이곳 사람들은 굶는 것을 즐기고, 음식을 먹더라도 나중에 토해낸다. 그러다 보니 음식을 아예 삼킬 수 없는 병에 시달리기도 한다. 거식증拒食症이나 음식구토증이 그것이다. 많은 배우의 다리는 나뭇가지처럼 말랐고, 심할 때는 죽기까지 한다. 실제로 적잖은 배우들이 병원에서 약물치료를 받는다.

여기서 보는 것은 미의 광적 추구나 취향의 획일주의다. 그러나 더 큰 문제는 이런 피상화에서 야기되는 미의식의 왜곡이다. 구찌 가방을 들고 폴로 모자를 쓰면 미를 선도하는 듯 보이지만, 그것이 진짜 아름다움인지는 물어볼 일이다. 혹시 그것은 아름다움을 가장한 아름다움—엉터리 미는 아닌가? 보여지기 위한 미는 오래갈 수 없다. 오래가지 않는 것은, 그것이 허울이기 때문이다. 그래서 가짜는 진짜와 뒤섞인다. 진선미가 얽혀 있다면, 미의 왜곡은 진과 선의 왜곡이기도 하다. 이런 폐단은 우리의 경우 더 심해 보인다. 미의 역사는 길지 모르지만, 미에 대한 논리적 사고의 역사, 즉 미학적 전통이 짧기 때문이다.

그러나 이런 왜곡이 왜 일어나는지는 간단치 않다. 오늘날의 미는 대개 생활 속에서, 스스로 의식하는 가운데 일어나기 때문이다. 즉,

라이프스타일^{life style}로 나타난다. 그래서 누구나 미를 즐기고 스스로 구현하는 듯한 득의감을 갖는다. 기미와 주름을 제거하면 아름다워진 것 같고, 쌍꺼풀 수술을 하고 가슴을 키우면 시대의 미적 기준을 충족한 것처럼 여긴다. 그래서 자신이 미를 주도한다고 여기는 것이다.

이런 사회적 낭비를 늘 탓할 수는 없다. 근검함도 개인에 따라 차이가 있고, 이 사회의 경제가 불필요한 수요로 지탱되는 면도 있기 때문이다. 광고나 선전은 이런 가수요를 부추긴다. 더 근본적으로는 문화의 추동요인에 낭비적 요소가 있는 까닭이다. '장식의 나르시시즘'이라고나 할까. 자신을 (불필요하게) 꾸미면서 이렇게 꾸민 자신이 (유용하게) 지탱되는 잉여적 측면이 문화에는 분명 있다. 이 나르시시즘은 소비에서 가장 활개를 친다. 우리는 쇼핑할 때 만족감에 젖지 않는가.

아름다움이 무엇인지 설명하는 것은 간단치 않다. 미학사를 보면 시대와 지역에 따라 계속 변해왔기 때문이다. 중세 때 미는 신이나 신적 완전성의 표현이었다. 18세기까지 미는 대체로 예쁜 것이었고, 19세기로 오면 추함도 포함됐다. 미의 탈신화화가 시작된 것이다. 이런 경향은 현대에 올수록 심해진다. 그만큼 미의식이 소극적·부정적으로 변하는 것이다. 현대의 미는 너무 분화됐기 때문에, 심지어 미 없이도 이해되는 것처럼 보인다. 그럼에도 왜 미가 아직도 매력적인가?

미켈란젤로의 메디치 예배당 궁륭

이 둥근 천장의 두 가지 핵심 요소는, 최대한 줄이면, 사각형과 원이다.

사각형은 각이고 질서이며 형식이고 틀이다. 이에 반해 원은 움직임이고 흐름이며 무질서다.

이 두 요소는 서로 모순된다. 그러나 이 건축물에서 직사각형의 규칙과 질서는 원의 역동적 움직임과 잘 어울린다. 그래서 미의 어떤 원형을 떠올리게 한다.

아마도 참된 아름다움은 원과 사각형의 만남—질서 속의 움직임이자 유연한 원칙일 것이다.

아름다움이 중요한 것은, 간단히 말해, 그것이 나의 느낌에서 시작되기 때문이다. 그러면서 다른 사람도 느끼는 것—객관적으로 공감하는 것이기 때문이다. 즉, 나와 대상은 미에서 자연스럽게 이어진다. 칸트는 이것을 '주관적 일반성'이라고 불렀지만, 미는 내가 느끼는 것(주관적·감각적)이면서 다른 사람들도 느낄 수 있는, 느낀다고 생각하는(객관적·이성적) 것이다. 따라서 미는 감각과 사고, 개인과 사회를 잇는다. 이 매개 속에서 바른 미는 현실을 성찰한다.

그러므로 감각만의 미는 반쪽의 미다. 감각이 사유와 연결되지 못한다면, 그 미는 거짓이다. 참된 아름다움은 나와 타자, 현실과 이념을 잇는다. 이 이어짐 속에서 두 세계의 대립을 넘어선다. 미는 이어짐이고 넘어섬이며, 이 넘어섬 속의 균형이다. 그리고 이 균형 속에 행해지는 반성이다. 반성의 능력이야말로 참된 아름다움이다. 왜냐하면 반성으로 하여 대상의 미는 나의 미가 되기 때문이다. 미켈란젤로가 완성한 메디치 예배당의 궁륭은 이런 느낌을 준다.

이 작품은 르네상스 건축예술의 고전적 미를 잘 표현하고 있지만, 굳이 이것이 아니더라도 천장의 모습은 어떤 질서와 움직임을 동시에 느끼게 한다. 질서는 직사각형의 규칙적이고 기하학적인 구조에서 오고, 움직임은 이 규칙적 질서의 둥근 배치에서 온다. 그래서 리듬의 상승감 속에서도 온전하고 완전한 무엇을 떠올리게 한다. 현대의 심미적 시각에서 보면 고답적인 면이 없지 않지만, 그럼에도 그것은 미의 어떤 원형을 생각케 한다. 심미적 반성으로 나는 나를 넘어선 전체에 참여하는 것이다. 전체란 온전한 것, 그래서 좋은 것이다. 결국 미는, 플라톤이 말했듯 선에 대한 참여다.

그러나 오늘날의 미에는 이런 온전성이 빠져 있다. 감각은 사고되지 않고, 외양은 내면과 겉돌기 때문이다. 예쁘고 젊고 날씬하고 섹시한 것이 미의 전부라고 여기는 사회는 가련하다. 가는 허리와 쌍꺼풀진 눈만이 미의 표본이라면, 우리는 이 표본을 누가 만들어냈는지 물어봐야 한다. 유행에 휘둘리는 것이 아니라, 그래서 그것을 뒤쫓는 것이 아니라, 이 현실을 자기 식으로 느끼고 생각하고 판단할 수 있을 때, 비로소 나는 아름다울 수 있다. 미는 내가 대상을 얼마나 제어하느냐에 달려 있다. 이것이 이 화장술의 한국 사회—무반성적 나르시시즘의 문화에서 내가 갖는 미에 대한 생각이다.

산과 집과
강과 나무

나는 그림 보는 것을 좋아한다.

머리가 아프거나 일이 안 풀린 때 혹은 어떤 일이 끝나 잠시 쉴 때, 음악을 듣듯이 화집을 뒤적인다. 풍경화도 좋고 자화상도 좋고, 동양화도 좋고 서양화도 좋다. 그렇게 보고 있으면 마음이 편해져 온다. 홍대연洪大淵, 1746~1826의 '지두화指頭畫'는 그렇게 오래 전부터 보아온 그림의 하나다.

'지두화'란 말 그대로 손끝에 먹을 찍어 그린 그림이다. 손끝으로 그렸으니 거칠고 둔탁하다. 그러나 또 그만큼 자연스럽다. 그것은 섬세하거나 정밀하지는 않지만, 세상의 풍경 가운데 중요한 것, 그래서 근본적인 요소를 드러낸다.

멀리 산이 있고, 그 아래 강물이 흐르고 그 옆에 정자 하나 단출하

홍대연의 〈인물산수도〉

손가락 끝에 먹을 찍어 쓱쓱 그린 그림.

나무 둥치와 줄기, 초가지붕 그리고 언덕과 강과 산의 구름.

사물은 거칠게 그려도 드러나고, 이렇게 드러나면서도 그 전체는 숨어 있다.

세상은 드러남과 숨음 사이에 있다.

게 서 있다. 화면 앞으로는 버드나무 한 그루가 초봄인 듯 아직 앙상하게 서 있고, 이름을 알 수 없는 나무도 두어 그루 그 옆에 서 있다. 우리는 이 나무나 강물이나 산보다 오래 살지 못할 것이다. 인간의 한 생애가 어찌 버드나무보다 오래 갈 것이고, 강이나 산보다 더 유장할 것인가. 어림없다. 거칠고 분방한 필선은 삶의 어떤 근간들, 인간을 넘어서는 근원적인 것의 경로를 암시하는 듯하다. 발에 차이는 돌멩이도 셰익스피어보다 오래 갈 것이라고 작가 버지니아 울프는 썼던가. 모든 인공적인 것은 사멸한다. 사람은 기막힐 만큼 짧고도 부박한 삶을 산다.

우리는 그림을 보며 우리 사는 곳, 우리를 에워싼 것과 우리가 딛고 선 것들의 광활한 무게를 느낀다. 먹고 자고 입는 것은 소중하다. 그러나 그 이상으로 소중한 것은 이런 나날의 일을 간결하게 하는 것이다. 지금 경제위기의 많은 것은, 줄이고 줄이면, 과욕에서 온 것이다. 거품-확장-열풍-무분별은 자기한계를 의식하지 않은 데서 생겨난다. 한계는 삶의 테두리를 돌아봄으로써 자각된다. 예술이 상기시키는 바로 이 근원적 질서다. 이 질서 앞에서 진상은 허상으로 바뀌고, 쓸모없는 것은 쓸모있는 것으로 변모한다. 주위를 돌아볼 때 마음은 두려워지면서 평안해진다. 홍대연의 그림은 이 점을 알려주는 듯하다.

◆
◆
◆

다매체 시대의
교육

　　책 읽기에 대한 중요성은 오늘날
에도 여전하다. 이것은 이른바 '활자위기론'에서 오는 것이고, 이 위
기는 고화질 텔레비전이나 영화, 비디오에 인터넷까지 가세하면서
야기된 영상매체의 막강한 영향력에서 오는 것이다. 한편에서는 디
지털 혁명시대가 왔다고 선전하고, 다른 한편에서는 그래도 책만이
문화를 담지膽智할 수 있다고 주장한다. 또 다른 한편에서는 많은 이
들이 읽고 해석하는 전통적 문학 교육을 포기하면서 문화론 연구에
뛰어들고 있다. 그런데 우리는 왜 늘 어느 한 편만 고집하려 하는가?
　과학기술 발전이 초래한 생활상의 변화는 오늘날 분명해 보인다.
그것은 이전과는 전혀 다른 형식의 소통을 실현시키고 있다. 현실은
참으로 급박하게 돌아가는데, 사람의 생각은 느리고 몸의 적응은 더

더디다. 그래서 잘못되거나 좁은 생각들이 여기저기 퍼져 있는 것 같다. 텔레비전을 많이 보기 때문에 책을 적게 읽는다든가, PC 사용 시간이 늘어나 책 문화가 사멸하고 있다고 한다. 또 e-Book^{전자책}이 머지 않아 인쇄책자를 대체할 것이라든가, 상품 사회화된 오늘날 모든 광고는 소비를 부추기는 전략일 뿐이라는 것이다. 따라서 책을 많이 읽으려면 텔레비전을 없애야 하고, 거꾸로 디지털 시대를 선도하려면 컴퓨터 교육이 모든 학교, 모든 교실에서 필수적이라는 것이다. 과연 그럴까?

얼마 전 몇몇 동료와 가졌던 독서문화 공부모임에서 나온 결과들 중 몇 가지는 이랬다. 하나는 책읽기 습관이 아이들(특히 2~6세까지)에게 중요하다면, 이 습관은 단번에 얻어지는 게 아니라 읽어주기-묻기-이해하기-스스로 읽기 등 몇 단계를 통해 이뤄지고, 이 단계를 '차곡차곡 밟아가는' 것이 아이의 정서적·인지적 발전에 매우 중요하다는 것이다. 이렇게 책읽기를 생활화하지 않으면 책은 영영 정보 획득 수단에만 그친다고 한다. 또 하나 흥미로운 사실은 읽기와 말하기의 향상을 위해서는 '상징 가공'의 훈련이 필요한데, 이 상징 영역에 속하는 것이 국어와 수학이라는 것이다. 국어는 문장 연습을 통해, 수학은 문제 분석을 통해 추상적 능력을 키우기 때문이다(『구텐베르크의 결과들』, 2002).

이런 논의를 하면서 내게 떠올랐던 것은 이전에 읽었던 후베르트 마르클^{Hubert Markl}의 견해였다. 뮌헨의 막스-플랑크 학회회장을 지

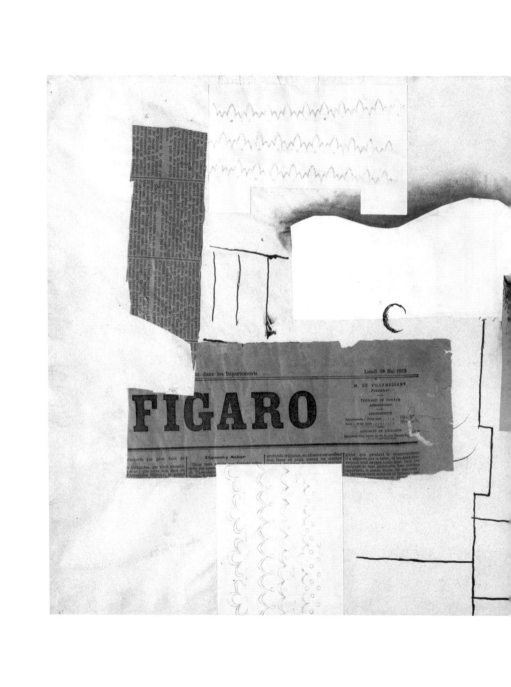

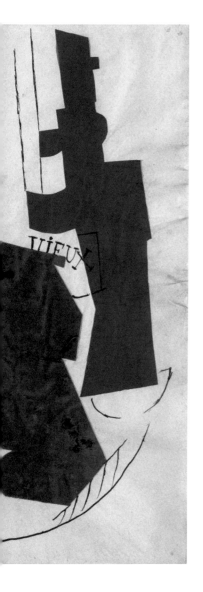

피카소의 〈비유 마르 병, 유리잔, 기타 그리고 신문〉[1913]
이 콜라주는 여러 가지를 오려 붙이거나
그린 '혼성적' 작품이다.
다매체 사회에서 우리 역시 잡다한 정보를 가려내고
제대로 판단하는 능력—매체소화능력을
키우지 않으면 안 될 것이다.

낸 그는 "매체사회에서 지식사회로 가는 길은 정보에서 의미로 가는 길이고, 그것은 지각에서 판단으로 가는 길"이라고 말한 바 있다. 그만큼 다매체 시대에는 의미와 판단이 중요하다는 것이다. 그가 말하듯이, "총체적 정보는 총체적 백치화"를 뜻하기 때문이다. 하루 종일 정보만 쫓아다닌다면 바보가 될 수밖에 없다. 따라서 무엇이 좋고 나쁘고 옳고 틀린지, 또 무엇이 중요하고 중요하지 않은지 가르쳐주는 것이 다매체 사회의 교육 목표라고 할 수 있다. 이것은 결코 컴퓨터가 가르쳐주지 않는다. 기계에서 배우는 것은 기술이나 솜씨지 지혜나 현명함은 아니다.

보고 읽는 세계가 아무리 다양하고 화려해도, 그것은 결국 내가 얼마나 소화하느냐에 달려 있다. 세계의 다양성 정도는 나의 지각·인식 이해의 수준에 따라 다르게 나타난다. 그래서 이 모든 문제는 한 가지 사실—'매체 능력'의 문제로 귀결되지 않나 여겨진다.

매체 능력이란, 텔레비전이든 영화든, 인터넷이든 책이든, 각 매체의 전달 내용을 해석하고 번역하며 소화해내는 능력이다. 나는 이것을 '매체 소화 능력'이라고 하고 싶다. 그것은 정보를 구분하고 평가하며 판단하는 여과 능력이다. 앞서 말한 것과 연결하자면, 언어와 수리, 감성과 논리를 결합시키는 종합 능력이라고 할 수 있다. 정보는 내가 제어할 수 있을 때 비로소 지식이 된다. 자기 시각에서 대상을 이해하고 소화하는 능력은 여러 군데에서 오지만, 특히 생각하는 습관에서 온다고 할 수 있다.

우리는 새로운 매체의 영향력과 유용성을 부정할 필요가 없다. 기존 매체와는 다른 방식으로 의사소통에 기여하거나 앞선 매체를 보완하면서 현실을 체험하는 까닭이다. 19세기 초의 사진술이 회화 부문을 몰아내지 못했듯이, 또 텔레비전의 위세에도 라디오가 소멸되지 않듯이, 새로운 매체는 기존 매체를 위협할 수는 있어도 완전히 소멸시킬 수는 없다. 하나의 매체는 현실 조건에 따라 부단히 기능을 변화하면서 존속한다. 매체와 매체는 상호보완 속에서 자기 생존법을 익히면서 현실에 기여한다. 매체 역시 현실처럼 부단히 진화한다.

그러므로 다매체 시대의 교육 문제는 텔레비전이냐 책이냐 혹은 인터넷이냐 서적이냐의 양자택일 문제일 수가 없다. 두 가지를 다 선택할 수도 있다. 우리는 그 어느 때보다 여러 매체와의 만남이나 매체를 통한 교육을 적극적으로 할 필요가 있다. 그러나 매체의 장점에 대한 교육은 그 단점에 대한 교육과 병행돼야 한다. 전통적 문학 교육의 방식이나 교양 개념을 고수할 이유는 없다. 또 읽기가 반드시 책—활자 매체에 한정될 필요도 없다. 세상의 모든 것은 우리가 느끼고 읽고 경험하며 해석해야 할 텍스트다. 우리의 읽기는 책 읽기이면서 이미지 읽기이고, 책과 이미지(영상)로 이뤄진 세계 속의 경험에 대한 읽기인 까닭이다.

그러나 다시 확인해야 할 사실은 다매체 시대의 주인은 매체-정보-기술이 아니라 우리 자신이라는 점이다. 그러는 한 매체는 우리가 '이용'하는 대상일 뿐이다. 그것을 잘 이용하려면 계산과 조작의 능란함 그 이상이 필요하다. 정보가 많으면 많을수록 정보보다 더 중요한 것은 바른 정보를 가려내고 구분하며 평가하고 판단하는 능력이다. 정보화 교육이 컴퓨터 작동법 또는 인터넷 이용법을 가르치는 것만으로 안 되는 것은 그 때문이다.

매체를 독자적으로 부릴 수 없다면, 그 매체가 우리를 부릴 것이다. 생각하고 판단하는 훈련 없이는 100편의 영화도 비슷하게 받아들일 것이다. 매체에 대한 독자적 소화 능력은 이전 시대에도 그랬지만, 오늘날의 다매체 사회에서는 더욱 절실해 보인다.

◆
◆
◆

글쓰기 :
인간성에 대한 참여

대학 입학을 앞둔 이 땅의 10대 아이들에게 가장 큰 관심사 중 하나는 단연 논술일 것이다. 논술은 많은 대학교에서 입학 점수의 상당 부분을 차지할 정도로 비중이 높다. 그래서 누구나 잘 쓰고 싶어 하고, 실력 있는 논술교사에게 앞다투어 몰려든다. 논술학원은 물론, '논술연구소'라는 것까지 곳곳에 성업중이다. 많은 일간신문은 논술을 위한 주간 특집판까지 덤으로 내는 실정이다.

그런데 논술에 왕도가 있는가? 도대체 어떻게 써야 잘 쓰는 것인가? 이 대답이 손쉬울 리는 없다. 그러나 간단히 말한다면, 쓰는 것은 얼마나 읽는가에 달려 있고(첫째), 읽은 것을 얼마나 자기 것으로 소화하는가에 달려 있다고 볼 수 있다(둘째). 이때 소화의 정도는 독자의 이해력에 좌우된다. 스스로 얼마나 이해력이 있고 깊게 사고하는 가에 따라 같은 내용도 더 많거나 적게 받아들인다. 나아가 이렇게 소화한 것은 다른 사람의 말이 아니라 자기 자신의 말로 표현해야 한다(셋째). 글쓰기는 이때 잠시 완성된다. 즉, 논술은 읽기와 이해하기, 생각하기와 표현하기가 하나의 회로처럼 연결되어 일어나는 것이다.

　문제는 청소년들이 이런 전체 회로를 생각하기에는 어리고, 그들이 배우는 교과목도 너무 많다. 그러나 더 큰 이유는 아마도 자기 시간을 갖기가 힘들다는 데 있을 것이다. 방과후에도 학교에 남아 자율 학습을 하거나 학원에 가서 서너 과목의 수업을 보충한다. 토 · 일요일엔 하루 종일 '전 과목 학원'을 다니는 학생들도 많다.

　그러나 왜, 어떤 필요로 그것을 해야 하는지 그 목적이 뚜렷하지는 않다. 참으로 절실해서 스스로 선택하는 경우는 드물어 보인다. 여기에는 읽기와 쓰기 사이의 긴 사이클을 고려하지 않은 단편적 지도법이 있고, 변화무쌍한 이 땅의 교육 체계가 있으며, 학부모의 성급한 열의도 있다. 이것들이 모여 우리 사회의 근본 성격—과정적 노력보다 즉각적 성과를 중시하는 집단적 조급증이 된다. 성적의 서열화나 업적주의는 이런 시대적 이데올로기를 보여준다.

　논술이나 시험에 좌우되는 청소년 생활의 성격이나 사회 여건은 이해적 입장에서 보면, 어느 나라든 정도의 차이가 있을 뿐 일반적으로 나타나는 것이라고 볼 수 있다. 이는 외적 여건에 대응하는 내적

에두아르트 콜리어의 〈바니타스〉 정물화[1650년경]
모든 바니타스(덧없음) 정물화에는 해골 이외에도,
이 그림에서처럼 지구본, 모래시계, 악기가 자주 등장한다.
사람은 무엇을 위해 읽고 쓰고 시간을 재고 찾고 연주하는 것인가?
그것은 지금의 삶을 위해 있다.
글쓰기의 지향도 이와 다르지 않다.

태도—각 개인의 어떤 자세가 더 중요할 수도 있음을 보여준다. 즉, 단순히 학교의 커리큘럼이 좋아서 또는 사회 여건이 조성되면, 논술 문제가 절로 해결되는 것도 아니라는 뜻이다. 이것은 글쓰기 또는 넓게 말해 저술 활동이 직업인 학자들의 글이, 고백하자면, 반드시 좋은 것은 아니라는 데서도 확인된다. 그만큼 글에는 여러가지의 복합적 요인이 작용한다. 비관적으로 말하면, 좋은 글은 예외적으로만 도달할 수 있을지도 모른다.

그렇다 해도 좋은 글의 일반적인 조건을 생각하지 못할 이유는 없다. 그 첫 번째 조건을 나는 분명한 자기 입장position이라고 생각한다. 자기의 생각과 말을 가능한 한 선명하게 갖거나 가지려고 하는 것은 좋은 글의 전제이자 결과이기도 하다. 독자적 시각이 있어야 대상을 주체적으로 파악할 수 있고, 이렇게 파악된 생각이 쌓이고 쌓이면 주체성은 더 견고해진다. 이때 주체성은 단순한 아집이 아니다. 그것은 나의 것이면서 동시에 대상과 통하는 것이다. 그런 만큼 객관적으로 확대된 무엇이다. 바른 주체성은 폐쇄된 자아가 아니라 객관화된 자아—일반화된 개인의 산물이다. 창조성이란 자신만의 고유성이면서 동시에 대상으로 확대된 객관성을 뜻한다. 그래서 좋은 글은 자신의 목소리와 타인의 목소리를 함께 담는다.

그러므로 글쓰기란 나의 생각을 너의 생각으로 넓혀가고, 그들의 생각을 우리의 생각으로 불러들이는 일이다. 이런 교류 속에서 주체와 객체는 서로 생각을 나눈다. 이해는 이런 생각을 공유하는 데서 생겨난다. 생각을 교환함으로써 나는 너와 만나고, 우리는 그들과 공감한다. 따라서 글을 통한 확대는 타자로 향하면서 그렇게 하는 만큼 자기에게 돌아오는 것이기도 하다. '나로 돌아온다'라는 것은 좁게는 자기 반성이지만, 넓게는 내가 서 있는 현실의 테두리를 돌아본다는 뜻이다. 네게로 나아가는 것은 너를 이해하는 데 그치는 것이 아니라, 나를 이해하고 나의 이해를 통해 우리를 더 잘 파악하기 위함이다. 즉, 타자 지향과 자기 회귀는 주체의 동일한 자기 확대 운동 속에 있다.

글을 쓴다는 것은 주체 속에서 일반적으로 사고하는 일이다. 인간성이란 "자기 자신을 내적이면서 일반적으로 전달할 수 있는 능력─일반적 참여의 감정"이라고 칸트가 말했지만, 좋은 글 역시 '인간성에 대한 일반적 참여'라고 할 수 있다. 이 참여를 통해 사람은 자신의 한계를 조금씩 벗어난다. 이때 삶은 좀 더 온전해진다. 우리는 이런 식으로 자신의 삶을 돌볼 수 있다. 여기에서 우리는 글쓰기의 온전한 경로─읽기와 생각하기, 쓰기와 살기의 순환경로를 본다. 나와 타자 사이의 왕복운동을 보여주지 못한다면, 글은 죽은 것과 진배없다. 자신의 삶을 되돌아보고 고치는 게 아니라면, 글은 무슨 소용인가? 글은 오로지 오늘의 내 삶을, 우리의 사회를 성찰하는 데 있다.

이런 점에서 보면 이 땅에서의 논술 문제는 지나칠 만큼 기교화돼 있다. 마치 어떤 참고서를 읽거나, 3개월 혹은 6개월 과정이면 끝낼 수 있는 인증의 대상처럼 돼 있다. 그러나 좋은 글은 규칙의 암기로 얻어낼 수도 없고, 기술의 주입으로 해결되지도 않는다. 일정한 방법이 필요하긴 하지만, 이는 글쓰기 경로의 한 초보적 단계만 보여준다. 많은 것은 스스로 느끼고 주체적으로 생각하며 독자적으로 표현하는 데서 완성된다. 그리고 앞서 말했듯이, 수능에서 요구되기 때문이 아니라 더 근본적 이유—우리 각자가 유일무이성 속에서 자신의 독자적 삶을 살아가야 하기 때문에, 또 그렇게 하는 것이 삶의 방향타 구실을 하기 때문에, 필요하다. 이것이 논술유행 시대에 생각해보는 글쓰기의 한 의미다.

◆
◆
◆

위태로운
순간

　　　　　　　　　　　　어려운 현실일수록 기본에 충실
해야 한다는 것, 그래서 'Back to the Basic(근본으로 돌아가자)'이
필요하다는 것, 여기에 인문학이 무엇을 할 수 있을까. 이것은 간단
한 문제가 아니다.

　기본이란, 어디서건, 가장 근본적인 것이다. 그것은 초보적인 것이
면서, 무엇을 하건, 그 바탕이 되는 일이다. 게다가 마흔을 전후로 하
여 사람은, 각자의 직업이 요구하는 규율에 10여 년 이상 얽매이고
훈육된 탓에, 더 이상 다른 사람으로부터 영향 받기도 쉽지 않고, 또
섣불리 영향을 주려고도 애쓰지 않는다. 그것은 물론 사회생활을 통
해 축적된 '지혜'이기도 하면서 삶의 조건에 길들여가는 증표이기도
하다. 그러니 다르게 느끼고 새롭게 사고하는 일과 관련된 인문학적

자극은, 적어도 30~40대의 사람에게는 어쩌면 부질없는 혹은 불필요한 혹은 부담스러운 일이 될 수도 있다. 그 활동의 많은 경우가 하나의 여흥이나 해프닝으로 끝나는 것은 아마도 그 때문일 것이다.

그러므로 우리는 인문학이 당장 그리고 실제로 할 수 있는 것은 거의 없다는 걸 우선 인정하지 않으면 안 된다. 할 수 있는 일이 있다면, 그것은 주장이나 선언에 그치는 것이 아니라 직접 실행되어야 하고, 이때의 실행은 어떤 논증이나 설명의 방식이 아닌 나 혹은 우리 자신에 의해 이루어져야 한다. 인문학의 많은 문제는 결국 자기 자신에게 돌아가는 데 있기 때문이다. 그렇듯이 문화의 문제는 나날의 생활 속에서 몸과 영혼으로 체득되지 않으면 안 된다. 기본의 문제를 '말하는' 데 자족한다면, 우리는 인문학의 영토 안으로 한 걸음도 못 들어간 셈이다.

어떻게 시작할까? 기본으로 돌아가자는 반복되는 명제를 허황되게 되풀이하지 않으려면, 어떻게 하는 것이 좋을까? 나는 내가 서 있는 자리를 잠시 돌아본다.

최북의 〈영모도〉

겨울, 휴일의 오후, 베란다로 들어온 햇살이 따스하다. 이번 겨울은 그리 춥지 않으리라고 하는데, 그러나 마음은 벌써 한기를 느낀다. 우리 사회의 기상도는 불안정하고, 세계경제는 더 위태롭다. 올

겨울의 정서적 체감도는 아마도 유례없이 혹독할지도 모른다. 다시 내 선 자리를 생각한다. 이 따스하고 가는 햇살도 두어 시간 후면 한 켠으로 밀려들면서 점점 약해질 것이다. 그러면 곧 어둠이 밀려올 것이고, 사람들은 저녁밥을 지을 것이며, 이런저런 얘기를 나누다가 이윽고 잠자리에 들 것이다. 우리는 어떻게 살아가고 있는가? 이렇게 물을 때면, 자주 떠오르는 이미지가 하나 있다. 그것은 최북崔北.1712~1786의 〈영모도翎毛圖〉다. '영모도'란 깃털 달린 새나 짐승의 그림을 일컫는다.

조선시대 후기에 활약한 최북의 자字는 이름인 '북北'을 파자破字하여 '칠칠ㄴㄴ'로 썼고, 호號는 '호생관毫生館'을 썼다. '붓으로 먹고 사는 사람'이라는 뜻이다. 그는 낮은 신분으로 태어났지만 규범에 구속되는 걸 싫어했고, 개성이 강하여 호방하고 독특한 작품을 많이 남겼다. 소개하는 〈영모도〉도 꿩이나 메추라기 혹은 게 묘사에 능했던 그의 작품 중 하나다.

일종의 매조도梅鳥圖인 이 그림에서 무엇보다 눈에 띄는 것은 화면 구성이다. 나무줄기는 흔히 그러하듯 옆이나 아래쪽에서 나오는 게 아니라 위쪽에서 밑으로 나 있다. 이렇게 내려오다가 그것은 곧장 오른쪽으로 꺾여 있다. 이 줄기에 난 꽃가지는 옆쪽으로도 나 있지만, 주로 아래쪽으로 뻗어 있다. 가장 긴 가지는 화면을 좌우로 나누면서 곧장 밑으로 길게 내달리고 있고, 그렇게 뻗은 가지 위에 새 한 마리가 위태롭게 매달려 있다. 마치 거꾸로 매달린 듯이 고개를 틀어 위

최북의 〈영모도〉

를 향하고, 꼬리 깃털은 오른쪽 위로 치켜세우며 균형을 잡으려 애쓰고 있다. 화면 전체의 긴장감은 여기에서 온다. 나무줄기와 그 가지, 내뻗은 방향과 매달린 새의 자세. 이 모두가 파격적으로 배치되어 있고, 이 배치는 어떤 위기의 힘겨운 순간을 극대화하고 있다.

새는 날기를 멈추고 가지에 매달려 쉬고 있지만, 그러나 이 휴식은 오래 갈 것 같지 않다. 새는 곧 날아야 하고, 먹이를 구해야 하며, 제 집으로 다시 돌아가야 한다. 아마 새는 앉은 채 주위를 살펴보며 무언가 노리고 있거나 준비하고 있는지도 모른다. 새의 휴식에는 팽팽한 긴장이 떠나 있지 않고, 무엇을 예비하면서 주변을 잠시 돌아보고 있다. 지금의 시간도 내게는 그런 지도 모른다.

오전에는 액자 하나를 거실 벽에 걸었다. 이쪽이 어떨까, 저쪽으로 조금 낮게, 이게 좋을 터인데, 그렇게 물으며 오랜만에 못질을 했다. 그러다가 못 쥔 왼손 엄지를 망치로 쳤다. 거실과 안방이 이런저런 짐으로 어수선하다. 걸레질을 하자. 그러면서 음악을 좀 듣고. 슈만의 〈피아노 협주곡〉op. 54과 〈교향악적 연습곡〉op. 13을 차례로 튼다. 나는 방바닥을 걸레로 닦기 시작한다.

하부구조적 실천

며칠 놔두어도, 아니 며칠이 아니라 하루만 지나도 방안의 먼지는 쌓인다. 아무런 소리도 징후도 없이, 그러나 끊이지 않고 먼지는 제

卻恐生此聲

到耳枕

教流水盡聲

山

龕

亳生館

최북의 〈산수도〉
최북의 이 그림을 나는 조속의 '새그림'만큼이나 좋아한다.
아무런 장식 없는 바탕에 몇 차례 붓질을 했을 뿐.
이 그림을 보고 있으면, 산과 계곡 사이로 물이 흐르듯이,
내 조용한 마음에도 물결무늬(波文)가 일고 진다.

일을 계속한다. 끈질기게 존속하지만 그 생성의 순간은 여간해서 드러나지 않는다. 우리가 확인하게 되는 것은 늘 그 결과로서의 먼지다. 우리는 쌓인 후에서야 그 먼지를 발견한다.

우리의 감각은 늘 먼지에 뒤진다. 생활의 분비물과 같은 삶의 먼지들. 소음과 악다구니, 잡념과 알력과 이해되지 못한 무수한 말들도 먼지를 닮아 있다. 알 수 없는 순간에 찾아와 우리의 일부로 뒹굴다가 또 흩날려 가기도 하는. 그러면서 먼지는 빼곡히 다시 쌓인다. 생명을 가진 것들 중에서 먼지를 이겨낼 것은 없어 보인다. 어떤 먼지로부터 또 다른 먼지로 인간의 생애는 그 사이에 자리한 하나의 사건으로 있는 것인가. 먼지 속에서 먼지를 이겨내는 의미 있는 혹은 의미 없는 사건? 삶은 그런 것이 될 수 있을까? 의미를 만든다기보다는 지금의 삶이, 지금까지의 내 생애가 어떤 일관성 아래 이어져, 다른 누구가 아닌 내 스스로 수긍할 정도는 되어 있는가라고 가끔은 묻는 그런 삶인가? 만약 그렇다면, 그것은 그 나름의 의미를 갖춘 생애일 수도 있으리라. 죽도록 노력하면, 겨우 이런 것을 물을 수 있을지도 모른다.

먼지를 생각한다는 것은 내가 자리한 곳—내 삶의 위상학位相學을 점검한다는 것이다. 우리가 왔던 곳과 나아갈 곳—삶의 기원과 그 지향을 생각한다는 것이다. 이런 생각을 통해 지금의 과오와 여기의 미흡함을 줄인다는 것이다. 이렇게 줄여갈 수 있다면, 나는 조금 덜 어리석게 나 아닌 다른 이들과 만날 수 있으리라. 나와 그들, 개체와 전체는 어느 한 편으로 치우침 없이, 삶의 똑같은 평등권 아래에서, 각자의 고유성을 누리며, 상대와 어울릴 수도 있으리라. 지금 들려오는 슈만의 〈피아노 협주곡〉이 추구한 것도 바로 이 점과 다르지 않았다.

오케스트라가 독주자에게 대립되거나 혹은 그에 종속되는 것이 아니라 이 둘이 각자의 독자성 속에서 서로 어울리는 상태를 슈만은 염원했다. 이것은 독주자의 완숙성을 일방적으로 강조했던 고전적 모델에서 벗어나는 시도였다. 여러 다른 악기들과 장르들, 악장과 악장이 서로 뒤섞이고 어울리면서 하나의 화음을 만들어내는 어떤 상태. 우리는 이런 상태를 각자의 삶 속에서 체현할 수 있을까? 각자의 언어와 사고와 행동 속에서 구가할 수 있을까? 소리의 리듬, 선율 그리고 가락이 어울리듯, 우리는 각자의 생애 안에서 다른 사람들과 어울릴 수 있을까? 우리는 그것을 연습해야 한다. 〈교향악적 연습곡〉도 〈하나의 테마〉와 〈12편의 연습곡^{Etüde}〉 그리고 〈5편의 변주곡^{Variation}〉으로 되어 있다. 무수한 연습과 이 연습의 변주, 그것이 삶의 테마를 결정한다.

오늘 이 땅의 삶은 거꾸로 매달린 채 일어나는 듯하다. 매달린 채 우리는 일하고, 매달린 채 우리는 쉬며, 매달린 채 우리는 주위를 살핀다. 매달린 채 생계를 도모하고, 매달린 채 다음을 예비한다. 마치 최북 그림 속의 새처럼. 무엇을 할 수 있을까? 시를 읽고 음악을 들으며 그림을 보는 일이 과시의 수단이나 허영심의 표현이 아니라 생활의 실질적 에너지가 될 수 있을까? 그렇게 될 수 있을까?

시장과 자본의 힘, 수익과 효용 그리고 이윤을 위해 사람은 이제 어떤 것도 꺼리지 않는다. 이런 상황에서 문학과 예술이, 인문학이 할 수 있는 일은 거의 없어 보인다. 그저 생활의 주변을 한번 돌아보는 일, 돌아보며 자기의 느낌과 생각과 말과 행동의 실제가 어떤지 떠올려 보는 것, 그것은 하부구조적infrastructural 실천이다. 문화란 상부이데올로기적 사안이 아니라 하부구조적 기반활동이다. 이 하부구조적 실천에 각자가 더 참여하고, 이 같은 시민적 참여를 사회제도가 장려하는 일, 그리하여 이 모든 개인적이고 사회적인 활동이 삶의 유쾌한 교향악이 되도록 하는 것, 그것이 인문학적 과제다. 그렇게 될까? 지금의 현실은 이러한 각성이 예술 안에서의 부질없는 일이 아닌가 여기게 한다.

◆
◆
◆

영원히
아이 같은 것

　　　　　　　　　　　일요일 오후에 나는 초등학교
3학년인 둘째 아이와 축구를 하곤 한다. 그러면 주변에 있던 다른 아
이도 하나둘씩 모여든다. 동네 아파트의 작은 공터. 요즘엔 아예 나
를 기다리는 녀석들도 있다. 술을 마신 지난 번에는 금세 지쳐버렸
다. 그래서 넝쿨나무 아래에 있는 의자에 벌렁 드러누웠다. 비가 내
린 다음이라 공기는 깨끗했고 바람까지 불어 상쾌했다. 5월의 나무
그늘에서 즐기는 봄날 오후의 한때. 넝쿨나무 잎새가 지붕처럼 덮여
있고, 이제 무성히 자란 그 잎에 하늘조차 언뜻언뜻 보인다. 따뜻하
고 시원한 잠시의 시간, 나는 스페인의 화가 무리요^{Murillo, 1618~1682}를
떠올린다.

　무리요는, 그 시대의 화가가 그랬듯, 종교화를 주로 그렸지만, 이

무리요의 〈포도와 멜론 먹는 아이들〉

런 소재 이외에도 아이들 모습을 특히 많이 남겼다. 〈이 잡는 아이〉나 〈아이와 개〉 또는 〈과일 바구니를 든 소녀〉처럼 아이들은 생활 속의 작고 사소한 일들—이를 잡거나 빵을 먹거나 강아지와 놀거나 주사위 놀이를 한다. 노파를 놀리는 아이도 있고, 먹을 걸 달라는 흑인 소년에게 거절하는 모습도 있다. 또 옷을 나눠주는 성인처럼 신성하게 묘사된 아이도 있다. 아이들은 대개 가난하지만 천진하고, 남루하지만 즐거운 표정을 짓고 있다. 무리요는 무척 아이들을 좋아하고 아이 같은 세계를 꿈꾼 듯하다.

〈포도와 멜론 먹는 아이들〉1650년경은 무리요가 그린 아이 그림들 가운데 가장 널리 알려진 작품이다. 두 명의 아이가 벽을 배경으로 땅바닥과 나무 의자에 앉아 과일을 먹고 있다. 이들의 옷은 너덜하고 바지는 구멍이 났으며 맨발엔 흙먼지가 잔뜩 묻어 있다. 필시 거리를 떠도는 고아인 듯하다. 포도가 든 왼편의 바구니도 망가져 있다. 배가 고픈지 연신 포도알을 삼키고 멜론 조각을 베어 물며 서로 이야기를 나누고 있다. '자기를 잊은 명랑성'이라고 해야 하나. 그 모습은 가엾지만 사랑스럽다.

일상을 그린 장르화는 미술사에서 오랫동안 '비천한' 것으로 취급되어왔다. 아리스토텔레스가 『시학』에서 비극과 희극에 대해 언급하면서 비극이 높은 계층의 비장한 사건이라면 희극은 낮은 계층의 우스꽝스런 사건이라고 규정했듯이, 예술이론사에서 '고귀한' 작품은 종교적 모티브나 고대 그리스 로마의 신화를 담아야 했다. 이것이 숭고하고 도덕적이며 신성한 소재라고 여겨진 까닭이다. 일상의 모습은 그런 의미를 담기 어려웠기 때문에 '저급하고 열등한' 것으로 간주됐다. 이런 전통적 회화 규범이 반드시 옳은 것은 아니라고 무리요는 여긴 듯하다. 그의 생각은 옳았다.

이 그림에서 왼편 아이는 포도를 두 개째 먹고 있다. 이미 먹고 난 줄기는 발치에 떨어져 있다. 오른편 아이 역시 멜론을 두 조각째 먹고 있다. 냄새를 맡았는지 파리 두 마리가 멜론의 단 속살에 붙어 있다. 아이의 왼쪽 뺨에 붙은 멜론 씨는 웃음을 자아낸다. 왼편 아이는 급했는지 멜론 한 조각을 왼손에 든 채 오른손의 포도를 통째로 입에 넣는다. 그러면서 친구를 바라보는 순간의 눈빛이 잘 드러난다. 무슨 대화를 나누는 것일까. 나도 군침이 돈다.

1650년 당시 무리요가 살았던 세빌리아에는 전염병이 휩쓸었고, 사회는 동요하고 길거리엔 굶주린 아이들로 넘쳐났다고 한다. 그 당시 생활의 가난과 역경은 결코 가볍지 않았을 것이다. 그런데도 이 아이들의 모습은 비참하기보다는 차라리 정겹게 느껴진다.

슬픔은 먹는 즐거움으로 더는 비관적이지 않고, 기쁨은 곧 찾아들 배고픔으로 내내 낙관적일 수 없다. 어쨌든 아이들은 지금이 즐겁다. 죄와 무죄의 물음을 멀리 벗어난 듯, 궁핍하지만 그 궁핍을 잊은 것이다. 고귀함의 징후일까. 이 장면은 따뜻하다. 이 따스함이 아이를 바라보는 내게로, 내가 있는 이 자리로 번져온다. 아마도 갈색의 가라앉은 색조가 큰 역할을 하는 듯하다.

〈포도와 멜론 먹는 아이들〉 부분

바구니의 손잡이는 몇 가닥 끊겨 있고, 포도넝쿨 잎은 시들어 있다.
그래도 포도송이는 싱싱하고, 아이들의 종아리는 아직 튼튼하다.
생기(生氣)는 닳고 시드는 가운데 여기 있는 것이다.

무리요는 아이들의 정경을 관찰하는 데 그친 것이 아니라 그들과 대화를 나누었거나 어쩌면 같이 놀았는지도 모른다. '사랑'이나 '자비'를 말하는 대신 스스로 체험하면서 아이들의 생활에 감정을 이입하여 그렸을 것이다. 이런 관심에는 그의 호기심만이 아니라 시대의 어떤 분위기—오랜 종교적 금제禁制와 생활의 억압으로부터 벗어나려는 근대적 분위기가 담겨 있는지도 모른다.

아이에게도 여러 속성이 있다. 그리고 그 전부를 다 좋다고 미화할 필요는 없다. 천진하고 소박한 마음이 아니라 어리석고 아집으로 비틀린 경우도 흔하다. 말을 배우기도 전에 컴퓨터 게임을 익히고 유치원 다닐 때부터 선행先行학습을 하는 요즘은 더 그렇게 보인다. 그래도 아이다움이 아무것일 수는 없다. 아이들은 울었다가도 금세 웃고, 싸웠다가도 곧 화해한다. 에둘러 말하지 못하고, 그렇게 말해도 머잖아 들통나는 아이들의 단순성을 뭐라고 해야 할까? 자기 감정에 솔직한 것 그리고 눈치 보지 않는 것. 그래서 아이들은 늘 새롭게 시작할 수 있는지도 모른다. 이 솔직성과 호기심으로 아이는 자신과 주변을 새롭게 경험한다. 아인슈타인은 그가 이룩한 놀라운 성취를 어떻게 설명하겠느냐는 물음에 "영원한 아이로 남았기 때문"이라고 대답한 적이 있다. 영원한 아이란 아마도 이런 꾸밈없는 천진성의 덕성을 말하는 것일 게다.

꾸밈없는 마음이나 호기심만으로 삶의 문제가 해결될 수는 없다. 그러나 그것은 편견 없이 대상을 받아들이는 데, 첨예한 갈등을 누그러뜨리는 데 도움을 준다. 아이의 웃음과 느낌과 행동에는 더 나은 것—미래와 빛과 열림이 담겨 있다. 아이처럼 사물을 보고, 아이처럼 세상을 느끼며, 아이처럼 호기심에 찬 나날을 보낼 수 있다면! 세계는 점점 좁아지지만, 아이를 보면 반드시 그런 것은 아니라고, 그럴 수는 없노라고 믿게 된다.

오늘의 세계가 아무리 훼손된다 해도 천진한 심성은 생활의 활력이 아닐 수 없다. 괴테는 "영원히 여성적인 것이 우리를 이끈다"라고 했지만, 나는 '영원히 아이 같은 것이 삶을 이끈다'라고 말하고 싶다.

너도
북어지

"시를 알 수 있는 뾰족한 방법이
없나요?"라는 질문을 가끔 받는다. 그럴 때면, "뾰족한 걸 시는 별로
좋아하지 않아요"라고 웃으며 대답하곤 한다. 그런데 이 말이 전혀
틀린 건 아니다. 뾰족한 건 모서리가 있다는 말이고, 이런 모서리는
사람들 사이에 기쁨보다는 고통을 야기하는 까닭이다.

시가 뾰족한 것을 싫어한다면, 거꾸로 그것은 원만한 것을 좋아한
다는 뜻이고, 어떤 조화나 화해를 추구한다는 뜻이기도 하다. 그런데
이것을 시는 개념적 논증이나(철학에서처럼) 실험과 분석을 통해서가
아니라(과학에서처럼), 또 진단이나 설명을 통해서가 아니라(사회과학
에서처럼) 묘사를 통해 추구한다. 그리고 그 묘사는 지금 여기에서 일
어나는 일—우리가 매일 보고 듣는 일상적인 물건이나 경험을 향해

있다. 그러면서 이 일상적 차원을 넘어 삶의 전체―현실과 세계를 한 번 돌아보게 한다. 결국 시란, 예술일반이 그러하듯 다름 아닌 나/우리가 살고 있는, 살아가는 오늘의 삶을 얘기한다. 예술을 통해 자기 삶을 돌아볼 수 없다면, 그건 별 의미 없는 것이다.

이런 걸 염두에 두면서 천천히, 소리 내어 한 번 읽어보자. 사람들이 모인 데서, 마치 노래처럼 크게 소리 내어 낭독하는 것은 시의 중요한 전통을 이루어 왔다. 그러면 웬만한 시는, 정도의 차이는 있겠지만, 대략 그 뜻이 들어온다. 들어오지 않는다면? 그냥 넘어가자. 시는 중요하지만, 그보다 중요한 것도 삶에는 많으니까. 단지 하나를 조언한다면, 읽을 바에야 조금 더 세심하게 읽어보면 어떤가라고 나는 말하고 싶다. 최승호[1954~]의 시집 『대설주의보』[1999]에는 다음의 시가 실려 있다.

밤의 식료품 가게
케케묵은 먼지 속에
죽어서 하루 더 손때 묻고
터무니없이 하루 더 기다리는
북어들,
북어들의 일개 분대가
나란히 꼬챙이에 꿰어져 있었다
나는 죽음이 꿰뚫은 대가리를 말한 셈이다.

한 쾌의 혀가

자갈처럼 죄다 딱딱했다.

나는 말의 변비증을 앓는 사람들과

무덤 속의 벙어리를 말한 셈이다.

말라붙고 짜부라진 눈,

북어들의 빳빳한 지느러미.

막대기 같은 생각

빛나지 않는 막대기 같은 사람들이

가슴에 싱싱한 지느러미를 달고

헤엄쳐 갈 데 없는 사람들이

불쌍하다고 생각하는 순간

느닷없이

북어들이 커다랗게 입을 벌리고

거봐, 너도 북어지 너도 북어지 너도 북어지

귀가 먹먹하도록 부르짖고 있었다.

최승호, 「북어」

예술에서 표현된 모든 것은 삶을 드러낸다. 이때의 드러남은 직접
적이라기보다는 간접적이다. 그래서 '비유적'이라고 흔히 얘기된다.
그리고 삶이란 게 작품을 쓴 사람(예술가)뿐만 아니라 나(우리/독자)
도 살아가는 것이라면, 그것은 결국 우리 모두에 관한 것이다. 예술

은 늘 인간 삶의 일반을 표현한다. 이것은 물론 시에도 해당된다.

시를 쓴 시인은, 더 정확히 말해 시 속의 '나'(화자)는 밤에 어떤 식료품 가게에 들렀던 모양이다. 그는 이곳에서 "케케묵은 먼지 속에/죽어서 하루 더 손때 묻고/터무니없이 하루 더 기다리는/북어들"을 본다. 보통 사람들 같으면 뭐, 저런 게 있는가 보다, 라며 지나쳤을 것이다. 그러나 시인의 감수성은 그냥 지나치지 못한다. 왜냐하면 보이는 모든 것들은 삶의 실상을 거울처럼 비춰주는, 그래서 반성케 하는 것이기 때문이다(반성reflection이란 말 그대로 '다시re 비춘다flect'란 뜻이다. 이 단어만큼 예술의 본질을 적확하게 포착한 것도 별로 없다). 시인이란 표현에 기대어 '삶의 반성을 직업적으로 수행하는' 사람들이다.

시인은 어두컴컴한 식품가게 한 구석에 먼지를 뒤집어쓴 북어 여러 마리를 본다. 이들은 꼬챙이에 꿰어져 나란히 매달려 있다. 그 혀는 "자갈처럼 죄다 딱딱"하고, 눈은 "말라붙고 짜부라진" 모습이며, 지느러미는 "빳빳하"다. 이런 걸 두고 시인은 "무덤 속의 벙어리"처럼 제대로 말하지 못하는, 그래서 "말의 변비증을 앓는"다고 표현한다. 말이 굳으면 생각도 굳는다. 말의 변비증과 생각의 변비증. 그러니 그의 생각도 막대기처럼 굳을 수밖에 없다. 굳은 말과 굳은 생각 속에서 사람은 제 삶을 변비 앓듯 불편하게 보낸다.

이런 북어가 처참하게 느껴지지 않을 수 없다. 그래서 시적 화자는 그것이 "불쌍하다"고 여긴다. 그러나 불쌍한 것은 북어만이 아니다. 생각이 묵은똥처럼 굳어 있고, 싱싱한 지느러미를 가슴에 달고도 맘껏 헤엄칠 수 없는, 그렇게 헤엄쳐 갈 곳이 없는 건 사람도 마찬가지이기 때문이다. 아니다. 인간이야말로 살아 있으면서도 마치 죽은 것처럼 제 말을 다 하지 못하고, 그래서 말의 변비증을 앓으며 매일을 무덤 속 벙어리처럼 살아가지 않는가?

말 못하는 혀는 자갈처럼 굳어 있고 머리는 꼬챙이에 꿰진 것처럼, 우리는 사회와 관습과 유행이 요구하는 대로, 일렬의 분대를 이루며 그냥 그렇게 살아간다. 그러니 북어는 이렇게 입 벌려 우리에게 소리친다. "거봐, 너도 북어지 너도 북어지 너도 북어지."

그렇다. 가게에 진열된 북어를 보고 그냥 스쳐 가는 사람이 있는가 하면, 이 북어를 자기 삶의 거울로 비춰보는 사람도 있다. 북어 같은 삶을 산다고 자인해 봐도, 이 삶이 크게 달라지지는 않을 것이다. 그러나 터무니없이, 무엇인가에 꿰인 채 죽는 일은 어쩌면 줄일 수 있을지도 모른다. 그렇게 생각해 보면, 케케묵은 먼지를 조금은 덜어 내고, 때로는 싱싱한 지느러미로 몇 번은 거침없이 헤엄쳐보다가 죽을 수도 있을 것이다. 그런 생애는 '북어스럽지 않는', 그래서 '조금 덜 불쌍한' 것이라고 해야 할지도 모른다.

봄하고는
다투지 마라

봄이 봄 같지 않다. 3월인데도 눈이 내리고, 먼지는 시도 때도 없이 반도의 하늘 위로 덮쳐 온다. 법정 스님이 이 세상을 떠나신 것도 이런 어느 날이었다. 화려한 관 대신 대나무 평상 위에 빛바랜 가사로 몸을 덮은 채 의식이나 행사도 일절 금하시고. 무소유를 실천하셨고, 당신 남긴 말마저 세상에 누가 될까봐 책까지 절판하라 유언하셨지만, 인터넷에서는 『무소유』가 15만 원까지 치솟아 거래된다고 한다.

우리는 무엇을 잃고 있을까? 삶에 가장 절실한 것이 있다면, 그것은 무엇이라 할 수 있을까? 이럴 때면 떠오르는 유쾌한 장면이 하나 있다. 그것은 포스터^{E. M. Forster}의 소설 「전망 좋은 방」¹⁹⁰⁹에 나온다.

주인공 조지가 런던 교외의 한 동네로 이사 왔을 때, 루시의 동생인 프레디는 이렇게 첫 인사를 건넨다. "안녕하세요? 나가서 목욕이나 할까요?" 이런 인사에 조지는 당황하기보다는 "그거 좋죠"라고 답한다. 옆에 있던 조지의 아버지는 말한다. "사람들은 에덴동산을 예전 일이라고 여기지만, 그건 아직 오지 않은 미래의 일입니다. 우리 몸을 경멸하지 않을 때, 우리는 거기 들어가게 될 겁니다. (…) 우리가 서로 동료가 되기 전에는 에덴동산에 들어갈 수 없어요."

아마도 이 소설의 주제는 이 말에 다 암시되어 있는지도 모른다. 말하자면 우리의 몸-감각-현재를 존중하는 것, 이렇게 존중하며 평등한 삶을 사는 것은 그 자체로 낙원적 상태를 실현시키는 일이다.

그러나 이것은 쉽게 잊히고 만다. 몸을 존중하는 대신 인습과 유행에 휘둘리고, 느낌에 솔직하기보다는 정해진 것을 즐겨 따른다. 그래서 몸과 이 몸의 감각적 정직성이 영혼을 해방시키는 데로부터 우리는 나이가 들수록 더 멀어진다. 규범의 굴레를 '예의'나 '체면'이라는 이름으로 받아들일 뿐만 아니라 스스로 만들어내기도 한다. 나중에는 사랑마저 이런 구속 아래 뒤틀린다. 연인과의 포옹도 의무감에서 행하듯 하는 루시의 약혼자 세실을 두고 작가는 이렇게 적는다.

"열정이란 저항할 수 없는 것이어야 한다. 예의범절이라든가 심사숙고라든가 그밖에 교양이라는 이름의 각종 족쇄를 잊는 것이어야 한다. 무엇보다 그것은 통행권이 있는 곳에서 허락을 구하지 않는 것이어야 한다."

그렇다. 통행의 권리가 있는 곳에서는 타인의 눈치를 보는 것이 아니라 기쁜 마음으로 제 걸음을 내디딜 수 있어야 한다. 이런 기쁨을 즐겨 찾는 것, 이렇게 찾도록 해주는 곳이 이탈리아다. 그래서 포스터는 이탈리아를 찬미하고 플로렌스를 경탄한다. "깔끔함을 찾아 이탈리아에 오는 사람은 없어요. 사람들은 삶을 찾으러 여기에 오지요."(실제로 포스터는 스물세 살 무렵 런던의 노동자 대학에서 '플로렌스 문명의 발생'이나 '단테의 시대', '메디치 가문' 등에 대해 강의하기도 했다.)

「전망 좋은 방」은 이렇게 삶을 찾아 이탈리아에 온 루시와 사촌언니 샬럿이 플로렌스에서 겪는 로맨스를 다루고 있다. 1부에서 루시는 같은 펜션에 묵는 조지를 만나게 되고, 시뇨리아 광장에서의 살인사건을 보다가 기절하자 그의 부축을 받게 된다. 그러던 어느 소풍 길에서 아름다운 자연풍경을 보면서 두 사람은 첫 키스를 나눈다. 2부에서 루시는 런던 교외의 집에서 조지를 다시 만난 후, 남녀 관계도 상하관계로 여기는 세실로부터 점차 거리감을 느낀다. 동료적 관계를 원하는 그녀의 마음은 곧 "내 품에 안겨서도 당신은 당신 자신의 생각을 하기 바란다"는 조지에게 기울어진다. 그리고는 점차 자기 목소리를 찾아간다. "어떤 게 여자다운 건지, 옳은 게 뭔지, 나 자신이 판단하고 싶어요. 보호받는다는 건 나한테 모욕이에요. 내가 왜 진실과 바로 만나지 못하고, 당신을 통해서 간접적으로 접해야 하죠?" 자기가 무엇을 느끼는지 파악하는 법이나 자기가 아는 것을 이루는 법도 배워야 한다.

그러나 인습의 족쇄를 내던진다고 해서 모든 게 절로 좋아지는 건 아니다. 세상은 그보다 훨씬 복잡하다. 작가가 세실의 단점을 지적하면서도 그 장점을 잊지 않는 것은 그 때문일 것이다. 그는 조지의 입을 빌려 이렇게 말한다. "사람이 서 있으면 그림자가 지죠. 햇빛을 가리지 않겠다고 이리저리 옮겨봐야 소용없어요. 그림자도 계속 따라오니까요. 그러니까 내가 서 있어도 피해가 가지 않는 곳을 선택해야 해요. (…) 맞아요. 되도록 피해가 적은 곳을 선택해야 해요. 그리고 거기서 태양을 향해 혼신을 다해 서 있어야지요."

우리는 정확성과 이 정확성에도 불구하고 너그러움을 겸비할 수 있는가? 인습이든 편견이든, 우리는 "피해가 적은 곳을 선택해야" 하고, 이렇게 택한 후에는 "태양을 향해 혼신을 다해 서 있"을 수 있어야 한다.

삶에는 잘못된 가르침과 전제가 무척 많다. 삶은 버겁고 위험하며 혼란스럽지만, 이 복잡함은 역설적으로 무겁게가 아니라 경쾌하게 살아야 할 이유가 된다. 우리는 우리의 삶을, 마치 관광객처럼 여기에서 저기로 떼 지어 다니며, 안내서에 없는 것은 묻지도 알려고도 하지 않은 채, 매일매일 고갈시켜 가는 것은 아닌가? 문제는 이런 피상성을 너무 늦기 전에, 그래서 회복 불가능하기 전에 깨닫는 일이다. 그래서 눈으로는 수없이 보지만 아무 것도 느끼지 못하는 옹졸함에서 벗어나야 한다.

실제로 플로렌스에 체류하면서 루시는 여러 가지를 깨닫게 된다. 평등이란 "원하기만 하면 누구나 누릴 수 있는 햇빛 같은 것"이고, "절대로 좋아할 수 없는 사람이란 없다"는 것, "사회적 장벽이란 없앨 수는 없지만 그 높이가 그렇게 대단하지 않다"는 사실도 차차 느낀다. 삶에 일어나는 모든 것은 하나의 중대한 원칙—삶의 원칙에 복무해야 한다. 조지의 아버지는 로렌초 데 메디치의 말을 빌려, 이것을 단 한 마디로 옮긴다. "5월과는 전쟁하지 마라Non fate guerra al Maggio." 이것을 작가는 '봄과 다투지 마라Don't go fighting against the spring'로 이해한다.

봄과 다투지 않는다는 것은 시간의 변화를 존중한다는 뜻이고, 이 시간에 제약된 인간의 삶을 의식하라는 뜻일 것이다. 유한성의 조건이란 인간 생애의 근본조건이다. 이 근본조건을 생각한다면, 마땅히 놓아줘야 할 것을 계속 붙들고 있을 수는 없다.

싸워야 할 것은 이 한계조건에 대한 존중을 방해하는 것들—비본질적인 것들이다. 이 비본질적인 것에는, 작품 안에서 보면, 1910년대 영국의 편협한 계급의식이나 속물근성, 가부장주의 등이 있다. 사회적 삶의 이 억압적 징후들은 마음의 문을 활짝 열어젖히는 일, 열어젖혀 신선한 바람을 맞고 밝은 햇살을 나누며, 이 햇살 속에 드러나는 나무와 거리와 언덕과 강을 바라보는 유쾌함을 막는다. 그래서 분노할 수도 있지만, 그렇다고 미워하며 살 필요는 없다. 증오가 일어나는 것은 미신이나 무지 때문이기도 하다.

조지가 외치듯이, 우리는 살아야 하고, 살고 싶고, 정녕 사는 것처럼 삶을 영위해야 한다. 예술과 문화가 하는 일도 이 모든 생명의 기쁨—걸음걸음과 나뭇잎과 햇살의 반짝임과 약동하는 것에 깃든 환희를 느끼게 하는 데 있다. 교양이란 어떤 강좌를 찾아다닌다고 해서 얻어질 수도 있지만, 무엇보다 지금 여기에서 느끼고 경험하며 자기를 키우는 일이다. 느낌은 기교나 지식, 개념이나 논증보다 앞선다.

흥미로운 것은 두 연인이 다시 사랑을 이루는 데는 작품 속의 한 소설이 작용한다는 사실이다. 피렌체에서 일어난 이 연인들의 사랑을 샬럿은 친구인 엘리너에게 말했고, 엘리너는 구상 중이던 소설 안에 이 장면을 적어 넣는다. 그렇게 하여 출간된 책을 우연히 들게 된 조지는 루시 집의 잔디밭에 누워 그녀에게 읽어주는 것이다. 그런 후 그는 사랑에 북받쳐 두 번째 키스를 퍼붓고, 둘은 자기들의 사랑을 더욱 절실하게 깨닫는다. 그러니까 두 연인은 자기들의 이야기이기도 한 소설을 읽으면서, 이렇게 읽은 경험—심미적 경험을 바탕으로 가식과 위선을 이겨내고 자연스런 감정의 진실성을 믿게 되는 사랑으로 나아가는 것이다. 예술작품의 내용은 이 작품을 쓴 예술가의 삶이면서 이 삶에 공감하는 독자 자신의 삶이기도 하다.

예술을 경험한다는 것은 기존과는 다른 세계와 만난다는 것이고, 이 세계의 다른 인물과 생애를 일정한 거리 속에서 전체적으로 대면한다는 것이다. 그래서 그것은 전망 좋은 방에 들어서는 일과 같다. 혹은 전망 좋은 마음의 방을 상상적으로 갖게 된다고나 할까. 이 방에서 우리는 더 많은 자유와 열정과 개방성을 경험하는 것이다. 이런 전망을 기억하고 간직한다면, 우리는 봄과 다투지 않을 것이고, 이 세계의 자연스런 움직임에도 충실할 것이다.『무소유』를 소유하려는 기이한 돌풍도 그때가 되면 잠시 잦아들까? 그래서 삶의 봄이 정녕 봄답게 될까?

봄과 다투지는 마라.

사랑은 옳음을
기뻐하는 것!

현대 사회가 잃어버린 중요한 것 중 하나는 초월적 형이상학적 바탕일 것이다. 신은 이 중 가장 근원적인 것이라고 할 수 있다. 신을 말하는 것은 두려운 일이다. 현대는 근본적으로 세속적이고 물질적이며 형이하학적인 까닭이다. 신 대신 '신적인 것'은 조금 덜 부담된다. 가령 신적 사랑이란 어떤 것일까? 이렇게 물을 때마다 떠오르는 이미지가 하나 있다. 그것은 렘브란트의 판화 〈이 사람을 보라〉[1655, 5판]다.

유대인들이 고발하기 위해 끌고 온 예수를 보고 로마 총독 빌라도는 이렇게 묻는다. "네가 유대인의 왕이냐?" 그러자 예수는 대답한다. "그것은 네 스스로 하는 말인가, 다른 사람이 나에 대해 네게 한 말인가?"(「요한복음」, 18:34) 빌라도의 명령으로 병사들은 예수를 매

질한다. 그리고 가시나무로 엮은 왕관을 그의 머리에 씌운 후 사람들 앞에 다시 끌고 나온다. 이때 빌라도가 외친다. "이 사람을 보라." 판화는 바로 그 순간을 보여준다.

이 그림에서 예수는 권력자 빌라도 옆에 서 있다. 두 손이 묶인 그는 고개를 숙인 채 아래쪽을 쳐다보고 있다. 앙상한 손마디와 다리, 눈빛에는 어떠한 결의나 다짐도 없어 보인다. 광장에 모인 사람들은 "십자가에 그를 못 박아라"라고 소리치고 있고, 유대 율법사들은 "죽어 마땅하다"라고 주장한다. 누구는 그에게 침을 뱉고, 누구는 때리며, 누구는 밀치고 또 누구는 그를 짓밟았다.

제자인 유다마저 은화 30전에 그를 팔았다. 그러자 예수는 "유다여, 네가 입맞춤으로 날 팔려 하느냐?"라고 말했다. 사랑을 침 뱉어서 갚고, 헌신을 짓밟으며 되파는 것이 사람이다. 그래도 그는 자기가 무얼 하는지 알지 못한다.

서구의 정신사는 흔히 헤브라이즘과 헬레니즘이라는 두 원천으로 설명된다. 헤브라이즘이 유대적·기독교적 신앙의 원천으로서 신비와 직관과 감정을 중시한다면, 헬레니즘은 합리주의 사상의 원천으로서 논리와 탐구 그리고 지성을 중시한다고 할 수 있다. 헤브라이즘의 중심에 인간과 신의 관계—복종과 경배가 있다면, 헬레니즘에는 이성과 원리의 정신이 있다. 그러나 이 두 개가 반드시 분리돼야 한다고 고집할 필요는 없다. 오히려 독자성 속에서도 상대를 포용한다면, 더 온전해질 것이다. 이것을 사랑에 적용하면 어떨까?

렘브란트의 〈이 사람을 보라〉
예수는 두 손을 모은 채 그냥
서 있다. 모함과 아우성 속에서
도 그는 죄인들의 죄인으로 판
결을 기다린다.
놀라운 것은 그 진실에도 불구
하고 그가 아무것도 선언하거
나 강요하지 않는다는 점이다.
예수가 극단적이었던 것은 오
로지 한 가지—사랑의 실천에서
였지 않나 여겨진다.
예수는 만인사랑의 극단주의자
였고, 바로 그 사랑 때문에 죽
어간다.

우리는 사랑을 대개 감정의 일로 간주한다. 그러나 그것만은 아니다. 설령 그렇다고 해도 감정만으로 이루어진 사랑이 믿을 만하고 오래갈 것인가? 그러기는 어렵다. 이것을 직시했을까? 「고린도전서」에는 이렇게 적혀 있다. "사랑은 한 사람의 잘못을 보고 기뻐하지 아니하고, 그 옳음을 보고 기뻐한다."(13:6) 모든 사랑이 사랑스러운 것은 아니다. 사랑은 그름이 아니라 옳음과 이어질 때 진실해진다. 옳음을 기뻐하는 것, 그것이 참된 사랑이다. 이때 사랑은 이성의 도움으로 변덕을 넘어 바르게 인식한다. 바르게 사고할 수 있을 때 사랑도 바르게 선다.

예수의 사랑에서 돋보이는 것은 고통에 대한 인내만이 아니다. 육체의 고통보다 더 고통스러운 것은 경멸과 모욕감일 것이다. 그는 나중에 발가벗긴 채 십자가에 세워졌고, 남은 겉옷과 속옷은 병정들이 제비를 뽑아 나눠 가진다. 벌을 받아 마땅한 자들 앞에서 그는 스스로 죄인으로 그냥 서 있다. 사랑은 "자랑하지 않고 교만하지 않으며, 사랑은 무례하지 않고 사욕을 품지 않는" 것이라고 했던가. 사랑은 단순히 누군가를 사랑하는 것이 아니다. 또 정을 주는 것만도 아니다. 무엇보다 상대를 헤아리고 스스로 모멸을 견디며, 견딤 속에서도 그 옳음을 내세우지 않는 것이다. 선언이나 확인은 사랑이 아닌 까닭이다. 이것이 기독교적 사랑의 의미인지도 모른다.

예수는 고개를 숙인 채 힘없이 서 있다. 그는 이해되기보다는 오해를 받았고, 경외되기보다는 시기를 받았으며, 칭송을 받기보다는

◆ ◆ ◆ ————————————

〈이 사람을 보라〉 부분

그의 표정, 그의 자세, 그의 몸과 팔다리,
여기에 모든 것이 담겨 있는지도 모른다.
몸가짐은 곧 형이상학적인 것일까?
예수는 '죄인들의 죄인'으로 서 있다.
선의의 길─사랑의 실천은 이 비극적 운명을
기꺼이 받아들이는 데 있을지도 모른다.

비난을 받았다. 사랑을 전하는 그의 진실을 많은 이들은 신성모독이라고 했다. 어떻게 견뎌냈을까? 그 숱한 질시와 오해와 모함을 그는 어떻게 홀로 삭였을까? 그의 사랑은 말이나 얼굴이 아니라 눈빛과 몸짓 그리고 자태에 배어 있다. 그는 바로 이런 사랑으로 죽어간다. 옆구리의 상처를 헤집고 나서야 의심을 푸는 제자 도마처럼 우리는 그의 사랑을 믿지 않는다. 그래도 그는 선의를 행한다. 의심 없이 사랑하는 자는 성스럽다.

나는 오늘날 사랑이 얼마나 허약한지 잘 안다. 그것은 힘없고 잘 속으며 눈멀고 아둔하다. 종파적 감정을 부추기는 갖가지 단체나 민족이나 애국주의를 들먹이는 정치가와 학자들을 보라. 믿음으로 테러가 자행되기도 하고, 폭력이 영웅적 행동인 양 미화되기도 한다. 정의와 불의는 종종 다르지 않다. 사랑마저 옳지 않을 때가 있다. 사랑의 이름으로 교사는 아이를 벌주고, 사랑의 이름으로 부모는 편법과 수작을 가르친다. 사랑이 아니라 사랑의 변종이 사랑 행세를 하는 것이다. 그리하여 나이가 들수록 원숙해지는 것은 자기 변명의 기교로 보인다.

그러나 모든 것이 아름답게 보일 때도 어떤 이는 이것으로 고통을 받기도 한다. 삶은 이런 불행한 틈을 너무 자주 허용하고, 그 틈으로 인간의 우매함은 더 커진다. 반성하지 않는다면 사랑은 언제든 악용될 수 있다. 물론 사랑을 늘 검토할 수는 없다. 그것은 즐거운 일이 아니거니와 자연스럽지도 않다. 바람직한 것은 그런 의도 없이도 사랑이 행해지는 어떤 단계일 것이다. 과연 그것은 가능한가? 사랑이 결의로 되지 않듯, 이성으로 통제되지도 않는다.

눈멀지 않기 위해 사랑은 이성의 도움이 필요하고, 이성은 믿음으로 보완될 필요가 있다. 그래야 믿음도 이성도 자기를 넘어선다. 이 점에서 이성과 믿음, 합리성과 종교는 배치되지 않는다. 이것들은 드높은 곳에서 서로 만난다. 사랑은 이 교차점이고, 이런 교차를 통한 넘어섬의 형식이다. 이때는 '기독교적'이란 말을 빼도 무방할 것이다. 판화 속의 예수는 이런 사랑의 원형—일체의 구분과 경계를 넘어서는 숭고한 인간애를 떠올리게 한다.

느슨하게,
삶을 정련하라

얼마 전 6월 항쟁을 기념하는 한 토론회에 참석했다. 내가 맡은 일은 지난 30여 년간의 정치적·사상적 변화에 대한 논평이었다. 민주와 비민주, 보수와 진보 사이의 전선이 이전처럼 분명치 않다거나, 유행처럼 번지는 문화이론의 위험성에 대한 발표자의 지적에 나는 동의했다. 그러면서 좌파적 사유가 전복적일 수도 있지만, 일반적으로 사유는—적어도 그것이 진실하다면—근본적으로 좌파적이고 저항적이지 않은가 하고 되물었다. 참된 사유에는 공식적이고 현상유지적인 경향에 '거스르는 필연적 움직임'이 있으며, 이것이야말로 사유의 부정성이고 저항성 아닌가. 입장 규정은 필요하고 중요하기도 하지만, 이젠 좌파를 전면에 내세우지 않고도 저항적 실천의 가능성이 탐색되어야 하고, 또 그렇게 된다면 더 유연하고 탄력적인 이론이 될 수 있지 않을까 하는 생각이 들었기 때문이다.

지난 며칠 동안 아룬다티 로이Arundhati Roy의 정치평론집 서너 권을 읽으면서 든 생각도 이와 비슷했다. 언젠가 이 인도 작가의 소설 『작은 것들의 신』을 읽으며 경이로움을 느낀 적이 있지만, 그녀는 현실 진단에서도 놀라운 설득력을 보여주었다.

로이는 오늘의 자본주의가 어떻게 작동하는지, 세계화는 어떻게 인권을 유린하고 자연을 파괴하는지, 이로 인한 상실감은 얼마나 깊은지를 말하고 있다. 나는 그 글을 읽으면서 세계의 복합성에 대해, 이 복합성과 모호성에도 불구하고 시시각각 자행되는 불평등과 탐욕에 대해, 우리가 어떤 정치적 입장에서 시장의 현실과 대적해야 하는지에 대해 그리고 연약한 다수에 대해 다시 한 번 생각하게 됐다. 이는 내게 낯선 것은 아니었지만, 복잡한 사안을 하나로 엮어내는 그녀의 논리와 낮은 어조 덕분에 새롭게 다가왔다.

로이의 시각은 전면적이고 유기적이다. 그녀의 시선은 시대의 가장 강력한 조류부터 작은 생명 단위까지 걸쳐 있다. 그녀는 큰 것을 위해 작은 것을 버리지 않는다. 숲에 대한 사랑은 댐 공사에 대한 저항으로 이어지고, 핵무기의 거부는 딱정벌레에 대한 경이감에 닿아 있다. 죽어 가는 강은 그녀에게 쫓겨나는 어민과 같다. 인간과 곤충, 풀과 나무는 자연의 거대한 연쇄 고리를 이루며 동일하게 소중하기 때문이다. 세계화와 자원 약탈, 환경 파괴와 일자리의 상실, 인간 관계의 손상, 물과 공기의 사유화私有化, 민주주의의 훼손은 상호 순환한다.

좋은 소설가가 되는 건 쉽지 않다. 소설가가 시사평론가처럼 분석적인 글을 쓰기는 더 어렵다. 그러나 뛰어난 소설가는 상상력과 논리, 서정과 진단에 두루 능하다. 내게 로이는 그런 인물로 보인다. 그녀에게 중요한 것은 정치냐 문학이냐가 아니라, 현실을 세심하고 정확하게 보는 것이다. "권력에 대한 거부는 자신의 인간 관계에서 힘을 사용하지 않는 자세와 일치해야 한다. 우리는 말과 행위로 저항하는 만큼 살아가는 방식으로 저항한다." 그녀의 이 말에서 나는 저항의 다차원성을 본다.

저항은 이제 시장과 자본, 전쟁과 폭력을 반대하는 일뿐만 아니라, 우리의 땅과 가정, 일과 휴식을 지키는 일이어야 한다. 그래서 인건비나 일자리만을 위한 싸움이 아니라, 생활을 위한 싸움이 돼야 한다. 이를 위해 로이는 '인간성에 대한 예민한 감각'이 필요하다고 말한다. 인간성의 감각을 나는 '인간에 의한, 자연의 전체를 향한, 연약한 존재로부터 시작하는 감수성'으로 해석한다. 삶의 전체를 고려할 때 그리고 이 고려가 인간성 위에 자리할 때, 우리의 저항은 더 온전해진다. 이로써 사적 삶과 공적 삶은 구분되면서도 구분되지 않을 것이며, 우리는 선언이나 주장 없이도 현실에 참여하는 어떤 방식을 체득할 것이다. 이념이나 정치의 과잉이 그렇듯 슬로건 과잉은 미숙함의 징표다.

아룬다티 로이
로이는 연약하게 보이지만 사실은 매우 적극적인 활동가(activist)다.
그런 정치적 활동 때문인지 그녀 작품의 목록이 『작은 것들의 신』 이래 별반 없다는 것은 아쉽다.

김환기의 〈어디서 무엇이 되어 다시 만나랴〉[1970]
김환기 화백이 이국땅에서 고국을 생각하며 그린 작품이다.
하나의 점이 찍힌 네모들이 밤하늘의 별처럼 박힌 이 그림은 땅 위의 생명 있는 혹은 없는 무수한 사물을 보여주는 듯하다.
삶을 위한 저항은, 그것이 우주의 이런 관계망적 연대를 잊지 않을 때, 덜 편향될 것이다.

민주와 비민주, 자유와 억압의 전선이 희미해졌다고 해서 사라진 것은 아니다. 그것은 이전보다 더 은밀하고 정교하게 존속한다고 해야 할 것이다. 따라서 우리의 대응도 더욱 면밀해야 한다. 필요한 것은 새로운 종류의 시각과 관점, 설명과 묘사다. 정치뿐 아니라 민주주의에 대한 다른 이해가 필요하고, 삶의 태도에 대한 더 깊은 성찰도 요구된다. 국가와 개인, 개인과 개인, 인간과 사물, 인간과 자연의 관계를 새롭게 성찰하고, 성찰하는 데 도움을 주는 방식을 하나둘씩 배워가는 것, 그래서 나 스스로 자유로우면서 너와 그들 또한 자유롭게 하는 것. 그럼으로써 각자의 삶이 온화한 가운데 조금 더 풍요로워지는 것, 이것이 우리가 지향하는 바다.

예술은 이 같은 길에서 어떤 역할을 할 수 있을 것이다. 예술이 인간성의 감각을 정련하는 데 관계하는 까닭이다. 감각의 정련에는 사고, 즉 정확한 인식의 훈련도 포함된다. 정치를 책임지고 거짓 약속을 검토하는 것, 무엇보다 힘의 행사에 스스로 주의하는 것은 여기에서 시작한다. 그것은 달리 말해 자유를 연습하는 일이기도 하다. 로이가 말했듯이, 자유는, 그것을 사용하고 부단히 시험하지 않는다면, 위축되고 만다. 시장의 결정에 삶을 맡기는 것이 아니라 우리 스스로 결정할 수 있는 것도 이런 연습을 통해서이다. 이는 곧 외부의 현실(자본) 이상으로 내부의 현실(자신)과 싸우는 일이다.

우선 우리는 외부의 불의를 지적하는 것만큼이나 내부의 불의—내가 너에게, 우리가 그들에게 행하는 불공정을 우선 문제시해야 한다. 그래서 권리와 의무의 내용을 스스로 질의하고 선택해야 한다. 이러한 생각이 이른바 '운동의 결집력'을 방해하는 개량주의적 혐의에서 자유로울 수 없을지도 모른다. 그러나 그것은 더 힘들고 오래 걸릴 수는 있지만, 적어도 거짓되지는 않을 것이다. 나는 느슨하고 말없는 그러나 끊이지 않는 생명의 평화적 연대를 떠올린다.

음악
예찬

　　음악 이론에 무지한 내가 음악에
대해 글을 쓴다는 것은 만용에 가깝다. 그런데도 이런 만용을 벌써
여러 차례 부린 것은 그냥 음악이 좋아서다. 또 참으로 예술을 이해
하는 것은 결국 그 예술을 즐기는 사람이라는 말도 있지 않은가? 피
로하거나 일이 잘 안 풀릴 때, 마음이 어지러울 때 절로 눈이 가는 것
은 시와 그림이지만, 그보다 자주 손이 가는 것은 음악 CD다. 중독
증이라고 해야 하나, '벽癖'이라고 해야 하나 그야말로 이젠 즐거운
고질병이 돼버렸다.

　　최근에 주로 들은 것은 피아노곡이다. 그중에는 베토벤의 피아노
소나타 전집이 있다. 내가 구한 것은 다니엘 바렌보임Daniel Barenboim
의 연주였다. 10개나 되는 이 CD를 다 듣는 데 두어 달쯤 걸린 것

주디스 레이스테르의 〈플루트 부는 소년〉[1630년경]
1750년대 이전에 등장한 그림에는 피아노 치는 인물이 드물다.
피아노 곡은 모차르트 이후에 본격적으로 등장한다.
그러나 플루트면 어떠랴. 중요한 것은 음악이 있는 생활이다.

같다. 그것은 부담스런 과제라기보다는 즐거운 누림의 시간이었다. 잘 알려진 〈비창〉이나 〈달빛〉, 〈발트슈타인〉 외에도 〈템페스트〉나 〈함머클라비어〉도 새로이 즐기게 됐다. 서정적이고 격정적이며 심오한 여러 면모가 초기 작품에도 군데군데 배어 있음을 확인할 수 있었다. 피아노 소나타만으로 베토벤의 전체를 스케치하듯 돌아봤다고나 할까. 거장은 역시 다면체다. 그에게 다가가는 우리의 통로는 여러 가지지만, 그에게는 하나다. 늘 느끼는 바지만 고전음악에서 문은 그 다음 문으로 이어지고, 세계는 또 다른 세계로 연결된다. 고전은 세계의 세계다.

베토벤에 이어 듣고 있는 것은 슈베르트의 〈피아노 소나타 전곡〉이다. 빌헬름 켐프W. Kempff가 연주한 것인데, 960번부터 들었다. 서정적이고 아름다운 선율이 여기에도 곳곳에 녹아 있다. 그런데 이 곡들은 켐프보다 스비아토슬라프 리히터S. Richter의 연주가 더 나은 것 같다. 그러면서 〈즉흥곡〉 899번과 946번도 들었다. 다 좋지만 〈즉흥곡〉 946(3개의 피아노작품)의 1번과 2번이 매우 아름답다. 이토록 아름다운 세계가 있다니. 피아니즘의 낭만성은 슈만이나 쇼팽, 리스트나 라흐마니노프 그리고 라벨에 이르기까지 전형적으로 나타나지만, 슈베르트의 그것은 전체적으로 더 시적이고 자연스럽게 느껴진다. 흐르는 듯한 서정주의라고나 할까. 이런 슈베르트를 무엇이 그토록 일찍 죽게 했을까.

베를린에서 한 음악학자가 음악 수업을 일주일에 두 시간 받은 아이들과 한 시간 받은 아이들을 6년에 걸쳐 비교 · 연구한 적이 있다. 유럽에서 가장 대규모로 실시됐다는 이 조사 결과로 나온 것은 음악 교육이 정서적으로 긍정적 분위기를 장려한다는 것이다. 그래서 학교 폭력이나 공격성이 줄어들고, 아이들도 더 사이좋게 지낸다는 것이다. 그러나 이것이 아니어도 음악이 사람 관계를 친밀하게 하고 두뇌를 영리하게 한다는 사실은 널리 알려져 있다.

가령 음악 수업을 규칙적으로 받거나(일주일에 두 시간의 음악 수업은 독일 음악 교사들의 오랜 그러나 잘 충족되지 않은 요구이다), 하나의 악기를 배우거나, 나아가 앙상블을 조직해 화음을 맞추는 것은 그 자체로 감성을 키우고 사회적 능력을 장려하며 자의식을 더 일깨운다. 악보를 보고 연주할 때 연주자는 순간순간 변화하는 음표의 요구에 정신적 · 심리적 · 신체적으로 반응해야 하고, 그 빽빽한 정보를 순간적으로 기억하며 가공해야 하지 않는가. 이는 곧 지능을 높여주고 공간적 표상 능력을 향상시킨다.

어떻게 공간적 표상력이 음악으로 촉진되는가? 물론 전문가의 의견을 들어봐야겠지만, 간단히 말해 음악이 일정한 소리의 질서임을 떠올린다면 이해 못할 바도 아니다. 음악은 혼란스런 소리의 덩어리가 아니라, 질서 있는 선율(멜로디)과 리듬의 체계다. 그것은 근본적으로 구조이고 질서이며 건축이고 법칙이다. 그래서 이성의 질서가 된다. 신기한 것은 이런 질서에 감성과 느낌이 배어 있다는 점이다. 하나의 음과, 그 음의 앞과 뒤에 붙은 음들 사이의 관계 양상―빠르

거나 느리거나 높거나 낮거나 세거나 약한 여러 양상에서 잘 나타난
다. 이는 시간적 선율의 교차 방식이지만, 이런 선율을 들으며 우리
는 어떤 공간이나 이미지를 떠올린다. 음악에 시간 의식과 공간 감각
이 배어 있다는 것은 이런 뜻일 것이다.

이런 식으로 우리는 음악 효과에 대해 말할 수 있다. 더 바람직한
것은 음악에 그 나름의 깊은 호소력이 있음을 인정하는 일이다. 사실
음악의 놀라움은 행복감을 안겨주면서도 그것이 아무것도 요구하거
나 강제하지 않는 점에 있지 않나 나는 생각한다. '요구하지 않는다'
라는 것은 목적이 없다는 것이고, 한두 가지 일정한 기능으로 대치할
수 없다는 뜻이다. 음악은 단순한 효과나 기능 이상의 무엇—무기능
성의 기능을 가진다. 이는 모든 뛰어난 예술에 적용될 수 있다. 예술
은 그 자체로 유일무이한 기쁨을 주며, 그러한 점에서 아름답다. 그
래서 나는 고맙고 편안함을 느끼며 감동하게 된다. 물론 이런 감동에
도 위험이 없지는 않다.

감동이 심하면 도취가 되고, 그 도취 속에서 미적 욕구는 언제든
지 악용될 수 있다. 어떤 바그너주의자들은 광신적 열광 속에서 현
실이나 정치적 자유의 중요성을 무시한 적이 있다. 나치 시대의 대
량학살은 이렇게 해서 생겼다. 그래도 음악의 고마움은 줄지 않는다.
음악을 들으면 이 세상에 내가 아직 모르는 아름다움이 무척 많다고
종종 느낀다. 언젠가 독일 음악협의회는 음악 수업 단축에 항의해 연
방대통령에게 보낸 청원서에 "사회적·인종적 출신이 어떻든 간에

모든 아이들은 질 좋고 다양한 음악 교육을 받을 기회를 가져야 한다"라고 적었다. 음악의 경험은 인간의 권리가 될 만하다. 우리나라의 음악 수업은 어떤가? 우리에게 '음악의 권리장전'이 있는가?

음악의 즐거움은 저절로 오지 않는다. 관심과 약간의 인내가 필요하다. 그러나 의외로 시작은 쉽다. 하루를 마감할 무렵, 쇼팽의 〈야상곡〉을 듣거나, 아침에 일어나 식탁에 앉을 때 바흐의 〈인벤션과 신포니아〉를 들어보자. 누구의, 어떤 단체의 연주라도 좋다. 살아 있는 오늘의 생생함을 느낄 수 있을 것이다. 이양하 선생이 『신록예찬』을 썼듯이 나는 음악예찬을 쓰고 싶다.

우리 사는
도시와 거리

도시를 이루는 것에는 여러 가지
가 있다. 도로와 건물과 골목이 있고, 주거지가 있으며, 그 주거지를
떠받치고 에워싸는 땅과 산이 있다. 여기에 도시만의 분위기나 정조
情調 그리고 이미지도 자리한다. 오늘날 우리는 대부분 도시에서 삶을
보낸다. 그러나 도시에 정을 붙이기는 어렵다. 느낌이 있다고 해도
대개 부정적이다. 왜 그런가?

현대의 삶에는 많은 것이 격리되어 있지만, 우리 사회의 소외는
특히 심해 보인다. 도로는 차들로 복잡하고 거리는 사람들로 북적이
며 상가와 건물은 어지럽게 서 있다. 건물과 건물은 조화롭기보다는
아무렇게나 널려 있는 듯하다. 유기적으로 연결됐다기보다는 차라
리 내팽개쳐진 듯한 인상을 준다. 공간 속의 모든 것은 서로 무관한

국립중앙박물관
국립중앙박물관 자리에 서면 감각과 사고가 확대되는 듯하다.
시원하게 트인 공간 덕분일 것이다.
평정은, 툭 트인 공간 옆에 이 물리적 공간을 느끼는 마음의 공간이 자리할 때, 잠시 찾아든다. (저자 제공)

듯 흩어져 있다. 이는 전체 주택 수의 절반을 넘는 아파트 때문에 가중된다. 탁 트인 야외는 드물고 호감을 느낄 만한 건축물이나 공원도 매우 적다. 그러니 추억이 깃들인, 그래서 가고 싶거나 회고하고픈 장소는 거의 없는 셈이다.

이 땅에서는 거리와 골목이 분위기를 만들지 못하고, 건물과 장소는 인상을 남기지 않는다. 우리는 공간적으로 차단되어 있다. 도시의 구조는 공간과 삶이 깊은 의미에서 연결되어 있음을 우리가 자각하지 못하도록 설계됐다. 그래서 공간 감각이나 공간 의식이 잘 생기지 않는다. 공간은 삶의 바탕이면서도 감정이입되지 못한 채, 삶 밖에서, 마치 없는 것처럼 있다. 우리는 도시의 질감을 느끼지 못한 채 이방인으로 살아간다. 이는 우리의 공간 조직화 수준이 매우 낮음을 보여준다.

여기에는 여러 가지 이유가 있다. 그것은 식민지 시대를 살면서 단절된 전통과 경제적 빈곤, 군사독재, 분단체제, 사회정치적·법률적 미비 때문이며, 더 넓게 보면 정해진 계획에 따라 일관되게 살지 못한 우리 사회의 역사적 성격 때문이다. 각종 재개발과 재건축을 통한 부의 축적이나 그로 인한 환경 파괴, 공동체 해체도 있지만 인간과 도시의 상호작용에 대한 인식도 부족하다. 이는 조소적 형상력의 결핍이고 공간 의식의 부재다.

공간 의식이 전혀 없는 것은 아니다. 특징적인 것은 한국 사회의 공간 의식이란 대개 사적私的으로 구조화돼 있다는 점이다. 더 정확히 말해 그것은 사익적 추구의 방편으로 자리한다. 자기 집과 방을 꾸미는 데는 과민할 정도로 집착하지만, 공적 공간을 조직하는 데는 무디거나 무관심하다. 우리는 매일 걷는 거리나 건물이 어떻게 되든 간에 별로 상관하지 않는다. 해방 후 지금까지 한국인의 삶에서 절실했던 것은 여럿이지만, 경제적 부흥이나 정치의 민주화 이상으로 근본적인 것은 공간의 회복이지 않나 여겨진다. 공간이 손상되면 역사의 연속성도 희미해지고 문화 또한 제대로 축적되기 어렵다.

사람과 일과 장소와 건물과 거리와 심성은 깊게 얽혀 있다. 도시나 건물의 배치는 그 자체로 그 안에서 사는 사람들이 어떻게 느끼고 생각하며 살아가는가를 보여준다. 그것은, 많은 도시설계자나 공간이론가가 말하듯, 동시대적 감각과 사고 그리고 조형 의식이 드러나는 패턴이기 때문이다. 이를테면 실내의 구조는 심성이나 가치의 구조를 조건지으면서 사회의 세태 구조를 반영한다. 건물과 거리가 어지러우면 삶의 느낌은 흐트러지고 공간 의식은 증발되고 만다. 그래서 인간의 의식과 행위의 시공간적 맥락은 결국 잊혀진다. 어쩌면 우리에게 집단적·문화적 기억이 빈곤한 것은 당연한지도 모른다. 엉성한 도시에 대해 개발업자나 건축법에만 책임을 돌릴 수 없는 것도 공간의 이런 근본성 때문이다.

좋은 도시는 여백을 허용한다. 건물도 마찬가지다. 그 여백에서 안정감이 나오고 주변과 어울린다. 분위기는 이때 생겨난다. 정연하되 움직임의 여유를 허용하고, 그 여유 속에서는 어떤 형식과 질서도 떠나지 않는다. 그리하여 좋은 건축은 '해방된 형식', 즉 기하학과 자유 사이를 왕래한다. 좋은 건물에서 우리가 새로운 공간을 경험하는 것은 이 때문이다. 서울에도 이런 곳이 더러 있겠지만, 내가 경험을 한 곳은 국립중앙박물관 입구에서였다. 날을 골라 갔지만, 내가 가던 그 날 하늘은 그리 맑지는 않았다. 공간의 윤곽도 선명하지 않았다. 그렇지만 이 사진을 찍은 장소에 서면, 어떤 공간감—건물도 대기도 열리는 듯한 느낌을 받는다. 공간과 사물은 우리에게 수천 가지 방식으로 말을 걸지 않는가. 바람직한 공간 설계란 이런 공간 속 요소들이 우리에게 말을 거는 데 방해하지 않도록 하는 것이다. 이제 우리의 이 땅에서도 모티브와 유형이 끊임없이 모방-변주-개축되는 좋은 건축물들이 여럿 있어야 하지 않겠는가. 인간이 도시를 만들듯 도시 또한 인간을 만든다. 문명의 미래는 도시 공간을 어떻게 설계하는가에 달려 있다고 말한 사람도 있지만, 우리도 우리의 도시를 생존의 현장 그 이상—정신적·문화적 무대로 만들 때가 됐다. 공적 공간에 대한 의식을 가질 때 사람은 신민臣民에서 시민이 된다.

　서울의 거리는 지금 무엇보다도 질서와 형식을 요구하는 듯하다. 공원과 광장과 쉼터를 가능한 한 많이 마련하자. 녹지의 공터도 중요하다. 열린 공간을 경험하는 것은 환산할 수 없는 가치—심리적 안정과 평정을 주기 때문이다. 무엇이든 하나의 중심부로 집중시킬 것이 아니라, 여러 부심지를 중심으로 원심적으로 퍼져나가게 하자. 그것이 공간의 탈중심화 또는 평등화일 것이다.

우리도 이제 우리가 사는 공간을 생존적·정치경제적 효용성의 측면에서뿐만 아니라, 문화적·철학적 합리성 측면에서 조직할 수 있어야 한다. 그래야 걷고 싶은 거리, 스스로 자부심을 느끼는 도시에 살 수 있지 않을까. 언제쯤 도시가 삶의 유기성과 풍요로움, 다양성과 창조성을 느끼게 할까. 이 땅의 각 도시가 생계의 현장이면서 동시에 심미적 경험의 무대가 되는 날이 올 것이다. 그것이 아스라한 미래의 일이 아니었으면 좋겠다.

지구
대차대조표

우리는 오늘날 오염된 공기로 감기와 천식, 피부염 등 각종 질환에 시달리고 몸은 쉽게 피로에 빠진다. 수돗물은 깨끗하다고 말하기 어렵고, 강과 바다의 물고기나 땅위의 닭과 소도 병들기 일쑤다. 유례없이 포근했던 지난 겨울 때문에 바이러스도 극성이다. 광릉수목원에서는 재선충병이 발견되어 70년 된 고목을 2000그루나 자른다고 했다.

멀리 갈 것 없다. 지난 주말 제 집에 갇혔던 것은 사람만이 아니다. 한반도의 모든 가축이 제 우리를 떠나지 못했다. 내몽골에서 몰려온 거대 황사 때문이다. 이 먼지 입자는 머리카락의 10분의 1 크기라서, 마스크를 써도 폐까지 들어간다고 한다.

공기나 기후, 사람의 몸과 물고기와 짐승, 물과 나무……. 이 모든 것은 자연물이다. 우리는 자연에서 물과 공기를 마시며 살고, 그곳에서 생산된 과일과 쌀과 채소를 먹으며 일하고 쉬고 사랑하다가 죽는다. 자연은 이 모든 것이 일어나는 생물적 · 지리적 권역이다. 그러나 이 가운데 성한 것은 이제 거의 없다. 어느 때보다 불안정하거나 병들어 있거나 심히 오염됐다. '자연탐사', '자연요법', '자연박물관'이라는 말을 흔히 듣지만, 이때의 자연은 행사나 축제 속에 있을 뿐 나날이 마주치는 자연스런 것이 아니다. 오늘의 자연은 위축됐고 낯선 것이 돼버렸다.

현대 사회에서 가장 훼손된 것은 자연과 자연에 대한 감정이다. 그런데도 우리는 자연을 이용하고 버리기만 한다. 그것을 누리는 데 익숙하지만 돌보고 아끼는 데는 무관심하다. 정치가들이 모여 회담하고 협약해도, 도쿄의정서^{기후온난화 협약}에 미국이 서명하지 않듯, 협의된 내용은 이행하지 않는다. 이는 서구 사회에서 더 심한 것 같다.

독일의 문화이론가인 뵈메^{H. Bme}는 서구 문명의 정산표를 작성해보면 부정적 결과가 나온다고 한다(그는 '지구 대차대조표'라는 말을 쓴다). 그래서 서구의 생활 양식이 전 세계적으로 퍼진다면 지구가 끝날 것이라고 경고한다. 그는 사회협약을 자연협약으로 대체할 것을 제안한 프랑스의 철학자 세르^{M. Serres}를 끌어들이면서 이젠 자연을 고려해야 한다고 말한다. "인권의 보편성에 맞춰 입안된 자연협약"은 "이전의 모든 법규정이 행한 자연 망각을 극복"함으로써 이를 "강력한 정치로 변형하는" 것이어야 한다. 인간은 지금껏 자연의 공

코닝크[P. Koninck]의
〈매 사냥꾼이 있는 먼 풍경〉[1660년경]
좋은 풍경화는 '시적'이다.
하늘과 땅은 거대한 파노라마 아래
드넓게 펼쳐진다.
여기에서 인간은 미미하다.
시적 풍경은 삶의 공간에서
어떻게 인간이 자연에 순응하며
살아야 하는지를 보여준다.

생자가 아닌 "기생자"였고, "기생적 인간중심주의가 세계관계를 지배하는" 까닭이다(『Die Zeit』10/2007).

계몽주의와 산업시대가 막을 내린 지 250여 년이 지났다. 우리는 성장이 무엇인지, 온갖 개발과 번영이 어떤 빛과 그늘을 가지는지, 여기에서 자연은 어떤 의미를 갖는지 다시 생각해야 한다. 지구 시민들에게 원래 주어진 것은 무엇이고, 그동안 무엇이 훼손됐는지 따져봐야 한다. 이것이 지구의 정산표 작성이다. 여기서 핵심은 인간과 자연을 하나로 생각하는 일이다.

땅과 하늘 그리고 대기의 구성이 살아 있는 여러 유기체와 물질적 환경의 상호작용으로 이루어진다는 것, 그리하여 생명 현상, 지구 전체가 연결됐다는 생각은 새삼스런 것이 아니다. 이는 가이아Gaia 가설 후에 널리 알려졌지만 그 이전에도 있었다. 오래전에 한 인디언은 땅과 물이 거룩하고 신성해서 '사고 팔 수 없다'라고 말했다. 요즘에는 다음 세대에 대한 지금 세대의 의무라는 뜻에서 '세대계약'이란 말도 흔히 쓴다.

지구는 더이상 약탈과 착취의 대상이 아니다. 자연은 소비의 무대가 아니다. 땅은 우리와 함께 숨쉬고, 나무는 우리와 더불어 느끼며, 우리는 물처럼 흘러간다. 지구를 대신할 생물 거주 지역이 우리에겐 없지 않은가. 지구는 머물다 가는 거처일 뿐. 그러나 수세기가 지나는 동안에 그것은 수없이 밟히고 파이고 내버려져 이제는 함몰될 지경에 이르렀다. 이는 낭만적 반자본가의 시적 몽상이나 묵시록이 아니다. 그것은 생태학자나 기후학자의 일반적 진단이지만, 매일같이 누구나 겪은 느낌이기도 하다. 몰락의 시기는 종교적 구원처럼 시간을 정하고 오지 않는다. 쓰나미가 언제 예고하고 들이닥쳤던가. 환경 재앙은 언제든 일어날 수 있다.

우리는 이제 삶과 생명에 대한 협소한 이해에서 벗어나야 한다. 자연은 단순히 정신이나 의식의 산물이 아니다. 또 주체만의 문제도 아니다. 내 몸의 활동 공간이면서, 이 몸이 땅을 딛고 공기를 들이마시는 동안 다른 주체와 만난다는 점에서, 우리의 활동 공간이기도 하다. 사회는 이런 집단적 활동의 마당이고, 환경은 이 마당을 에워싼 물리적 세계다. 자연은 물리적 공간의 생태계를 이룬다.

나는 느끼고 생각하고 생활하는 나이면서 내 조상과 후대, 내가 사는 동네와 서 있는 땅과 나를 둘러싼 하늘과 자연의 일부이다. 인간은 몸-정신-다른 생명-사회-자연-생태계에 얽혀서 사는 것이다. 그러므로 인간은 인간 그 이상을 고려해야 하고, 삶의 복지는 생명 일반의 안정까지 포함해야 한다. 인간의 위대성은 다른 생물종의 존재를 얼마나 포용하느냐에 달려 있다. 여기에서 최소 단위는 물론 지구다. 그러나 이런 자각마저 쓸모없을 수도 있다. 최악의 경우, 이런 자각이 실행되기도 전에 재앙이 닥칠 수 있기 때문이다.

자연의 존속은 더이상 기정사실이 아니다. 정치나 시민사회의 과제도 이런 요구를 피해선 안 된다. 우리는 오랫동안 인간과 자연을 분리해왔지만, 이제는 '함께 나아가야' 한다. 한편으로는 인간중심주의를 억제하면서 그 자발성을 일깨우는 생명 교육을 강화해야 한다. 그러면서 다른 한편으로는 생명의 체계적 조건에 대한 조절 메커니즘—정치, 경제, 과학, 정신, 문화, 인구정책 등을 전체적으로 고려해야 한다. 그것은 더 큰 공공성을 염두에 둔, 기존과는 전혀 다른 세계를 이해하는 방식까지 포함한다. 동북아환경협력체는 그런 실천의 한 예다. 지구와의 공생을 고려하지 않는다면, 우리는 언제든 자연의 보복을 받을 것이다. 언제쯤 우리는 새소리를 듣고 땅 냄새를 맡으며 일할 수 있을까.

◆
◆
◆

플라타너스 그늘의 기억

나는 시 읽는 것을 좋아한다. 현장비평가의 순발력은 나와 거리가 멀지만, 내 곁에는 늘 두어 권의 시집이 놓여 있곤 했다. 무엇을 읽건, 철학서건 사회과학서건 소설작품이건 비평서건 간에, 그 시작과 끝에는 시가 있었다. 그런데 가만 돌아보니 시를 읽은 지도 꽤 된 것 같다. 왜 그리 뜸했는지. 마음자리가 어지러워 그런지도 모르겠다. 그래도 속 깊은 곳엔 늘 시가 있다. 간결하고 맑은 것 그래서 어떤 순정함이 시적인 것이라면, 그것은 결국 우리 모두가 돌아가야 할 곳이라고 여겼는지도 모른다.

시를 이해하기란 간단치 않다. 시란, 한마디로 사물 삼투적인 언어라고 할 수 있을까. 그것은 대상 속에 감정을 투사시켜 '마치 내가 그 대상인 것처럼' 느끼고 표현된다. 그렇게 해서 만물은 새롭게 태어난다. 즉, 시인은 자기만의 중얼거림이 아니라 무엇에 기대어 그것을 상상적으로 관통하면서 자신을 표현한다. 시의 언어를 '빗대어 말하기' 또는 '이미지의 비유'라고 하는 것은 이 때문이다. 결국 시에서 드러나는 것은 시인의 느낌이고, 그의 삶과 세계관이다. 여기에서, 흔히 그러하듯 소재나 모티브를 거론할 수도 있다. 그러나 이런 형식주의적 방법이 아니더라도 시에 다가설 수 있다.

한 가지 간단한 방법은 그냥 천천히 소리내어 읽는 것이다. 그래서 그 뜻이 금방 다가오는 작품들부터 시작해보는 것이다. 그리고 이런 쉬운 작품을 서로 연결시키면서 전체 그림을 그려보는 일이다. 황인숙의 시 「비」는 그런 출발점으로 좋아 보인다.

저처럼
종종걸음으로
나도 누군가를
찾아 나서고
싶다……

그렇다. 비가 오면 우리의 마음은 들썩인다. 그러나 누구나 이렇게 표현할 수 있는 것은 아니다. 시인은 비 내리는 걸 보면서 이 비가 누군가를 찾아가는 것 같다고 느낀다. 그래서 자신도 이 방문객처럼 "종종걸음으로 누군가를 찾아 나서고 싶다"고 토로한다. 비가 마음에 일으키는 파문의 진상을 우리는 시인을 통해 헤아리게 된다.

이 시는 첫 시집인 『새는 하늘을 자유롭게 풀어놓고』[1988]에 실린 것이지만, 최근의 시집인 『자명한 산책』[2003]에도 「비」라는 시가 있다. 시인은 비가 올 때 생각이 솟구치는 모양이다.

> 쏟아지는 빗소리를 들으면
> 내 머리는 널따란 나뭇잎이 돼
> 빗방울 떨어지는 대로 기우뚱거린다
> 빗소리 거세어지면
> 내 머리의 나뭇잎이 무성해지는 듯하다
> 무성한 나뭇잎이 기우뚱기우뚱
> 비를 맞는다
>
> 플라타너스들이 비를 향하여
> 벌거벗은 가슴들 부푼 이파리를 힘껏 내민다
> 나도 초록빛 가슴을 힘껏 내민다
>
> 빗소리도 빽빽하다
> 초록 이파리가 빽빽하다
> 나는 전신이 초록빛
> 울창한 나무가 된 듯하다.

야곱 반 루이스달의 〈밀밭 풍경〉1662년경

해는 구름 사이로 막 나오려 한다.
이 빛으로 풍경의 일부가 드러나지만,
다른 일부는 그늘 속에 있다.
화가가 색채로 사물의 드러남과 숨음을 보여주듯,
시인은 언어에 기대어 사물과 하나가 되고,
그 사물처럼 느끼며, 이 느낌속에
사물의 숨은 배후를 드러낸다.
세계의 풍경은
그 세계를 느끼는 내 마음의 풍경이다.
풍경과 마음을 하나로 잇는 것이
시이고 그림이고 예술이다.

여기에 플라타너스 한 그루가 서 있고, 지금 비가 쏟아지고 있다. 시인은 이 풍경을 보며 자기가 플라타너스인 양 비를 맞고 있다고 느낀다. 그래서 잎에 비가 내리치면, "내 머리의 나뭇잎이 무성해지는 듯" 하고, 나무가 바람에 기우뚱거리면 자기 역시 기우뚱한다고 말한다. 플라타너스가 부푼 잎을 빗물에 내밀 듯, "나도 초록빛 가슴을 힘껏 내밀"게 된다. 그리하여 잎사귀나 빗소리 그리고 시인의 온몸은 모두 초록의 울창한 나무가 된다.

시에서 시인과 사물, 나와 비와 플라타너스는 서로 하나가 된다. 시는 시인이 사물과 만나 자신의 느낌과 생각을 풀어놓는 마당이다. 그러므로 시를 읽는다는 것은 우리(독자)가 이 만남의 광장에 들어선다는 것이고, 사물과 만나는 시인의 감정을 우리가 다시 나눈다는 뜻이다.

시인과 사물의 만남이 1차적이라면, 시를 읽는다는 것은 1차적 만남을 다시 경험하는 2차적 만남이다. 즉, 시인의 경험을 다시 겪는 것—경험의 경험이다. 1차적 만남에서 시인이 경험을 반성적으로 '표현'한다면, 2차적 만남에서는 독자는 이 표현을 다시 반성적으로 '성찰'한다. 그러니까 시는 1차건 2차건 낯선 것의 방문이고, 다른 것과의 공감이다. 시는 주체와 객체 사이의 공명판인 것이다. 이렇게 되울리면서 우리의 감성은 충동과 격정에서 벗어나 대상을 가능한 그대로, 원래의 모습에 가깝게 경험하게 된다. 플라타너스 잎이 '무성하게' 비를 받아들이듯 시인도 바람을 '빽빽하게' 맞아들이며,

이 시를 읽는 나 역시 세계를 '울창하게' 경험한다. 시는 결국 밀도의 경험이다. 어쩌면 이 밀도 속에 행복이 농축됐는지도 모른다.

그러나 이 밀도는 다시 나날의 쓸쓸함을 껴안은 것이어야 한다. 시인은 「비유에 바침」에서 적는다. "나는 아직 무사히 쓸쓸하고/내 쓸쓸함도 무사하다네//하루가 얼마나 짤막한지/알지 못했다면/단 하룻들/참지 못했으리." 이렇게 일부만 떼어내어 말하는 것은 시를 오독하는 지름길이지만, 하여튼 우리는 시를 읽으며 세계를 새롭게 경험한다.

우리는 시인에 기대어 나무와 함께 푸르게 되고, 빗줄기가 되어 거리에 쏟아지기도 한다. 하나의 풍경을 보면서 그 풍경의 일부가 되어 그 속에 서서 느끼고 깨닫는다. 시는 우리의 주변을, 소리와 빛과 거리와 바람과 나무와 장소를 다시금 경험하게 하는 것이다. 그것은 풍성함의 전체—플라타너스 그늘을 기억하는 일이다. 그리하여 우리는 이 세계가 어둠 속에 있지만, 그 어둠은 빛으로 둘러싸여 있음을 느낀다. 시는 좀 더 온전한 삶을 꾸리도록 우리를 돕는다. 곧 장마가 온다. 우리의 온몸이 초록빛 나무가 되는 놀라운 변신을 곧 경험할지도 모른다.

사적 자아의 정원에서 벗어나기

　　　　　　　전철을 타고 오가면서 읽을 수 있는 것은 짧은 글들이다. 그러나 이때 읽은 글이 인상적일 때도 있다. 또 이 인상이 고마움으로 이어지기도 한다. 지난주에 읽은 글은 내게 그랬다. 그것은 제이디 스미스^{Zadie Smith}라는 작가가 쓴 「더 잘 실패하라^{Fail better}」라는 에세이였다. 『가디언』지에 실린 것으로, 출력하면 A4용지로 13쪽 정도 되는, 신문에 싣기엔 좀 긴 글이다.

　스미스의 글은 '좋은 작가란 어떠한가?', '위대한 소설은 왜 그렇게 적은가?', '작가의 의무는?' 등을 언급하면서—편집자 설명에 따르면—'명예로운 실패'라는 문학적 유산에 대해 적은 것이다. 이것도 흥미로웠지만, 내 관심을 끈 이유는 더 간단하다. 읽는 내내 즐거웠기 때문이다. 그 글은 신선했다. 그래서 나는 아껴서, 밑줄 쳐가며, 조금씩 읽었다.

글의 기준은 사람마다 다를 수 있다. 개개인은 나름의 취향과 기질, 성격과 지향을 갖기 때문이다. 그러나 이 말은 모든 글이 제각각이고, 그래서 '아무래도 괜찮다'는 뜻은 아니다. 좋은 글은 삶의 눈부신 다채로움을 말하면서도 어떤 공통점을 찾아낸다. 그러나 그렇게 찾은 공통점이 '하나'의 공통점에 불과하다고 말한다. 그러면서 그것은 또 다른 풍요로움—인간과 사물과 세계를 같고도 다르게 나타내는 어떤 원리를 찾아 나선다. 하나의 것은 다른 무수한 것들로 이어지고, 그 무수한 것에서 다시 각각이 나오는 까닭이다. 이렇듯 큰 문학은 삶의 온전성을 추구한다. 그러므로 좋은 글에서 우리가 살아 있음을 느끼는 것은 당연하다. 스미스의 글에서 내가 느낀 것도 삶의 감정이다.

그 글의 중심에는 개인에 대한 생생한 이해가 있지 않나 싶다. 그녀는 자아를 "헛되고 망상적이며 근시안적이고 비겁하고 잘 굽히는"것으로 파악한다. 자아의 이 같은 인성이 세계 속에서 어떻게 나타나는가를 표현하는 것은 작가의 중대한 의무다. 이런 점에서 그녀는 작가이자 비평가인 T. S. 엘리엇의 생각과 갈라진다. 즉, 전통을 존중하는 엘리엇의 의견에 동의하지만, 엘리엇이 사적 영역을 전기적 사실로 축소한 점을 비판한다. 개인적 인성이란 단순한 전기적 사실의 총합 이상이기 때문이다. 그래서 행동과 분리할 수 없다.

작가는 한편으로 과거의 작품이나 문화와 대결하면서도 다른 한편으로 자아의 정원에서 움직인다. 따라서 이 정원은 가꾸어져야 한다. 여기에는 푸코의 생각이 배어 있지만, 그녀는 다른 비평가를 끌어들이며 편애나 강박관념에 주목하기도 하고, '개인적 특이성을 억누른다면 인간은 빈곤해질 것'이라는 말을 인용하기도 한다. 그녀가 역사 영웅주의와도 거리를 갖는 것 또한 개인성에 대한 이런 이해 때문일 것이다. 여기에는 그녀의 아버지—2차세계대전 당시 노르망디 작전에 참가했다는—와의 대화가 한몫하는 듯하다(이것은 다른 에세이에 실려 있다). 그녀가 물었다.

> "아빠, 노르망디 해안가로 정말 진격했나요?"
> "진격이라고? 거기에 있긴 있었지. 그렇지만 진격했는지는 몰라."

나이가 더 들면서 그녀는 전쟁에 관해 이런저런 사실을 알게 됐다. 그러면서 "더 많이 알면 알수록 노르망디의 공포와 영웅담을 자애롭고 신중한 아버지와 일치시키는 것이 더 어려워졌다"라고 토로했다. 이런 경험 덕분에 그녀는 역사를 흔한 영웅담이나 순교주의가 아닌, 우발적 운명 속에 희생되는 평범한 사람들의 이야기로 파악했는지도 모른다. 우리는 대개 용기 없이, 용기가 있어도 그게 뭔지 잘 모른 채, 늘 속이거나 속으면서, 또 사소한 것만을 기억하며, 매일 살아가지 않는가.

주목할 것은 그럼에도 불구하고 개인성이 사적 자아의 정원으로부터 공적 영역으로 나아가야 함을 스미스가 잊지 않았다는 점이다. 사적 관점에 근접하는 공적 언어의 사용이 글 쓰는 자의 의무인 까닭이다. 그러나 이것은 쉽지 않다. 그래서 글은 늘 자기 기만이요 실패가 된다. 그녀는 마지막에 이렇게 적었다.

> 우리 작가, 우리 비평가, 우리 독자는 얼마나 기이한 일을 하고 있는가. 우리는 실패한 것을 쓰고, 실패한 것을 읽으며, 실패한 것을 공부하고 논평한다. 다이어트 약이나 발모제나 이카로스의 날개처럼, 말한 것을 지키지 못하는 발명품을 연구하는 연구소를 상상해보라. 그러나 이 불완전한 문학을 나는 가장 아름답고 가장 인간적이라고 여긴다. (…) 우리가 안다고 생각하듯 우리는 사람을 알지 못한다. 세계는 단순히 우리가 그렇다고 말하는 것과 같지 않다. '실패 없이 윤리도 없다'라고 시몬 드 보부아르는 말했다. 나는 그것이 옳다고 여긴다.

스미스의 작가적 위상은 응당 작품을 본 후에 평가해야 한다. 그러나 그녀의 산문도 이미 어떤 크기를 보여주는 듯하다. 그것은 말 그대로 살아 있다. 느낌은 솔직하고 생각은 열려 있다. 그러면서도 책임을 잊지 않으며, 나아가 그 책임은 강제된 의무가 아니라 더불어 사는 삶의 자연스러운 요구로써 거론된다. 그래서 그녀의 글은 자유로운 삶의 가능성을 억누르지 않는다. 나는 어느 문장에서나 그녀의 존재와 목소리를 느낀다.

인간은 가장 고유한 의미에서 자기 자신일 수 있을 때, 진실의 의무를 다한다고 말할 수 있다. 스미스가 말했듯이, 글이 단순한 손작업이 아니라면, 그래서 세계 속에서 내가 행동하는 방식을 보여주는 것이라면, 이런 글의 필자가 그렇고 그런 사람일 수는 없다. 그녀는 꾸미거나 치장하지 않는다. 단정하고 확언하는 데 자족한다면, 그것은 나쁜 언어요 나쁜 문학이다. 문학은 언어적 숙련성 이상으로 사람의 전체를 보여줘야 한다.

스미스의 글은 현재라는 제약 안에서 문학이 어떻게 다른 삶—자유의 다른 가능성을 추구할 수 있는지를 보여준다. 그녀의 글을 읽으며 나는 적어도 '서구에서 검증받은 작가의 크기는 어떤가'를 새삼 떠올리게 된다. 그것은 여기 이 땅의 문학을 돌아보는 데 어떤 반성적 자료가 될 만하다. 제이디 스미스는 자메이카 이민자인 어머니와 영국인 아버지 사이에서 태어난 올해 마흔다섯 살의 여성이다.

집, 물,
몸, 풀

지난 10월 중순에 안동에 있는
도산서원과 하회마을을 다녀왔다. 오래전부터 가고 싶었지만 차일
피일 미루다가, 마침 독일에서 잘 알고 지내던 가족이 와서 큰마음
먹고 다녀온 것이다. 한국을 알고 싶어 하는 이들을 위해 동서에게
빌린 차로 일부러 지방도로를 이용했다. 이 때문에 운전은 간단하지
않았지만 '소문'으로만 듣던 이 땅의 단풍을, 그 풍광의 애처롭고도
장려함을 이번에 만끽할 수 있었다. 우리는 이 땅에 살고 있지만, 그
곡절에 대해 사실 많은 것을 모르지 않는가. 적어도 나는 그랬다.

설악산에서 동해안을 따라 내려오다가 울진에서 36번 국도를 타
고 내륙으로 들어갔다. 도산서원은 안동에 다다르기 전쯤에 있었다.
오후 4시경에야 도착했고 평일이라 한적했지만, 여느 관광지와 다름

도산서당 뒤편에서 정문 쪽으로 내다보이는 풍경

열린 문으로 이 방과 그 너머의 담장 그리고 대문이 시야에 들어온다.

방이든 집이든 그 문이 열려 있을 때, 공간은 원래의 개방성을 잃지 않는다.

내 육체의 집을 짓듯 나는 마음의 집을 짓고 있는가?

그 문과 담을 넘어 나의 마음은 세계로 열려 있는가?

담 넘어 가을 은행잎이 참 노랗다. (저자 제공)

없이 이런 한적함도 모여드는 관광객들로 오래가지는 못했다.

　나는 입구에서 도산서당, 농운정사 그리고 전교당을 차례대로 돌아봤다. 아이들은 여기가 어디인지도 모르면서 이곳저곳을 철없이 뛰어다녔다. 이름이 도산서당이던가, 퇴계 선생이 직접 지어 후학을 가르쳤다는 그 작은 방을 나는 오랫동안 살펴보았다. 서편으로 지는 햇살이 온돌방과 마루에 가만히 스며들었고, 그 빛은 따스하고 정겨웠다.

　나는 뜰에 놓인, 한 걸음이면 건너뛸 만한 작은 연못의 연꽃 몇 잎을 잠시 바라봤다. 이젠 다 잊어버렸지만, 이렇게 적혀 있었던 듯싶다. "모란이 부귀의 상징이라면, 연꽃은 군자君子의 상징이다. 진흙 속에서도 꽃을 피우고, 줄기는 비어 있으나 꽃대는 올곧다. 그래서 선비의 청렴하고 바른 삶을 나타내니……." 이 구절을 두어 번 되뇐다. 그리고 다가온 독일 친구에게 왜 연꽃이 우리 옛 학자들의 삶과 관련이 있는지 설명해주었다. 이해했는지 아니 했는지 그는 두 눈을 끔벅였다.

　낮은 담, 창호지 방문 그리고 마루가 주는 여운은 길다. 집채 뒤로 돌아가 앞을 바라보니 뒷문의 문고리와 마루, 온돌방 그리고 열린 방문을 통해 옆 담과 그 너머 입구의 검은 기와지붕까지 한눈에 들어왔다. 은행나무 진노랑 잎이 입구 밖에 빼곡했다. 첫 사진은 이렇게 찍은 것이다.

　우리의 시선으로 들어오는 것은 무엇이고, 그 너머의 것은 또 무엇인가? 사물은 겹겹이 이어졌고 서로 엮어져 있다. 이런 사물의 모습은 오늘의 내가 내 일에 골몰하면서 나 이외의 일을 잊지 말라고 말하는 듯하다. 바로 이것—사람의 일과 천지의 이치가 둘이 아니라는 것은 다름 아닌 퇴계 이황退溪 李滉, 1501~1570의 가르침이기도 하다.

잘 알려졌다시피 퇴계 선생은 벼슬을 그만두고 고향으로 돌아가지만 임금께 거듭 불려온다. 이런 소환과 낙향이 평생 반복됐으니 학문에 대한 그의 갈망이 얼마나 컸는지 알 수 있다. 선생의 철학을 우리는 여러 측면에서 말할 수 있는데, 그가 강조한 '도리'는 간단히 말해 마음과 몸, 학문과 생활을 하나로 하는 데 있다고 볼 수 있다. 그것은 앎과 행동을 똑같이 나아가게 하고知行竝進, 학문을 자기 완성을 위한 것爲己之學으로 삼는 일이다. 이것은 선생의 『자성록自省錄』이 말하는 한 요지이기도 하다. 이는 학문하는 자의 도이면서 무엇보다 생활의 도를 반성하는 글이기 때문이다. 이 책의 어느 한 쪽에서 그는 마음心氣의 병을 치료하는 법에 대해 이렇게 썼다.

무릇 일상생활에서 술잔을 주고받으며 사람 사귀는 일酬酢을 적게 하고, 기호와 욕망嗜慾을 절제하고, 마음을 비워 한가롭고 즐겁게 지낼 것이며, 그림이나 글씨 또는 화초의 완상玩賞이나 냇가의 물고기와 산새를 보는 즐거움에 이르기까지 진실로 생각을 즐겁게 하고, 뜻에 맞는 것을 항상 접하여 심기가 늘 화순和順한 상태에 있게 할 것이며, 어긋나거나 어지럽힘으로써 성내고 원망하는 일이 없도록 함이 요긴한 치료법입니다.

퇴계 선생은 글공부에 전념하고자 했지만, 주변에서 그를 가만히 내버려두지 않았다. 마흔 지나서부터 열망하던 낙향의 꿈은 쉰이 넘어서야 이루어지지만, 그러나 그것도 잠시 조정에서 또 그를 부르곤 했다. 그는 신병을 이유로 해직을 청하거나 사직서를 거듭 제출했고, 그것마저 통하지 않을 때면 서울을 벗어나고자 외직外職이나 한직閒職을 구하곤 했다. 벼슬을 버리고 은거하는 일도 쉽지 않았다. 그래서 그는 점점 늙어가는 몸에서 세월이 기다리지 않음을 한스러워했다.

공부를 할 때에도 퇴계 선생은 일상의 명백한 곳에 눈을 두고 마음부터 한가롭고 여유 있게 가지고자 했다. 즐거움도 평탄한 마음이 차서 밖으로 드러날 때 올바르게 된다. 화복禍福을 논하기 전에 마음을 닦으려 하고, 처세의 곤란함 이전에 학문의 지극함을 생각한 것도 이 때문일 것이다. 그런 그가 사람과 사물을 대할 때에도 거울처럼 맑고 물처럼 고요하고자 한 것은 자연스런 일이다. 우리는 이것을 '도리의 일상성'이라고 말할 수 있다. 그리고 이것은 그에게 보이는 것이면서, 넓게는 자연으로부터 배울 수 있는 바이기도 하다. 삶의 이치理致란 마음에 있듯, 사물에도 있는 까닭이다.

서원으로 들어서는 길에는 드넓게 자리한 안동호가 있다. 인공호수라 마음에 걸리는 것이 없는 것은 아니지만, 넘실대는 수면은 마음의 파문을 일으킨다. 반짝이는 수면은 수천 수만의 무늬와 굴곡을 가지고 있다. 그렇게 많고 많은 주름이지만, 언뜻 보기에 다들 같아 보이지만, 그것은 서로 다른 활력과 신선함으로 차 있다. 빛과 그림자가 만나면서 뚜렷한 대조를 만들고, 이 대조되는 윤곽은 꾸밈없는 이미지 속에 판에 박힌 유형이나 형태를 벗어나 있다.

수면은 낮게 때로는 높게, 때로는 맑게 때로는 흐리게 요동치면서 명암의 온갖 섬세한 단계를 보여준다. 마치 세상의 빛을 자신의 빛인 양 소유하여 노니는 듯하다. 무절제와 복합성 사이에서 물결은 감정이자 관능, 열병이자 욕망을 상징하듯 쉴 없이 출렁인다. 우리를 능가하는, 우리보다 오래 지속될 위대하고 단순하며 무심한 사물의 풍경들. 서로 다른 것을 하나로 엮은 듯한 이 영원한 유동성, 그것은 찬탄의 대상이 아닐 수 없다. 움직임-에너지-파동은 그 자체로 생명에 대한 낙관적 찬가를 흥얼거리게 한다.

물의 표면은 하나지만, 그것은 햇살과 바람 속에 수천 겹의 무늬로 바뀐다. 마치 한 뜸 한 뜸 옷을 깁듯, 넘실대는 수면의 빗살로 자연의 거대한 실루엣을 엮는 듯하다. 저 광대한 물결무늬 베일을 머리에 쓸 이는 누구인가?

빗살은 밝음과 어둠을 대비시키며 평정과 혼란을 보여준다. 햇살의 반사광 속에서 물결은 자신의 색채를 잃고 또 드러낸다. 서로 뒤섞이고 얽히면서 소용돌이치는 무수한 선과 굴곡, 그것은 율동으로 가득 찬 세계다. 세계는 힘과 에너지 그리고 파동의 각축장이다. 안과 밖, 사소한 것과 위대한 것의 구별이 지워지는 이 풍경 속에 삶의 본질이 투사되어 있을까. 이런 암시를 받는 순간, 나는 이 전율의 느낌이 사라질까 봐 두려웠다. 그래서 나도 모르게 그 모습을 담았다.

이것이 뒤쪽의 사진이다.

자연은 그것을 '읽을 만한 것'으로 우리가 읽어낼 때, 그렇게 읽을 수 있을 때, 비로소 의미 있는 것이 된다. 자연 속에서 인간이 지각하는 합목적성은 주관적으로, 그 원천은 비록 주관적이지 않지만, 매개된다. 그것은 성찰하는 주체에게만 제 모습을 드러낸다. 그리하여 나는 이렇게 생각한다. 우리의 삶은 출렁이며 넘실대는 바로 그 순간에 사라지는 저 수천 물구비 가운데 한 무늬에 불과하지 않은가?

부서지거나 사라지는 것은 모든 인간적인 것의 이름이다. 삶의 무늬가 그려 보이는 온갖 사연과 회한을 우리는 기억하고 전달할 수 있는가? 몸과 풀과 집과 물은 생성과 소멸의 항구적 연속성 속에 있다. 자연에서 삶의 비유를 읽어낼 수 있다면, 우리는 아름다움의 예찬자가 아니 될 수 없다.

세계의 무한성, 이 무한성의 영원함은 마치 그것이 아무것도 아닌 것처럼 무심하고 조용하고 드넓게 놓여 있다. 이는 기다리는 사람, 예민한 감각을 지닌 채 참고 견디는 이에게만 열리는 현실의 숨겨진 모습이다. 화면이 보여주는 물결의 그 어느 구석에도 살아 넘치며, 출렁대고 움직이며, 떠돌지 않는 부분은 아무 데도 없다. 생명은 물 위에서도 즐거이 반짝이면서 무한한 공간으로 번져가는 듯하다.

반사광의 복합적 작용과 대기의 미묘하고도 신비로운 효과를 어떻게 설명할 수 있을까? "모든 육체는 풀과도 같고, 인간의 모든 영광은 풀꽃과도 같다."(「베드로 전서」, 1:24) 이 구절을 브람스는 죽음

부서지거나 사라지는 것
우리의 존재가 저 찰랑이는 물결, 이 물결이 그리는 무늬의 한 이랑은 될까?
무수하게 만들어졌다가 순식간에 지워지고 마는 인간사의 삶을
우리는 어떻게 손상 없이 그려낼 수 있을까? (저자 제공)

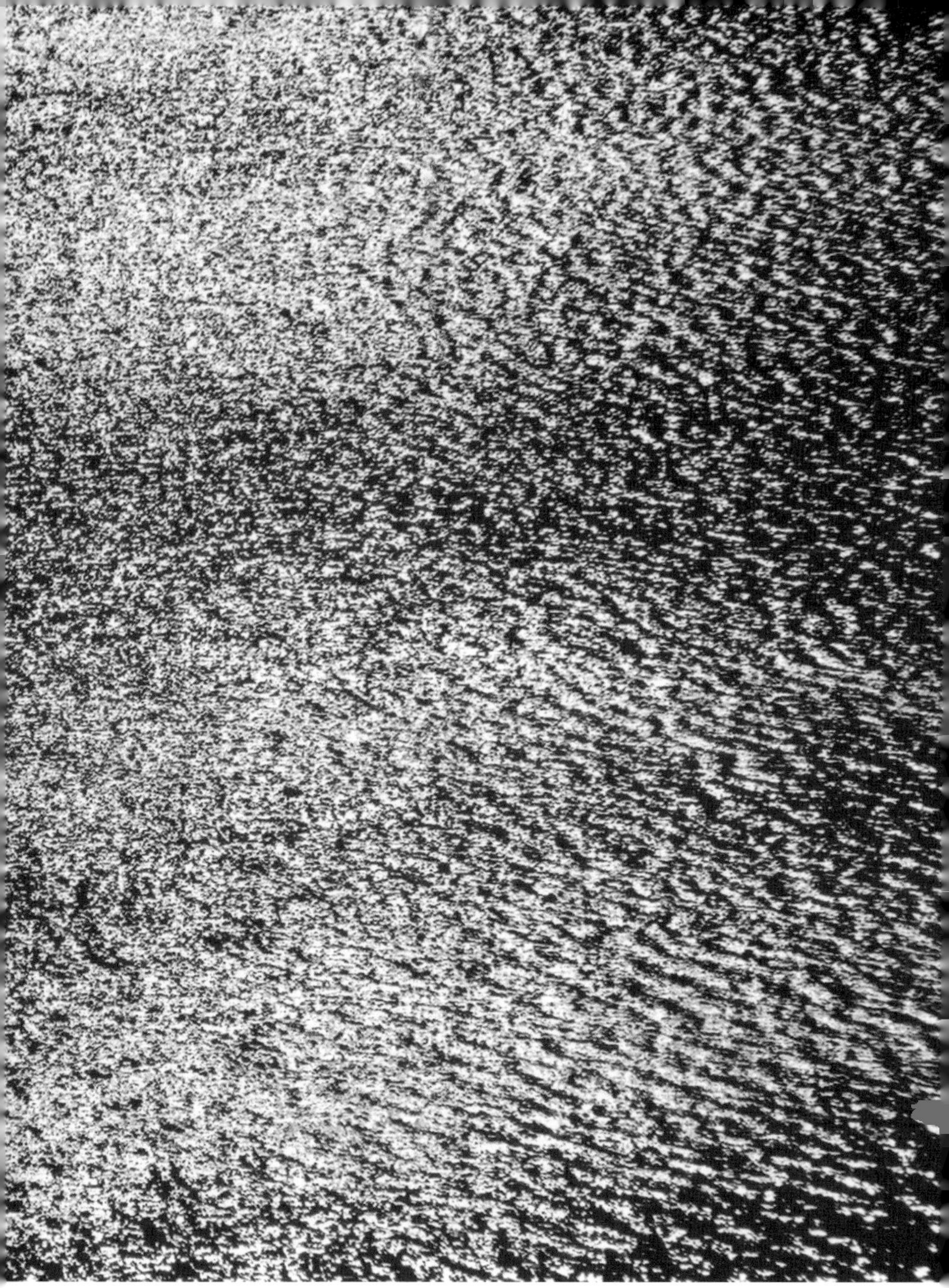

을 명상한 〈독일진혼곡〉에 포함했지만, 인간이 하는 많은 일은 자연을 닮았고, 사물의 원리는 육체의 상태를 닮았다. 영혼은 절대를 갈망하지만, 그가 머무는 집이 항구적일 수는 없다. 집도, 마치 몸이 그러하듯, 풀의 운명을 보여주는 것이다. 이 모든 것을 보기 위해서 전체의 움직이는 국면이 고려돼야 한다. 이 점을 나는 안동호의 빛살 수면에서 떠올린다.

그러므로 자연은 고정된 유형이 아니라 수많은 차이와 특별한 뉘앙스를 가진 무수한 편린이다. 나무나 꽃, 산과 들과 숲과 바다와 호수는 새로운 영감과 성찰의 대상이다. 세상을 채우는 온갖 사물에, 그 사물들의 빛과 그림자에, 그 명암의 갖가지 대조에 탄성을 지를 수 있다면, 우리는 몇 번이고 청춘을 다시 살 수 있으리라. 쓸쓸함에서 고귀함을 읽어내고 위대함에서 무심함을 느낄 수 있다면, 우리의 삶은 자연을 닮아 더 공평할 수 있으리라.

그리하여 사물을 바라보는 것은, 바라보며 이해하는 것은, 이런 관찰과 이해 속에서 그들과 더불어 있는 것은, 큰 삶의 일부이다. 한계가 있는 사랑은 사랑이 아니듯, 한계가 있는 인식은 바른 인식이 아닐 것이다. 자연을 바라보는 시선으로 인간을 바라보고, 사람을 느낄 때의 감정으로 사물을 느낄 일이다. 우리는 풍경 화가의 시선으로 사물을 어루만질 필요가 있다. 그럴 수 있다면 묵은 존재의 외피를 벗어날 수 있을지도 모른다.

그러나 자연의 세계가 조화롭고 평정하다고 말하는 것은 무지의 결과일 수도 있다. 오히려 그것은 더 자주 난폭함을 보이고 혼돈되고 광란적이다. 그러나 이런 무질서 역시 좀 더 큰 질서의 일부로 자리한다고 할 수 있기도 하다. 우리가 말하는 조화란 큰 질서의 너그러운 필연성―자연의 무심한 관용이다. 자연의 질서에서 보이는 것은 그 안에 깊이를 지닌다.

피상성 위에서 길을 잃지 않는 것은 중요하지만, 사물의 법칙은 보이는 것 속에도 들어 있다. 설령 들어 있지 않다 해도, 보이는 것 가운데 법칙은 암시될 수 있다. 그리하여 카메라의 한 시점은 한때의 우연적 현상이면서 어떤 항구적 이미지―가버린 것과 다가올 것 사이에 마련돼야 할 조화를 암시한다. 우리가 '지금 여기'를 돌볼 수 있는 것은 자연의 이런 암시 때문일 것이다. 그리고 이 암시는 학문과 삶을 마음속에 하나로 모으고자 했던 퇴계 선생의 가르침과도 멀지 않다.

아무것도 아닌
실존의 전부

　　　　　　　　대도시에 살면서도 시내에 나가
는 것이 그리 반갑지 않다. 소음도 번잡함도 부담된다. 나갔다 오면
어지러워서 세수부터 하게 된다. 그래도 나가지 않을 수 없는 때가
있다. 그것은 보고 싶은 전시회가 끝나가거나 그냥 돌아다니고 싶을
때다. 예술의 전당에 간 것은 한 가지 이유―추사 김정희의 자화상
을 보고 싶어서였다.

　추사가 남긴 것은 무엇이든 생기와 활력을 느끼게 한다. 면밀하면
서도 호방하고, 참신하면서도 어딘가에 뿌리박은 듯하다. 글씨나 그
림, 논증과 편지 등 그가 손댄 모든 것에는 발랄한 정밀성이 배어 있
다. 대충 봐도 추사의 규모는 이미 글자의 운용에도 있다. 곧고 굽은
선이나 굵고 가는 획의 형태는 때로는 그림 같고 때로는 도형 같다.

나는 추사에게서 무엇을 읽어낼 수 있을까. 2007년 세상을 떠난 볼프강 이저W. Iser가 말한 것도 이런 것이다.

야우스H. R. Jauß와 함께 '수용미학'을 정초한 이저는 작품의 의미란 수용자의 해석으로 이뤄진다고 주장했다. 이는 수용자의 자의성을 강조한 측면도 있지만, 작가만큼이나 독자도 작품의 의미 형성에 참여한다는 사실을 보여준 점에서 중요하다. 그러니까 작품은 어떻게 읽느냐에 따라 확정되지 않은 의미를 드러내고, 독자는 이 '빈자리'를 채우는 능동적 역할을 한다. 이런 불확정적 의미 구조는 문학을 넘어 예술 일반에도 해당된다. 우리가 읽고 보고 듣는 작품에서 어떤 영향을 받는다면, 이 영향력은 곧 작품의 호소력이면서 감상자가 만들어내는 부분이기도 하다. 예술 작품은 내가 그 의미를 적극적으로 채울 때 하나의 '사건'이 된다. 추사의 말년 자화상은 내게 사건과도 같은 체험이었다.

낡은 탕건을 쓴 한 노인네가 화면의 아래편에 다소곳이 앉아 있다. 눈언저리와 뺨에는 크고 작은 주름이 졌고, 두 눈 밑에는 깊은 그늘이 어려 있다. 수염과 구레나룻은 아무렇게나 자랐고, 얼굴의 핏기도 빛 바랜 옷처럼 사그라졌다. 그러나 눈매는 빛을 발하며 앞을 응시한다. 모든 것을 허무는 시간의 엄습을 시선은 거스를 수 있다는 것인가. 노인은 액자 밖으로 사라질 듯하다.

이 자화상은 소치 허련이 그린 다른 초상화들보다 더 핍진하게 추사의 말년을 보여주는 듯하다. 편지 쓸 종이조차 없던 과천 시절, 추사는 자기의 천한 몸이 무뎌질수록 어리석고 염치없다고 탄식했다. 이 그림은 그 퇴락의 시간에서도 자신을 직시하려 했던 어떤 기운을 느끼게 한다. 그래서 이렇게 덧붙였을까. "이 사람을 나라고 해도 좋고, 내가 아니라고 해도 좋다. 나라고 해도 나고, 내가 아니라고 해도 나다. 나이고 나 아닌 것 사이에 나라고 할 것이 없다. 하하(謂是我亦可 謂非我亦可 是我亦我 非我亦我 是非之間 無以謂我. 呵呵)."

이 자화상은 한때 진위시비 속에 있었다고 한다. 그러나 이 자찬을 내가 처음 읽었을 때, 추사가 아니라면 이런 글은 쓸 수 없으리라 생각됐다. 시인도 이렇게 쓰기는 어렵다. 현실의 투시가 아무리 강하다 한들 이렇게 투시하는 내 생명이 꺼져가고 있다면, 그 의지란 무엇이란 말인가. 그러나 부질없는 의지도 '부질없다'고 표현될 때, 그것은 허무의 차원을 넘어선다. 이 초월 속에서 나와 세계, 예술과 시간의 경계는 이미 없다. 그러니 표현된 것에 무슨 말을 더 보태며 무엇을 또 뺄 것인가. 적거나 그린 모든 것은 삶에 아무것도 아니면서 실존의 전부가 된다.

추사에게 자기 경계와 도량, 사실 직시와 운치, 준엄함과 유머는 마치 연암에게 그러했듯이 둘이 아니었던 것 같다. 그것은 늘 정격正格과 파격破格 사이의 긴장을 유지한다. 스스럼없는 정신이 어느 한편에 치우쳤다면, 그의 글은 이다지 큰 울림을 주지 못했을 것이다. 결국 그 울림은 학문과 생활, 예술과 삶이 어긋나지 않은 데 있을 것이고, 작게는 '스스로 마음을 속이지 않는自不欺心' 데서 올 것이다. 옛 것

추사의 말년 자화상
추사가 직시했듯이,
나는 나이면서 내가 아니다.
혹은 나는 나와 나 아닌 것 사이에 있다.
예술과 철학의 주된 과제는
사실 나와 너, 나와 세계,
나와 현실의 관계를 어떻게 설정하고
구성하며 조직하느냐에 있다.

謂是我亦可謂非我亦可
是我亦我非我亦我是也之
間無以謂我當珠塗誰
能訊相书大摩尼
中阿二
果老自題

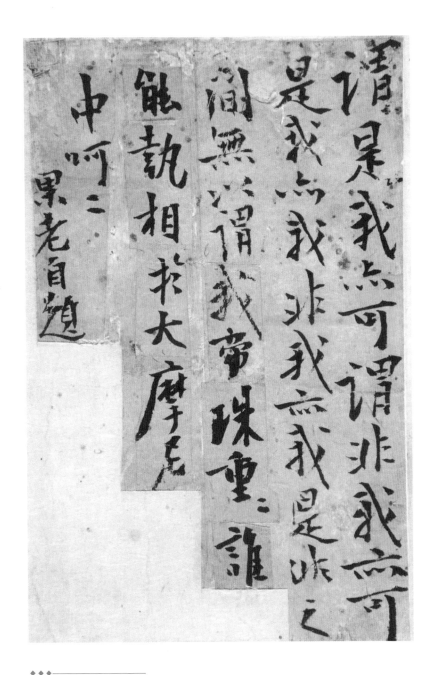

◆ ◆ ◆ ───────

추사의 말년 자화상 부분

'果老'란 '과천(果川)에 사는 노인'이라는 뜻이다.

추사는 말년에 과천에서 잠시 살았다.

그려진 자신의 모습을 "나라고 해도 좋고, 내가 아니라고 해도 좋다"라고 생각한다는 것은 그려진 자기와 자신의 실체 사이의 간극을 의식한다는 뜻이고, 이 간극의 균열의식은 '근대적(modern)'이다. 추사체의 독창성은 아마 이 깨어 있는 자의식에서 올 것이다.

을 익히며 새것을 만들어내는 이른바 법고창신法古創新도 이런 철저함의 자연스러운 결과일 것이다. 근원은 둘로 나뉘지 않는다고 했다. 최상의 예술가에게 모든 것은 낱낱의 것과 융회관통融會貫通한다.

남은 것은 추사의 성취를 오늘의 세계 안으로 불러들이는 일이다. 이는 몇 단계의 절차를 요구한다. 우선 실증적 문헌 분석이 있어야 하고—여기서 한학자의 도움에 의지해야 할 것이다—, 각 분야에서의 정밀한 논의가 축적돼야 하며, 이들 분야를 종합한 포괄적 관점의 해석사가 더해져야 한다. 추사 개인과 사회적·역사적 배경, 예술과 현실의 관계는 그런 통합적 해석의 예가 된다. 더 중요한 것은 이런 바탕 위에 160년 전의 추사학을 오늘의 생산적 에너지로 변용시키는 일이다. 이 서너 가지 요소가 동시에 구비되지 못한다면, 그래서 해석과 문장, 식견, 사상이 하나로 모아지지 않는다면, 추사의 현대적 재구성도 그리 오래 가지 못할 것이다. 이 작업은 기존과는 전혀 다른 추사상秋史像까지 포함해야 한다. 또 그렇게 할 수 있을 때 추사는 오늘날의 의미 있는 사건이 될 것이다.

전시관에서 나와 지하철을 탔다. 한강철교를 지날 때 나는 도록 대신 밖을 쳐다봤다. 서쪽 한쪽으로 구름이 걷히면서 햇살이 나오고 있었다. 가만히 생각해보니 오늘 처음 하늘을 본 것 같다. '소창다명 사아구좌小窓多明 使我久坐'라고 했던가. "작은 창에 볕이 많이 드니 나로 하여금 오래 앉아 있게 하네." 9년의 유배생활 후 추사가 예순 무렵 쓴 글이다.

학교로 돌아와 추사처럼 나도 볕 드는 창가에 잠시 앉았다. 그리고 밖을 가만히 쳐다보았다. 짧은 해가 곧 지면 마른 나뭇가지 하나 제대로 보이지 않을 것이다. 잦아드는 햇살 아래, 나는 '추사의 여러 다른 나'를 떠올렸다.

가을에는
브람스를

흔히 가을에는 요하네스 브람스가 어울린다고 얘기된다. 브람스가 어디 가을에만 맞겠는가마는, 그의 음악에는 가을의, 특히 늦가을의 정취에 어울리는 쓸쓸함과 비애, 장중함과 고독이 배어 있다는 것도 분명하다. 거기에는 〈독일진혼곡〉과도 같이 유장하고 깊은 세계를 보여주는 곡도 있고, 그보다 밝고 경쾌한 곡들도 있다. 그러면서 여전히 브람스에게는 브람스를 브람스로 만드는 고유한 음색이 담겨 있다. 그 음색을 뭐라고 말할 수 있을까?

이런저런 설명이 있을 수 있다. 그러나 잡담 제하고, 그냥 브람스 〈교향곡〉 1, 2, 3, 4번 중에서 어떤 거라도 좋으니 구해서 한번 들어보는 건 어떨까? 아무 것이나 듣는 게 꺼려진다면, 여기에도 간단한 방법이 있다. 노란 바탕의 레이블인 도이치 그라마폰이나 데카 혹은 필립스 혹은 EMI에서 나온 것이면, 일단 틀리지 않는다고 할 수 있다. 왜냐하면 아무나 이런 데서 녹음할 수는 없으니까. 말하자면 이런 데서 녹음했다는 것 자체가 최고의 수준에 이른 연주자임을 증거하는 것이므로.

고전음악의 세계가 얼마나 복잡하고 다양한 것인가는 작곡가의 기질이나 성향, 작품의 종류나 연주단체, 연주자, 지휘자, 몇 년도에 녹음했는지, 녹음의 종류(야외 혹은 실내) 등에 따라 매우 혹은 미묘하게 다르게 드러난다는 사실에서 잘 확인된다. 브람스의 네 교향곡 역시 베를린 필이 연주한 것인가, 빈 필이 연주한 것인가, 아니면 뉴욕 필이 연주한 것인가 혹은 런던 심포니 오케스트라나 콘서트헤보우 오케스트라(암스테르담)인지에 따라 모두 다르다. 네 곡 모두 다 좋지만, 3번이나 4번을 한번 들어보면 어떨까? 혹은 젊은 시절부터 말년에 이르기까지 고치고 또 고치며 가다듬었던 1번 작품을 듣는다면? 조만간 닥쳐올 계절의 황량함을 견뎌낼 힘을 우리는 얻을 수 있을지도 모른다.

교향곡을 듣고 또 듣다가 다른 것을 듣고 싶을 때에는 무엇이 좋을까? 물론 여기에도 여러 가지가 있을 수 있다. 두 편의 〈피아노 협주곡〉도 좋을 것이고, 〈바이올린 협주곡〉이나 〈이중 협주곡〉도 나쁘지 않을 것이다.

그러나 나는 실내악을 권하고 싶다. 〈피아노 3중주〉 1번이나 〈피아노 삼중주〉 2번도 좋고, 〈호른 3중주〉도 좋다. 〈피아노 3중주〉 1번의 경우, 피아노는 율리우스 카첸J. Katchen, 바이올린은 요셉 수크J. Suk 그리고 첼로는 야노스 슈타커J. Starker로 하면 어떨까. 볼륨을 높이고 그 앞에 지그시 눈을 감고 앉아 선율이 흐르는 대로 잠시 몸과 영혼을 맡겨보는 것도 좋으리라. 결코 후회하지 않을 것이다. 〈현악 4중주〉나 〈현악 5중주〉도 좋다. 브람스를 이해하면 할수록 점점 더 많은 곡과 다른 장르에 대한 관심이 싹틀 것이고, 그리하여 결국 모든 브람스가 자기 곁으로 찾아들지도 모른다. 브람스를 좋아하게 되면, 결국엔 "어떤 브람스건 다 좋다"고 말하게 된다.

그러나 내가 가장 아끼는 곡은 〈클라리넷 3중주〉op. 114와 〈클라리넷 5중주〉다. 〈클라리넷 3중주〉는 피아노와 클라리넷 그리고 첼로로 엮어지고, 〈클라리넷 5중주〉는 기존의 피아노 대신 바이올린 1, 2와 비올라가 더해진다. 나는 이 두 곡을 권하고 싶다. 물론 이런 곡들 하나하나에도 기라성 같은 연주단체와 연주가들의 기나긴 해석의 역사가 있다. 이것은 최고의 녹음기술로 남아 있다. 어떤 것이나 그 나름의 장단이 있지만, 이미 말한 대로 잘 알려진 레이블로 시작하는 게 안전하다.

아마데우스 현악 4중주단이건, 알반 베르크 현악 4중주단이건, 아니면 보자르 트리오건, 어느 연주나 일급의 연주라고 할 수 있다. 나는 어떤 글을 끝내어 휴식이 필요할 때, 하루 종일 정신없이 일에 매달린 날 혹은 조용히 그 시간을 나만의 것으로 만들고 싶을 때, 이 곡

말년의 요하네스 브람스

들을 꺼내 듣곤 한다. 이 곡들은 더없이 평화롭고 쓸쓸하면서도 어떤 근원—우리가 떠나왔거나 이렇게 떠나와 향하고 있는 그 어딘가를 어렴풋이 돌아보게 한다.

　1891년 6월과 7월 무렵 자신이 죽게 될 거라는 예감이 브람스를 덮쳤고, 그래서 그는 5월, 유서를 작성한다. 〈클라리넷 3중주〉와 〈클라리넷 5중주〉는 이 무렵에 연달아 작곡되었다. 이 곡들에는 마치 자기 삶과의 이별을 예고하는 듯, 우울하고도 우수에 찬 분위기가 아름다운 선율로 묘사되어 있다. 바이올린 1, 2-비올라-첼로로 연주되는 현악 4중주도 좋지만, 바이올린 2 대신 피아노가 들어가거나 클라리넷이 들어가면, 내게는 더 편안하게 느껴진다. 혹은 〈클라리넷 3중주〉처럼 피아노와 클라리넷 그리고 첼로의 조합도 부드럽다. 그 옆으로 두 곡의 〈현악 6중주〉op. 18, op. 36를 곁들이는 것도 좋으리라. 풍부한 선율로 말미암아 이 곡들은 브람스 실내악의 진주로 꼽힌다.

브람스의 선율은 가을에 잘 어울리는 듯하다. 그러나 반드시 가을이 아니더라도 어느 조용한 오후 시간에 혹은 잠들기 전에 혹은 주말의 한가한 오전이나 오후의 어느 한때에도 적당하다. 누구를 위해? 자기 자신을 위해서다. 그렇게 자신을 위한 온전한 시간을 갖는 것, 그런 시간을 가질 수 있어야 주위를 돌아볼 여유도 생겨난다. 그렇게 브람스를 홀로 만나는 시간만큼 브람스는 온전히 당신 자신의 것이 되어줄 것이다. 읽지 않는 셰익스피어는 세상에 없듯이, 듣지 않는 브람스도 이 세상에 없는 것이다. 만약 당신이 듣지 않는다면.

아름다운 선율이 자기 것이 되는 만큼 자신의 시간은 풍요로울 것이라고 나는 믿는다. 가을에는, 늦가을에는, 아니 쓸쓸한 날에는 브람스의 실내악을 듣자.

◆
◆
◆

마치
먼 곳에서처럼

일요일 오후다. 종일 비가 부슬부슬 내리고, 여기저기서 바람이 분다. 또 하루가 저물어 간다.

'헛되고 헛되며 헛되도다'는 『성경』의 한 가르침이지만, 아마도 가장 헛된 것은 음악에 대한 언급인지도 모른다. 그저 듣고 즐기고 행복해 하면 그만일 것을, 거기에 무슨 말이 더 필요하겠는가. 어떤 설명이나 해설도 음악의 감동에 비하면 하찮아 보인다. 심지어 '좋다'라고 느끼는 것조차 때로는 군더더기처럼 보인다. 느낀다는 것에는 이미 생각이, 논리와 사유가 들어가기 때문이다. 음악은, 그것이 감동적이면 감동적일수록, 더 멀리 논리나 언어를 떠나 있는 것처럼 보인다. 그러니 그저 한 마디—직접 들어보라, 고 말할 수밖에는.

그렇기는 하나 가끔은 음악에 대해, 내가 겪은 이 고마운 감동의 내역에 대해 적고 싶은 유혹이 생기는 걸 막을 순 없다. 어떤 선율처럼 이 감동도, 마치 아예 없었던 것처럼, 아무런 흔적 없이 증발되고 말기 때문이다.

로베르트 슈만R. Schumann, 1810~1856에 대해서도 글을 적고 싶었다. 내 삶에 그가 차지하는 부분이, 그가 선사한 선율이 이미 적잖게 되어버렸고, 그래서 뭐라도 이 편에서의 반응을 확인해야 할 것 같은 생각이 들기 때문이다. 그러나 이 작은 것도, 매일 해야 할 일거리에 치이다 보면, 잊혀지거나 차일피일 미루게 된다. 오늘도 그랬다. 해야 할 일을 하고 나니, 벌써 오후 5시가 지났다. 무엇을 적을까. 자리에 앉았으나 생각이 떠오르지 않는다. 그래서 옷을 갈아입고, 집 뒤의 산에 올랐다.

일 년 중의 늦은 봄—특히 5월 20일에서 30일쯤 되면, 집 뒷산에는 아카시아 향이 대기를 진동한다. 게다가 비까지 내리면, 풀썩거리던 먼지도 가라앉고, 바람도 한결 시원해진다. 지나다니는 사람도 평소보다 적다. 나는 이 시간을 즐긴다. 내리막길에는 걷고, 오르막길은 천천히 뛴다. 바람이 불면 코끝을 스치는 아카시아 향내가 짙고, 습기 품은 대기도 꽤 상쾌하다. 그렇게 걸으면서 바람이 불면, 때로는 걸음을 멈춘 채 손바닥을 펴든다. 아카시아 꽃잎이 하나둘씩 손바닥 위로 떨어진다.

바람과 꽃잎, 아카시아 향과 공기와 숨결, 몸의 맥박과 이마의 땀내. 소나무와 떡갈나무, 상수리나무와 온갖 잎사귀, 바위와 오솔길.

사물들은 말없는 신호를 주고받으며 서로 어울린다. 제각각의 형태 속에서 그 나름의 리듬으로 어울리며 따로 자리하는 세계의 사물들. 어떤 것은 어둡고 어떤 것은 밝다. 어떤 것은 두드러지고, 또 어떤 것은 잘 보이지 않는다. 그러면서 이 모든 것은 이어져 있다. 아마도 섬세한 영혼만이 이 모든 것을 보고 들을 수 있으리라. 슈만의 음악도 이와 다르지 않을 것이다. 그에게 모든 소리란 단어이고, 선율은 곧 시였기 때문이다.

슈만은 흔히 과도한 열정의 몽상가로 알려져 있지만, 이것 못지 않게 그는 도전적 정신으로 무장된 아방가르드이기도 했다. 그의 목록에는 일정한 형식을 갖춘 작품도 많지만, 그 이상으로 불규칙적이고 무정형적인, 그래서 형식파괴적인 작품도 많다. 〈파피용〉op. 2이나 〈다비드 동맹 춤곡〉op. 6, 〈어린이 정경〉op. 15 같은 피아노곡이 그렇다.

솔로로 연주되는 이런 작품들은, 그 어느 것을 들어도, 편안하고 경쾌하고 아름답다. 5분, 10분 되는 곡도 있으나, 1~2분이 채 되지 않는 짧은 곡이 대부분이다. 빠르거나 느리거나 우울하거나 밝게, 그것은 연주된다. 〈다비드 동맹 춤곡〉의 제목처럼, '생생하거나' '내적으로' 혹은 '단순하거나' '유머러스하게', 아니면 '연약하게 노래하듯이' 혹은 '먼 곳에서처럼' 선율이 흐르는 것이다. 어떤 곡에는 제목조차 없다. 어떤 지시에도 얽매임 없이 그냥 자유롭게 연주하라는 것인가. 그러면서 전체적으로는, 마치 〈파피용〉처럼 주제음이 자주 변주

된다. 어디로 튈지 알 수 없는 다양한 빛깔의 선율들, 이것은 감정의 굴곡을 닮아 있는 듯하다. 나무그늘 아래 앉아 하늘을 쳐다보면 시야로 덮쳐오는 수많은 잎들의 반짝거림처럼, 사람의 감정도 이처럼 다채롭고도 드넓게 번져가는 것이 아닐까.

"음이란 작곡된 말"이라고 슈만은 적었다. 그의 선율은 이 시적 감정의 스펙트럼을 푸른 선율로 들려주는 듯하다. 이것은 그 자체로, 〈어린이 정경〉이 그러하듯, 가버린 유년시절을 회상하는 것인지도 모른다. 묻고 기억하고 견디면서 결코 말할 수 없는 그리움을 선율에 담은 채.

음악평론가 클라우스 슈판C. Spahn은 이렇게 썼다. "슈만은 듣는 이를 순수한 시의 푸르른 시간으로 끌고 가서, 어떤 다른 세계를 그에게 열어 보인다." 우리는 음악 속에서 삶의 다른 저편—어떤 영혼이 내 몸에 말을 걸고, 내 삶의 다른 육체에 귀를 기울이는 무엇이 있는 것처럼 느낀다. 육체든 영혼이든, 음악에서 사람은 다른 자신을 만나는 것이다.

그러나 이 모든 것은 몽상에 빠져들기에는 너무도 짧다. 그래서 덧없이, 안타까움만 남긴 채, '참을성 없이' 끝나버리는 것이다(〈다비드 동맹 춤곡〉의 4번째 곡 제목은 〈참을성 없이ungeduldig〉이고, 이 아련한 곡의 연주시간은 고작 51초다). 현실의 미란 늘 이처럼 짧고 헛되며 참을성 없이 사라지는 것인가? 참을 수 없는 것, 그래서 뭔가 조급해져 초조한 마음으로 안달하며 기다리게 되는 것, 그것이 아름다움의 이

로베르트 슈만
1840년(30세)의 모습으로 추정.
이 무렵 슈만은 클라라와 결혼하였고, 150곡의 노래뿐만 아니라 교향곡과 실내곡도 작곡했다. 그는 17살 때 소포클레스의 작품을 번역할 만큼 뛰어난 문학가였지만, 말년에는 얼굴이 붓고 머리카락은 헝클어진 채 정신병원에서 죽어간다.

름이다.

　그리하여 아름다운 선율은 연주시간보다 그 여운이 더 길고 아프다. '마치 먼 곳에서 오듯이.' 〈다비드 동맹 춤곡〉의 한 제목은 이것이다. 아름다움은 늘 그렇다. 먼 곳에서처럼 메아리가 울리듯이, 이런 메아리를 듣는 것처럼 초조하고 안타깝고 아쉬운 어떤 만남 같은 것. 이럴 때면 내가 하는 것이란 고작 '리핏repeat' 기능을 눌러놓고, 열 번이고 스무 번이고 눈감은 채 듣는 일이다. 마치 슈만이 10분 혹은 20분 분량으로 작곡해 놓은 것처럼. 그래서 그랬을까. 10번째 곡 〈발라드풍으로〉는 4번째 곡과 선율이 비슷하다. 빌헬름 켐프W. Kempff가 연주한 〈크라이슬레리아나〉op. 16, 〈환상곡〉op. 17, 〈아라베스크〉op. 18, 〈유머레스크〉op. 20, 〈세 개의 로망스〉op. 28 같은 작품도 그렇다.

슈만은 가엾은 사람이었던 것 같다. 사실 그는 낭만적 몽상가였고 가련한 미치광이였다. 46살의 나이로 그가 죽은 곳은 본Bonn 부근의 엔데니히Endenich 정신병원이었고, 사인死因은 매독이었다. 그의 말년 얼굴은 잔뜩 부어 있었고, 피부는 죽처럼 흐물거렸으며, 머리카락은 기름기로 번질거리면서 두개골에 납작하게 붙어 있었다. 그는 시력마저 나빠 잘 볼 수도 없었다. 그는 지극히 내향적이었고 말이 없었지만, 말을 할 때면 더듬거렸다고 전해진다. 이렇게 정신이 오락가락하면서도 그는 작품을 썼고, 이때 쓴 작품들은 극단적으로 이질적인 선율의 다성악을 보여준다.

다성적 선율은 곧 세계의 다채로움일 것이다. 진지한 것이 장난스런 것과 만나고, 경쾌함이 심각함과 어울리는. 그래서 가장 즉각적인 것도 정확성과 이어져 있다. 이것이 슈만 음악의 시라면, 이 음악적 시를 드러내는 것은 연주가의 일이다. 이것은 그를 즐겨 연주한 켐프의 양식감정stilgefühl이기도 했다. 그것은 삶의 다채성을 드러내면서 음악의 기쁨을 증거하고 인간적인 것을 표현하는 데 있다. 사실 말년의 켐프는 이탈리아의 한적한 마을 포시타노로 물러나, 그 정원에서 모든 꽃과 암석과 새의 이름을 기억하고 모든 별자리를 헤아리며 살았다고 전해진다. 아름다움이란 느낄 일이지 설명할 거리는 아니다. 그것은 살면서 향유하는 것이다.

슈만의 선율은 한편으로 더없이 서정적이고 경쾌하고 발랄하면서도, 다른 한편으로 진지하고 꿈꾸는 듯하다. 그것은 부드럽고 유머러스하면서도 자주 엇박자의 불협화음을 허용하는 혁신성을 보인다. 여기에는 반역의 정신이 들어 있는지도 모른다. 바로 이 전위성으로 하여 그는 현대 작곡가들에게 큰 영향을 끼치게 되었을 것이다. 그러나 이게 다 무엇이란 말인가? 이렇게 쓰기보다는 〈어린이 정경〉을, 그 짧은 첫 곡이라도, 듣는 편이 훨씬 행복할 것이다.

자기 직시 : 세상에서 가장 어려운 일

누구에게나 이런 식의 기억은 다들 있다. 아이였을 때 어떤 사진을 찍거나 혹은 나이가 좀 더 들어 증명사진 같은 걸 찍을 때 말이다. 요즘은 주로 사진관보다 지하철역 같은 데 널린 자동기계 앞에서 아니면 디카나 핸드폰으로 사진을 찍지만, 이전에는 주로 사진관에 가서 찍었다. 거기 가서 앉으면 사진사가 고개를 좀 들라고, 카메라 렌즈를 똑바로 쳐다보라고 말하곤 했다. 그러면 다들 쭈뼛쭈뼛해진다. 그래서 고개를 모로 돌리거나 얼굴을 비스듬히 하다가 몇 번 지적을 받고서야 비로소 용기를 내어 앞을 바로 보게 되던 경험…….

바로 보기를 주저하는 것은 세상 사는 게 서툴러서만은 아니다. 그런 면도 있지만, 사람은 대개 정시正視와 직시直視를 피하려 한다. 설령 그렇게 해도 그때의 시선이 자기 자신으로 정확하게 향한 것인가? 그렇다고 말하기 어렵다. 세파에 시달려 혹은 자포자기하여 혹은 무감각해졌으므로 우리는 자기를 쳐다볼 때도 그 내부를 쳐다보지 못하는 것이다. 청소년기를 지나면서 사람은 하루에도 몇 번씩 거울 앞에 서는 것인가? 아마 그렇게 선다고 해도 자신을 생각하는 경우는 지극히 드물 것이다. 뒤러A. Dürer, 1471~1528의 자화상은 바로 이 점을 생각하게 한다.

뒤러의 자화상에도 여러 작품이 있다. 열세 살에 그린 처녀작도 있고 스무 살 그리고 스물두 살에 그린 것도 있으며 스물일곱 살과 스물아홉 살에 그린 것도 있다. 그중 맨 마지막—1500년에 그린 〈자화상〉은 단연 압권이다(이 그림은 제작 연도가 잘못 기입되었고, 사실은 서른여섯 즈음에 그렸을 것이라고 얘기된다). 가장 널리 알려진 뒤러의 작품 중 하나인 이것은, 가만히 보고 있노라면, 예사롭지 않은 기운을 뿜어내는 듯하다.

뒤러는 이 그림에서 자기 자신을 마치 예수인 것처럼 표현하였다고 언급된다. 앞을 응시하는 커다란 두 눈, 귀를 덮으며 옆으로 흘러내린 풍성한 곱슬머리, 올곧게 뻗은 코와 굳게 닫은 도톰한 입술. 차분하게 차려입은 털가죽 옷을 그는 오른손으로 가만히 누르고 있다. 얼굴은 정확히 좌우대칭이 되도록 자리하고 있고, 어둡게 칠해진 배경은 그림 전체의 형태를 더 선명하게 강조해주면서 어떤 진지한 결의와 자세를 느끼게 한다.

뒤러의 〈자화상〉[1500]

나는 나를 본다.

나의 안과 밖을 보면서 내 세계를 만들고, 이렇게 만들어진 세계가 사람 사는 세계의 일부가 되게 한다.

그렇다면 나와 세계는 이 자기 직시 속에 겹쳐 있는 셈이다.

뒤러의 〈자화상〉[1493]

앞의 〈자화상〉(1500)에 비하여 이 〈자화상〉이나 뒤의 〈자화상〉(1498)이 뒤러의 실제 모습에 좀 더 가까워
보인다. 덜 이상화(idealize)되었다고나 할까? 그러면서도 머리장식이나 옷 주름 그리고 손에 든 식물 등,
구석구석의 묘사는 한결같이 뛰어난 세부충실성을 보여준다.

정면을 응시하는 자화상 구도는 이렇게 뒤러가 그릴 때까지 사실상 회화사에서는 아주 드물었다. 적어도 알프스 이북에서 관찰자인 우리를 이렇듯 뚫어지게 쳐다보는 이는, 예수를 제외하고는, 아무도 없었다(이 산맥이라는 장애 때문에 중세에서 근대로의 전환은 독일에서 1세기나 지체되었다). 그것은 자기 자신의 개성—나를 나이게 만드는 것, 뒤러를 뒤러이게 만드는 요소에 대한 강한 자의식이 없다면 불가능한 것이었다. 그리고 이런 자화상이 선호된 데에는, 자의식의 성장과 아울러, 그림에 적대적이었던 종교개혁의 여파로 종교화의 수요가 줄어들고, 그래서 살 길이 막연해진 화가가 그 나름의 출구로 이 장르를 개척한 그 당시의 사정도 자리한다.

여기서 '나'란 말할 것도 없이 예술가 자신이다. 그는 그림을 그리는 자—그림을 통해 세계를 이해하고, 이 그림 속에서 인간을 표현하며 이 그림을 통해서만 삶을 살고, 이 표현적 삶에서 존재의 유일한 의미를 얻고자 하는 자다. 그리하여 그는 묻는다. 나는 누구인가? 나는 무엇을 위해 존재하는가? 나는 무엇을 그릴 것인가? 나는 어떤 그림을 통해 이 세계에 대답하고, 어떤 붓길로 내 생애를 증명할 것인가? 뒤러는 이렇게 묻고 있는 듯하다.

도제식으로 훈련받은 수공업자로서 뒤러는 처음에 세계를 그저 정확한 관찰로 이해하고자 했다. 그러나 이런 태도는 1495년 이탈리아 여행 이후 많이 바뀐다. 그는 수학과 기하학을 익히며 자연을 연구하고 인체해부학을 배우게 된다. 그러면서 자연의 아름다움을 깨우친다. 그러나 이 자연미는 처음부터 인정된 것이 아니다. 가령 중세에는 자연미가 인정되지 않았다. 자연은 신의 피조물이기에 무의미하고 불완전한 것이었다. 이런 생각은 르네상스를 지나면서 조금씩 바뀐다. 신적 조화나 필연성 그리고 유기성은 자연 안에도 이미 내포된 것으로 여겨진 것이다. 자연에도 법칙이 있고, 이 법칙은 아름다운 것이며, 이 아름다움을 구현하는 것이 예술가의 의무가 된 것이다. 그리고 이 의무는 다름 아닌 자기 물음에서 시작된다.

뒤러는 자연에 대한 과학적 탐구를 통해 자기 자신을 예술가로 이해했다. 그는 학자예술가로서 세계를 수학적, 합리적 바탕 위에 묘사하고자 했다. 『컴퍼스와 수평기에 의한 측량』이나 『인체비례론』을 쓴 것은 이 즈음이다. 그는 사물의 외적 면모를 객관적으로 드러내는 가운데 그 내적 원리에도 도달하려 했다. 존재하는 것을 관통하는 표현의 방법을 터득하려고 그는 원근법과 비례의 문제를 익혔고, 이를 통해 정확한 소묘와 역동적인 형태를 구현하고자 했다. 그러면서 인간과 자연의 완벽한 형태란 어떤 모습이어야 하는지 고민했다. 아름다움은 바로 그 완벽한 형태에서 나오기 때문이다.

아닌 게 아니라 〈자화상〉1500에는 산만하거나 부주의하거나 흐트러지거나 어지러운 것은 하나도 없어 보인다. 모든 것은 뚜렷한 질서 속에서 명료한 형태를 잡고 있고, 이런 형태 아래서도, 풍성한 머리다발이 보여주듯, 생생한 리듬을 타고 있다. 모든 게 자연스럽게 배열되어 있지만, 전체 요소는 일정한 조화─좌우대칭의 법칙성 아래

뒤러의 〈자화상〉[1498]

있는 듯하다(이를 위해 그는 있는 그대로 그리기보다는 원하는 대로 그렸고, 그래서 다소 이상화된 면도 있다. 가령 굽은 코나 가느다란 눈매는 이 그림에 표현되지 않았다. 그래서 실물보다 훨씬 '잘생긴' 얼굴이 나온 것이다. 이것은 1493년, 1498년에 그린 자화상과 비교하면 잘 드러난다). 이것은 그 자체로 예술의 정신—사려 깊은 생각과 명징한 형태감각의 결과가 아닌가. 생생하게 살아 있는 리듬감과 극도의 평정 사이의 조화가 느껴지는 것이다.

뒤러는 조화와 평온, 위엄과 응시 속에서 어떤 영원한 것을 드러내고, 이 영원한 것을 통해 예술가의 창조능력이 신의 창조능력에 비슷함을 암시하고자 했다. 실제로 그림의 오른편 위에는 이렇게 적혀 있다.

"나, 뉘른베르크의 알브레히트 뒤러는 29세의 나 자신을 오래갈 색채로 이렇게 모사했다."

뒤러는 의식적으로 '그린다malen'라는 말 대신에 '모사하다 nachbilden'—'뒤따라 만들다'라는 말을 쓴 것이다. 마치 신처럼 예술가도 사물에 질서를 부여하며 신적 창조의 아름다움을 모방하여 만들어낸다고 생각했던 것이다. 아마도 그렇다고 해야 할 것이다. 신적 노력—신에 다다르는, 아니 신이 동의할 만한 재능을 보이고, 그에 어울리는 노력을 거쳐야 무엇인가는 마침내 창조된다. 뒤러는 자기가 관찰하고 듣고 경험한 모든 것을 자기만의 형태로 형상화하려 했다. 자기만의 고유한 표현형식을 정립하려고 애쓴 것이다. 이 고유한 표현 속에서 예술가는 오로지 일회적 현상으로 살다 간다.

정연한 질서는 뒤러에게 아름다움의 증거였다. 예술은 이 정연한 질서를 찾기 위한 노력이고, 이 질서는 자연에 녹아 있으며, 그런 점에서 자연과 예술은 일치한다. 서로 다른 사물들은 커다란 일치와 유기적 통일성 속에서 서로 어울리는 것이어야 한다. 그래서 비례나 형태, 조화와 법칙성, 원형과 기준이 중요한 것이다. 이 질서, 이 형식 감각 속에서 뒤러는 우리에게 곧바로 묻는다.

네가 누구인지 네 스스로 안다면, 넌 네 삶의 주인이 될 것이다! 그래서 네 삶을 주체적으로 만들고, 마침내 자유로운 인간으로 너는 살아갈 수 있을 것이다! 자유로운 삶이 어렵다면, 그것은 자기 직시가 어렵기 때문이다. 세상 일의 절반은 자기를 얼마나 바로 볼 수 있는가에 달려 있다.

◆
◆
◆

교양의
의미

　　　　　　　　　　　　되돌아보면 교양에 대한 얘기는
오늘날 생활의 곳곳에 있음을 알게 된다. 교양 관련 도서의 출간 붐
이나 각종 시민단체나 학원의 무수한 시민강좌와 문화강좌가 그것
을 말해준다. 출판계만 해도 미술 관련 서적이나 미술관 순례에서부
터 음식기행, 단학이나 요가, 명상요법에 이르기까지 삶의 행복을 소
개하는 책 등 그 종류도 매우 다양해졌다. 이는 한편으로는 우리 사
회가 이전보다 좀 더 여유 있는 물질적 토대를 갖게 됐고, 정치 현실
도 다른 가치와 취향을 허용할 만큼 유연해졌다는 것을 말한다.

　1990년대 이후 구제금융의 경제위기에도 불구하고 문민시대라는
정치적 민주화와 사회문화적 복잡성의 경향이 지속적으로 전개됐는
데, 이것이 좀 더 많은 개방성과 다양성을 허용하는 삶의 조건을 만

들어온 셈이다. 그래서 문학에서도 한쪽에서는 자유로운 감수성을 발현하거나 새로운 주관성의 세계에 골몰했고, 다른 한편에서는 선禪과 같은 정신주의의 경향을 나타내기도 했다.

그러나 교양을 둘러싼 오늘날의 여러 현상이 그 나름의 의의를 갖는 것과는 별개로 교양의 담론이 심화되고 세련된 것이라고 말하기는 어려워 보인다. 그것은 많은 경우 대량 유통되는 상품의 한 형식을 띠고 있고, 그 때문에 그것은 사회적 책임이나 자기 구속력을 지니기보다는 사사로운 호기심을 충족시키거나 화장술을 위한 공허한 상투어가 되고 있다. 여기에는 지금의 현실을 규정하는 보다 큰 시대적 성격이 가로놓여 있다.

지금의 시대 이데올로기는 이른바 신자유주의요, 지구화 또는 세계화이다. 여기에서는 모든 것이 효율이나 이윤의 원리에 따라 구조적으로 조정되고 합리화된다. 노동 세계와 마찬가지로 학문 사회도 혁신의 이념이 강제되면서 전반적 실용화가 진행되고 있다. 대학 커리큘럼을 채우는 무수한 교양강좌의 이름을 보라. 교양국어, 교양영어, 실용영어, 실용회화 등등. 오늘날 교양의 어휘는 과도한 인플레 속에서 실용과 동의어로 기능하면서 삶을 방향 짓는 근본 프로그램이 돼버렸다. 교양은 철저하게 평준화되고 형식화되면서 이제 지향의 대상이라기보다는 재앙의 언어가 된 느낌이다.

그러나 교양의 의미는 원래 그러했던가? 어떤 의미로 교양을 이해해야 교양의 본래적 기능—비판적·방법적·내면적 기능을 회복

할 수 있는가? 지금의 후기산업사회에서 교양은 어떤 역할을 할 수 있는가? 이 글은 바로 이런 물음에 대한 답변의 시도이다. 이런 시도 중 가장 손쉬운 방법은 교양이란 말의 개념사적 변천 과정을 살펴보는 것이다.

개념의 의미를 정확하게 이해하려면 개념사를 찬찬히 살펴보면 된다. 어원적·의미론적으로는 어떠하며, 본래의 의미가 시대마다 어떻게 변화했으며, 그 개념을 사용했던 철학자와 작가가 어떻게 자기 나름으로 그것을 받아들여 응용했는가를 살펴보면, 전체 의미는 대략 드러난다.

개념사적으로 보아 교양Bildung의 개념은 근대 이전, 예를 들어 중세 후기에서는 현상과 사건이 나타나는 정신적 기호로서 기능했다. 이때는 모든 것이 신에 의해 주조되고 주형되었다. 자연의 모든 범주는 신의 정신이 그 안에 들어간 결과이기에 인간의 운명도 미리 짜여지고 결정됐다. 그래서 자연의 변화는 신의 섭리의 증거가 되고, 세계는 신의 섭리가 현현하는 장소가 됐다. 이러한 신 위주의 교양 개념은 계몽주의에 와서 인본주의적 사고의 영향을 받았다. 신비주의나 정신주의가 지배하는 것이 아니라 세계는 인간의 이성으로, 인간의 합리적 정신의 규율에 따라 조절되고 개선될 수 있다는 믿음이 점차 퍼져나가는 것이다. 이때부터 교양의 이념은 인간을 규정하는 내적 법칙이 되고, 새로운 학문과 과학의 이념으로 자리하기 시작했다.

인식은 그 자체로 주어지거나 규정되는 것이 아니라 살아 움직이는 인간의 경험에 복속한다는 생각이 계몽주의 시대정신을 주도함에 따라 삶의 모든 것은 현실적 연관 속에서 고찰되기 시작했다. 인간성에 대한 관심, 감정의 해방, 경험주의 철학과 미학의 성립 등 근대를 규정하는 여러 특징은 이때부터 확고하게 자리 잡았다. 이때가 대략 1750년경이다.

근대교육기관이 성립된 이 시기부터 교양 개념은 독일의 이상주의 철학(관념론)과 관련해 본격적으로 논의됐다. 이는 교양 개념에 근대 이후의 철학적·교육학적·예술론적·문화적 노력의 고민과 문제 의식이 다 들어 있다는 것을 의미한다. 이른바 궁정적 귀족 중심의 폐쇄 사회로부터 시민 중심의 열린 사회로 넘어가는 과도기 상황에서, 한 사회가 개인에게 절실하다고 판단한 미덕과 이상의 표현으로서 교양이 등장하는 것이다. 따라서 교양이란 말에는 한 사회의 시민적 상층부를 규범적·이념적 차원에서 규정하고자 하는 노력이 내포되었다. 이런 자기 규정 속에서 근대의 교양인간은 기존의 경직된 지식을 거부하면서 자신의 자율성과 합리성을 옹호하게 되는 것이다.

흥미로운 것은 이런 자기 신뢰가 교양이란 말 속에 이미 암시되어 있다는 사실이다. 독일어 '교양'이란 말의 동사는 'bilden'이다. 영어의 'build' 즉 '만들다'란 뜻이다. 다시 말해, 교양이란 '미리 만들어졌거나 주어진' 것이 아니라 '스스로 만들어간다^{sich bilden}'라는 뜻이다. 이는 무엇에 복종한다는 것이 아니라 자발성과 자유 의지에 따라 행동함을 말한다. 따라서 교양 있는 사람die Gebildeten이란 '스스로 만들어서 된 사람'이다. 순수 즉자적으로 존재하는 것이 아니라, 처음부터 완성된 상태를 구가하는 것이 아니라, 매일 조금씩 변화하고 갱신할 때, 우리는 비로소 교양 있는 인간이 된다. 바로 여기에 교양 이념의 핵심이 들어 있다.

그런데 이것은 처음부터 그렇게 정의된 것은 아니다. 이미 언급했듯이, 교양의 개념은 근대를 거치면서 인간의 자율적·자기 형성적 믿음이 강화됨에 따라 본격적으로 전개됐다. 중세까지만 해도 교양 이념에는 순수 존재, 즉 이미 만들어진 것이라는 신비적·신학적 의미가 강하게 내포됐다. '교양 있는 자'라는 말의 엄격한 의미에서 자신의 자유 의지 아래 자율적으로 느끼고 사고하며 행동하는 자에 다름 아니다. 그것은 자기 자신 안에 깃들인 여러 재능을 자발적으로 '키우고' 미덕과 절조를 '배양하는' 일이다. 문화culture라는 말이 '경작하고 가꾼다cultura'라는 말에서 나온 것을 상기한다면, 문화란 결국 이렇게 배우고 만드는 개인적·사회적 형성 활동의 총체라고 할 수 있다.

우리는 여기에서 교양의 개념이 좁게는 교육학의 학문적 토대이고, 넓게는 철학적·문학적·미학적·인문학적 문제의 핵심이라는 것을 확인할 수 있다. 이는 정신과학의 문제만도 아니고 자연과학의 문제만도 아닌, 모든 학문과 그 학문을 일부로 하는 문화의 문제다.

문화가 인간 삶의 의미 있는 활동 전체를 말한다면, 교양의 문제는 궁극적으로 삶의 문제가 된다. 이런 점에서 우리는 교양 이념의 보편성을 말할 수 있을 것이다.

지금 내가 나를, 내 삶과 현실을 스스로 만들어가고 있다면, 스스로 만들어가기 위해 자발적이고 자율적으로 살아간다면, 나는 이미 교양을 실천하는 것이다. 모든 능력을 조화롭게 형성하면서 개인성을 교육하고 장려하는 일은 근대 교육학의 핵심적 과제이기도 했다. 그러나 이런 생각이 체계 속에 굳어져선 곤란하다. 체계 속의 경직된 사고란 또 하나의 신화 또는 이데올로기이기 때문이다. 참된 교양은 이미 만들어져 외부에서 내게 주입되는 것이 아니라 내 삶 속에서 내 스스로 만드는 데 있다. 그리하여 삶의 실제적 연관성을 놓치지 말아야 한다. 나는 자기 형성을 통해 세계의 형성에 참여한다.

교양-형성의 이념은 인간이 다른 사람에게 영향을 줄 수 있는 것과 마찬가지로, 동시에 영향을 받을 수도 있다는 사실을 전제한다. 이는 주체와 객체의 근본적 상호의존성 또는 대자성Füsicheinander을 의미한다. 자발성은 이런 상호작용을 추동하는 동력이다. 자발적 상호 활동을 통해 나와 너, 주체와 객체, 자아와 세계는 서로 만나 자극하고 교류하며 스스로 그리고 상대를 부단하게 변화시켜나간다. 세계는 내 지각력에 상응하여 나타나며, 주체는 대상과의 이런 만남 속에서 자기의 감정과 사고, 판단력과 행동력을 검토하고 성찰하는 기회를 얻는다. 여기에 교양 개념의 윤리적·정치적 차원이 있다.

그러므로 교양은 단순히 지식이나 체험의 대상이 아니라 인간 존재의 근본 범주이고 인간됨을 위한 사건이다. 주체와 객체, 자아와 대상은 서로 영향을 주고받는 가운데 스스로 현존 형식을 유기적으로 만들어간다. 주체가 자기 자신을 넘어 삶의 일반으로 나아갈 수 있는 것은 이 때문이다. 자기 형성의 초월성은 주체 속에 있는 존재론적 진실로서 삶의 교양적 토대를 이룬다. 이는 자유로운 자기 창출을 증거하면서 인간이 더 나은, 더 온전한 인간으로 변모하는 해방의 과정이기도 하다. 과학이나 도덕, 예술이나 종교 같은 삶의 모든 활동은 교양의 이런 비판적 · 방법적 기능을 주목해야 한다.

　또한 교양은 손쉽게 그리고 단시간에 돈을 주고 살 수 있는 것도 아니고, 요약판을 암기해서 해결되는 것도 아니다. 오랜 수련과 훈련 속에 쌓이고 획득된다. 그리하여 형성 과정이 곧 교양 과정이고, 삶의 과정이 된다. 삶의 의미는 완결된 체계에 따르는 것이 아니라 형성의 교양 과정 속에서 얻어진다. 이는 쉼 없는 자기 노력을 요구한다. 그리고 그 노력은 강제적으로 주입되는 것이 아니라 자발적 관심과 흥미 그리고 탐구로 추동돼야 한다. 단순히 책을 읽고 강의를 듣고 영화를 보는 일에 그치는 것이 아니라 묻고 보고 답변하며 또다시 탐구하는 절차 속에서 조금씩 체화된다. 교양은 수동적 주입이 아니라 적극적 형성의 과정인 것이다.

인문학을
깨우자

오늘날 시는 더는 낭독되지 않는다. 문학이 말해진다면 그것은 주로 영화화된 것이고, 예술은 '예술의 경영'과 등치되며, 문화는 '콘텐츠' 없이 생각하기 어렵다. 휴대폰, 클릭, 블로그, 댓글…… 이것들은 필요하다. 무엇보다 현실적 변화를 담고 있다는 점에서 그렇다. 그러나 그것이 작품의 실제보다 우선시된다면, 그리 좋아 보이지 않는다. 하지만 이런 목록은 점차 늘어나고 있고, 속도도 더 빨라지고 있다.

사회학자 피에르 부르디외^{P. Bourdieu}는 작가 귄터 그라스^{G. Grass}와 한 대담에서 유럽의 계몽정신은 오늘날 좌초한 듯 사라져버렸다고, 그래서 몽매주의에 빠진 이 나라(프랑스)에서 참된 지식인으로 살아가는 것은 불편하다고 말한 적이 있다. 그는 에른스트 융거^{E. Jünger}

같은 극우 작가에게 프랑스 대통령이 훈장을 수여하는 일을 두고 이렇게 말했지만, 그것은 일반적 관점에서 봐도 타당해 보인다. 비판적 이성정신의 쇠퇴는 유럽에만 해당되는 것이 아니다. 이 땅의 현실에서도 해당되고, 우리에겐 그런 전통이 부재했기에 그 폐해는 더 심각해 보인다.

보수적 혁명의 거대한 물결이 오늘의 세계를 지배하고 있다면, 그중 가장 강력한 것은 신자유주의 이데올로기이다. 이 시대정신은 최대 수익을 겨냥하면서 기존의 세계관 전체를 뒤엎고 있다. 시장의 힘은 이제 경제에만 국한되지 않는다. 지적·정신적·문화적 분야에서도 위력을 발휘한다. 이윤과 효용을, 그것도 즉각적으로 내보이지 않는다면 이젠 아무것도 고려되지 않는다. 그래서 시를 말하고 예술과 문화를 언급하는 것은 한참 뒤떨어져 보인다.

빌려온 관념 앞에서 그리고 이 관념의 언어 앞에서 논리를 존중하기보다는 감성에 휩쓸리며, 투명한 절차보다는 일탈과 비약을 선호하는 이 땅에서 우리는, 나는 무엇을 할 수 있는가. 공론장이 형성되기에는 아직 멀었고, 시민성이 체화되기엔 여전히 이른 시각으로 보인다. 사람들은 명함과 이력을 다투어 내보이고, 사회는 어디서나 실적과 성과를 요구한다. 이는 믿을 수 있는 언어가 그만큼 적고, 신뢰할 수 있는 태도가 드물어서일 것이다. 많은 것이 거짓 위로가 되고, 적잖은 언어가 사실을 떠난 이 사회에서 우리가 할 수 있는 것은 적다. '자본주의의 광기에 대항하는 운동……'이란 말은 허황하다. 그보다 작은 일, 더 생생한 것은 무엇일까? 이럴 때면 중얼거리던 시 한 구절이 있다.

아픈 몸이

아프지 않을 때까지 가자

온갖 식구와 온갖 친구와

온갖 적敵들과 함께

적들의 적들과 함께

무한한 연습과 함께

김수영, 「아픈 몸이」

김수영金洙暎은 이 시를 4·19 혁명과 5·16 쿠데타를 겪은 다음에 썼다. 역사의 좌절에도 불구하고 다시 시작하는, 다시 시작해야 하는 어떤 다짐이 드러나고 있지만, 이것이 아니더라도 여러 관점에서 또 오늘의 시점에서도 이 작품은 읽힐 수 있다. 그때나 지금이나 삶의 폭력성이 온존하고, 세계의 불합리가 지속되는 까닭이다.

삶의 적은 현실에도 있고 내 안에도 있다. 국내에도 있고 국외에도 있다. 도처에서 나는 적을 만난다. 무수한 적을 한 사람의 적으로 나는 만나는 것이다. 그렇듯이 이들은 예술 밖에도 있고 학교 안에도 있다. 그러므로 우리의 과제는 이 편재한 적의 박멸이 아니다. 적은 그렇게 쉽게 소멸되지 않는다. 그렇게 하는 것이 반드시 바람직한 것

도 아니다. 정도의 차이는 있지만 우리는 이미 적에게서 감염된 까닭
이다. 단순한 대립은 또 다른 상처를 낳을 수 있다. 그렇다고 수긍할
것은 아니다. 오늘의 관점에서 다시 검토되고, 더 나은 삶 안으로 포
용돼야 한다.

우리는 무엇보다 열린 감각으로 느끼고자 한다. 그리고 이 느낌을
사고의 변화에 연결시키고자 한다. 이때 택한 방식은 예술적 · 철학
적 · 인문적 대응이다. 인문학은 마라톤이다. 이는 경험의 운용이 아
니라 그 성찰이라는 점에서 간접적이고, 효용이라기보다는 그 효용
의 효용성을 묻는다는 점에서 반성적이다. 그리고 이 반성은 다시 경
험의 조직에 작용해야 한다. 인문운동은 이처럼 여러 우회로를 지나
간다. 그 점에서 비효율적이고 무력할 수 있다.

하지만 도처에서, 점점이, 물이 스미듯, 천천히 스며들며 작동한
다. 그렇게 해서 전체에 영향을 끼친다. 무담보 소액신용대출micro
credit처럼 예술의 방식은 작고 미세하지만 강력한 대응 방법이다. 감
각과 경험의 바닥에서 일어나는 미시적 반성활동micro-reflection이다.

사람이 사람과 이어져 있듯이 한 무리는 다른 무리에, 사회는 또
다른 사회에, 국가는 또 다른 국가에 얽혀 있다. 하나의 정체성은 그
것이 사회적이든 국가적이든 고착될 때 추상화된다. 경직된 정체성
은 현실이 아니라 허구다. 우리의 삶은 자신의 성격과 인성 그리고
성향을 새롭게 만들어야 한다. 그것이 살아 있다는, 살아간다는 것의
참 의미다.

변화의 잠재력을 구현하지 못한다면, 나는 내가 아니고 사회는 사회가 아니다. 개인이나 국가가 자신을 달리 형성하고자 하고, 그렇게 형성할 준비를 하는 것은 이런 점에서 정치적 실천이 아닐 수 없다. '자본주의의 시민화'는 그 다음에 말할 수 있다. 그때까지 적들과 함께, 적의 적들과 더불어, 무한한 연습을 하며, 우리 같이 가자.

◆
　◆
◆

폭력과
나르시시즘

　　　　　　　　　죽음의 여파는 한꺼번에 오지 않
는다. 그것은 오랜 시간에 걸쳐 천천히 찾아온다. 가까운 사람들의
죽음이 특히 그렇지만 먼 사람들의 죽음 또한 가볍지 않다. 느닷없고
무고한 것이라면 그 죽음은 더 그렇다. 33명의 목숨을 앗아갔던 미
국 버지니아 공대 총기 사건도 그렇다.

　지금까지 그 원인에 대한 여러 논평과 진단이 있었다. 조승희 씨
의 원만하지 못했던 교우 관계와 총기 소유가 자유로운 미국 환경,
문화적 정체성에 대해서도 언급이 있었다. 방송이나 인터넷에 넘쳐
나는 폭력물도 그렇고, 깊게는 대통령 일가까지 연루된 군수 산업의
성격도 있다. 실제로 부시 전 미국 대통령은 그 사건 직후 총기 소유
가 문제되자, 그것이 '헌법적으로 보장된 것'이라고 말했다.

이렇듯 그 사건에 얽힌 맥락을 선명하게 밝히기란 쉽지 않다. 한 가지 확실한 것은 한국 사회의 병리적 면모들이 바야흐로 국외적으로도 조명을 받기 시작한 것이 아닌가 싶다. 그러면서 한국 사람들에게는 자기 사회를 좀 더 냉정하고 객관적으로 바라보는 계기도 되는 것 같다. 내가 이 사건에 주목하는 것은, 조 씨가 보여준 폭력성과 그 원인이 오늘의 현실에서도, 크기와 종류를 달리한 채, 계속 발생하기 때문이다.

총기 난사범을 '모든 것을 자기와 연관시키는 극단적 나르시시즘의 인간'으로 규정한 범죄심리학자도 있지만, 이 사건은 조 씨의 내성적 성격에다 심리적 장애와 문화적 이질감, 인종차별과 총기 문화 등이 얽혀 나르시시즘이 극단적으로 표출된 예로 보인다. 실제로 그는 신문사에 보낸 비디오테이프에서 "당신들은 나를 구석으로 몰아넣어 한 가지 선택만을 허용했다. 그래서 나는 힘없는 세대를 대신해 정의를 복원시킨다"라고 말했다. 무고한 사람들을 죽임으로써 세상을 고칠 수 있다는 그의 생각은 자기 도취적 망상으로 읽힌다. 그 망상은 어디에서 왔을까?

한 조사에 의하면, SAT미국대학 수학시험에서 아시아인들이 백인보다 평균점수가 높은 것은 몇몇 뛰어난 성적을 받은 사람들에 기인하며, 대개의 경우 좋지 못한 성적을 받는다고 한다. 그런데도 그들은 고민을 쉽게 털어놓지 못한다. 좌절이나 부적응을 인정하는 것을 가족의 수치로 여기는 '아시아적 관습' 때문이다. 그러니 고민을

고야의 〈거대한 숫염소〉^{1823년경}

성경에서 제물로 쓰이는 동물은 모두 수컷이다. 염소는 '순한 양'과는 대조적으로 사탄의 상징이다.
눈을 부라리며 사람들은 모두 시커먼 염소 그림자를 쳐다보고 있다. 이 악령 같은 존재는 무엇일까?
집을 '사는 곳'이 아닌 '팔 것'으로 보는 나라, 모국어가 있어도 영어공용어를 주장하는 곳, 조기유학과
성형과 학력위조에 휩싸인 나라, 재벌총수도 폭력을 서슴지 않는 곳, 여기는 어디인가?
이곳 사람들의 집단주의적 착란과 혼미를 이 200년 전 고야의 그림만큼 잘 보여주는 것도
없을 것이다.

털어놓지 않는 것은 이들의 정신건강이 더 좋아서가 아니라 터놓고 말하길 꺼리는 문화적 특성 때문이라는 분석도 가능하다. 특히 한국 학생들의 경우, 부모의 과도한 기대로 압박감이 더 심하다고 한다. 그래서 성적에 대한 고민으로 불안해하거나, 죽기 아니면 살기로 공부한다는 것이다. 결국 높은 교육 수준과 수입 그리고 낮은 범죄율로 '모범적 소수 이민자'라던 기존의 한국 이민자의 이미지는 신화일 수 있다는 말이다.

사실 한국 교육 현장의 중심에는 학생이 아니라 학부모가 있다. 이 땅의 학부모는 아이가 아니라 자기가 원하는 것을 교육에서 얻고자 한다. 부모의 바람이 물론 없을 수는 없다. 그것은 분명 필요하고 또 긍정적 역할도 한다. 그러나 지나치면 독이 된다. 한국의 부모는 아이가 제 삶을 살도록 도와주기보다는 부모가 원하는 삶—원했으나 이루지 못한 것을 이루길 바란다. 또 그것이 '자연스럽고', '도리에 맞다'라고 여긴다. 이때 부모는 아이와 구분되지 않는다. 그렇기 때문에 학부모가 제 아이를 꾸중한 교사를 폭행하고, 재벌 총수인 아버지가 아들을 때린 종업원을 찾아가, 그것도 폭력배까지 동원해, 구타하는 어처구니없는 일도 일어난다. 그리고 몇 백만 원 던져주었다던가. 법치국가, 시민사회, 민주주의라는 말들이 이 땅에서는 허황하다고 나는 종종 생각한다.

자신의 갈망을 타인에게 투사하는 것은 일종의 나르시시즘이다. 그것은 자기애로서 필요할 때도 있다. 그러나 지나치면 그것은 자기

도취적 망상이 된다. 한국의 부모에게 흔한 이런 나르시시즘은 망상에 가까울 때가 많다. 그래서 위험하다. 그들은 자식의 독자성을 허용하지 않기 때문에 이런 경우 부모와 자식은 상호종속적 상태에서 더는 '자라나지 않는다.'

문제는 이런 모습이 사회 전체―친구나 선후배 사이, 나아가 직장 동료 사이 등 인간 관계 일반에까지 번져 있다는 사실이다. 누가 무엇을 지적해주면, 그것이 바른 것이어도 우리는 듣기 싫어한다. 상대의 주체성을 흔쾌히 인정하기보다는 그런 인정을 섭섭하게 여기기도 한다. 우리는 얼마나 자주 다른 사람도 자기처럼 말하고 생각하길 원하는가? 이 총기 사건의 희생자들에 대한―외국의 언론까지 놀랐던―한국 사람 특유의 집단적 책임의식도 이런 망상적 동일화에서 온 것이다.

그러나 정확히 말하자. 이때의 책임의식은 희생자들에 대한 애도였다면, 그것은 바람직하고 자연스럽다. 그러나 그것이 예상되는 불이익에 대한 염려였다면? 그것은 건전한 의미의 공감이나 양심적인 책임의식이라고 말하기는 어려울 것 같다. 그렇다면 우리의 감정은 비극적 사건 앞에서도 그리 순정하지 못했던 것이다.

이는 개인적·사회적 정체성에 대한 우리의 이해가 심각하게 왜곡됐음을 보여준다. 부모는 자식을 자기와 동일시하고, 자식은 현실의 좌절을 세계와 동일시한 폭력적 환상 속에서 해결하려 한다. 이런 망상 앞에서 타자의 삶은 아무것도 아니다. 많은 한국적 병리 현상을

◆ ◆ ◆ ————————

〈거대한 숫염소〉 부분

어떤 지역이나 공간 속에 살아가는 사람들을 어느 한 곳으로 몰아가는 것의 실체는 무엇일까?

무엇이 인간을 항구적 맹목성으로 몰아가는 것일까?

왜 이런 맹목성에 대한 비판까지도 때로는 맹목적으로 될까?

그것은 정치적 수사일 수도 있고, 9시 뉴스일 수도 있고, 지금까지 기록된 문화적 사료일 수도 있다.

이때의 지역은 한반도 남쪽일 수도 있고, 그 공간은 지구일 수도 있다.

파 들어가 보면 그 끝에는 이런 미분화된 정체성이 있지 않나, 나는 생각한다. 이것이 전체적으로는 집단주의적 쏠림으로 나타나고, 개별적으로는 돈과 물질과 지위에 대한 공격적 집착으로 드러난다. 연대의식만큼이나 필요한 것은 (과도한) 일체감에 대한 불복종이다.

오늘날 많은 사람은 분노와 복수의 감정을 알게 모르게 가슴에 키우고 산다. 좋은 사회란 갈등이 없는 곳이 아니라, 갈등을 폭력 이외의 방식으로 전환할 수 있는 능력을 가진 곳이다. 이런 사회는 비극의 원인을 특정인에게 덮어씌우기보다는 그가 그 일을 하기까지 사회는, 이웃은 그리고 가족과 동료는 무엇을 했나를 먼저 성찰한다. 인간적 삶의 체제란 전가와 배제의 체제가 아니라 이해와 공존의 체제인 까닭이다.

자기가 하는 일에서 물러나 다시 생각하는 일은 나르시시즘에 대한 반성적 거리다. 반성되지 않는 사고는 독선이 되고, 독선은 언제든 폭력에 의존한다. 지금 필요한 것은 이 거리감을 개인적으로 내면화하고 사회적으로 제도화하는 일이 아닐까 싶다.

'학문의 자유'라는
사치

100년쯤 전에 프랑스 작가 에밀 졸라는 '드레퓌스 사건'에서 당시의 군부나 사법부의 반유대적 국수주의적 편견에 대해 「나는 탄원한다」라는 글로 항의한 바 있지만, 오늘날 지식인의 역할은 그 어느 때보다 공허하게 느껴진다. 1987년 민주화 항쟁 이후 30여 년이 지나서 그런지 정치·제도적 조건이 전보다 나아진 것 같고, 사는 일이나 문화적 향유가 좋아 보이기도 한다. 그러나 정말 그런가? 간헐적이지만 끊임없이 터지는 사건들은 이런 질문에 회의적으로 답하게 한다. 전 성균관대 교수인 김명호 씨의 이른바 '석궁 테러'는 그런 사건들 중 하나였다.

김 씨는 자신에게 불리한 판결을 내렸다고 해서 담당 판사를 석궁으로 쏴 깊이 1.5센티미터의 상처를 냈다. 이 사건은 멧돼지를 잡는 데나 쓰는 석궁과 교수라는 직함이 빚어내는 불협화음 그리고 이 불협화음을 강조한 '석궁 교수'라는 선정적인 제목 아래 경쟁적으로 보도됐다. 그러다가 며칠만에 이런 포퓰리즘적 보도가 아니라 일의 전체 맥락을 조명해야 한다는 반성까지 곁들여지면서 잠잠해졌다. 그런데도 이 사건이 떠오를 때마다 나는 우울해지곤 한다.

보도에 따르면, 김 씨는 세계정상급 미국 수학학회지에 3번이나 논문을 게재했다. 그가 대학 본고사 문제의 오류를 지적한 것이 사건의 발단이 됐다. 그는 문제의 전제조건이 모순되므로 응시생 전부에게 만점을 줘야 한다고 했지만, 학교 측은 받아들이지 않았다. 총장에게 서면으로 항의하자, 동료 교수들은 학교의 명예를 실추시켰다며 그의 징계를 요구했다. 임용에서 탈락된 그는 한국 사회를 떠났다. 그리고 뉴질랜드와 미국에서 무보수로 일하며 살고자 발버둥쳤을 것이다. 그렇게 보낸 10년 동안 아이들은 어떻게 학교를 다녔고, 이들 부부는 어떻게 먹고 살았을까?

학문과 사상의 자유는 표현과 결사의 자유처럼 헌법의 기본권 Grundrecht에 속한다. 기본권이란 말 그대로 기본—인간이 인간다운 삶을 살기 위해 바탕Grund이 되는 권리Recht를 규정한 것이다. 이것이 무너지면 더는 인간일 수 없다. 우리 현실에서 일어나는 이런저런 사건들을 보면, 나는 이 기본권이라는 말에 아무런 의미가 없음을 본다. 어처구니없는, 그러나 흔히 일어났고 또 일어나고 있는 수많은 일들 중 하나가 사람들 사이에, 뉴스거리의 하나로, 알려졌을 뿐이다. 그러나 이 '흔히 일어나는 일'이라는 것이 한 사람을 자기 땅에서 살지 못하게 방해하고 나아가 그 삶을 뿌리로부터 뽑아버린다면, 우리는 이 땅을 그의 '조국'이라 할 수 있는가? 우리가 사는 이곳은 왜 늘 우리의 이웃을 떠나가게 하는가?

나는 김 씨의 폭력을 옹호하려는 것이 아니다. 부당한 판결을, 이런 판결을 수긍하지 못해 속병 든 이가 어디 한둘인가. 물론 그는 끝까지 납득할 만한 테두리 안에서 탄원해야 했다. 부당한 법의 폐해도 법질서 안에서 해결해야 한다. 이것은 드높은 요구지만 포기할 수는 없다.

그러나 이것만큼 안 좋아 보인 것은 동정론이 확산되자 '긴급 확대회의' 후 반박자료를 돌린 사법부의 반응이다. 국민에 대한 신뢰가 쌓여 있었다면, '사법권에 대한 중대한 도전이라는 데 인식을 같이했다'라는 투의 판에 박힌 성명은 나오지 않았을 것이다. 그 위기의식을 이해하지 못해서가 아니라, 또 다른 형태의 집단의식으로 여겨졌기 때문이다. 힘 있는 사람들의 '정당한' 주장보다 사회적으로 추방된 한 사람의 10년 고통이 먼저 떠올랐기 때문이다.

문제는 전제의 모순으로 보인다. '전제'란 어떤 일이 시작되기 전에 먼저 내세우는 구조적 조건이다. 어떤 일의 진위 자체가 아니라, 그 일이 일어나게 된 토대의 성격에 관한 것이다. 우리 사회의 많은 문제는 사건의 줄기를 잡고 끝까지 파고들어가 보면, 늘 이런 전제조건에 하자가 있는 것 같다. 그 뿌리는 하부구조적 조건의 불합리성이다. 이것은 사건 자체보다 더 심각하다.

토대의 불합리성 문제는 쉽게 제거될 수 없다. 그러나 우리는 이 불투명성에 그 누구도 자기만의 위험을 감수하거나 그의 삶이 희생되도록 내버려둬선 안 됐다. 우리 모두의 문제이기 때문이다. 우리 중 누구라도 또 언제라도 이런 말 못 할 배척과 오해, 이기와 수모의 피해자가 될 수 있다. 이 불합리성을 줄이지 못한다면, 우리는 인권과 민주주의, 이성과 법치국가의 이름을 말할 수 없다.

케임브리지 대학의 정치사상사 교수인 퀜틴 스키너Quentin Skinner는 '노예성servitudo이란 다른 사람의 자의에 의존하는 것'이라고 정의하면서 현대인의 노예적 삶을 비판한 적이 있다. 다소 과장되긴 했지만, 전쟁이나 평화 같은 중요한 문제를—그는 영국의 이라크 참전을 언급한다—국민에게 알림 없이 '왕의 특권'으로 결정한 영국 의회정치의 제도적 모순을 그가 지적한 것은 맞는 말이다. 이런 생각은 우리의 현실을 비추는 데도 도움이 된다.

자기 삶을 다른 사람의 자의에 맡긴다는 것은 스스로 생각하고 결정할 수 없음을 뜻한다. 그는 그 나름으로 사고하고 판단하는 것이 아니라 다른 사람과 단체—집단의 익명성과 모호한 충동에 자신을 맡긴다. 독단과 폭력은 여기에서 나온다. 정당하게 보이는 많은 결정조차 '거친 생존 게임'으로 여겨지지 않는 것도 이 때문일 것이다.

인간의 현실에서는 일어나지 말아야 할 것이 늘 일어나고, 상상할 수도 없는 것이 눈앞에 펼쳐진다. 이것을 전적으로 막을 수는 없다.

그러나 이성적 사회는 이 같은 모순이 없는 곳이 아니라, 될 수 있는 한 예측 가능한 범주 안에 두는 사회다. 법이 참으로 넓은 의미의 공적 이익을 헤아리지 못하면, 그 사회의 토대는 허물어진다. 여기에 자유가, 인간의 품위가, 문화가 있을 것인가. 우리의 공동체가 합리적 시민사회가 되려면, 개인은 자율성을 더 훈련해야 하고 집단은 더 높은 관용성을 구비할 수 있어야 한다. 그때까지 '학문의 자유'나 '사법부의 권위' 같은 말은 그럴 듯하나 허황한 사치로 남을 것이다.

◆
◆
◆

어떻게 사느냐,
사는 것을 어떻게
배우느냐

'인문학 위기'에 이어 '인문학 붐'
이 일고 있다고 여기저기서 전한다. 박물관은 견학 오는 아이들로 넘
쳐나고, 예술의 전당과 같은 큰 장소에서는 물론이고 시민단체에서
운영하는 크고 작은 문화강좌도 여럿 생겼다. 요즘은 아파트 단지 안
에서도 이런저런 취미생활이나 건강 프로그램을 알리는 포스터가
자주 눈에 띈다. 문화가 공식화된 행사가 아닌 생활의 일부로 뿌리내
리는 듯하여 괜찮아 보인다.

이와 관련하여 나는 인문적 실천에서 지켜지면 좋을 두어 가지 안
전장치를 덧붙이고 싶다. 왜냐하면 이 기본틀이 우리 사회에서는 자
주 간과되는 듯하고, 이렇게 간과된 것이 다른 많은 일처럼 인문학도
유행적 현상처럼 만드는 건 아닌가 여겨지기 때문이다.

1. 지금 여기의 나로부터

인문학에 관심을 가지거나, 더 넓게 문화에 관심을 갖는 사람들은 꼭 어딘가에 가야 하거나 작품 같은 것을 보거나 듣거나 읽어야 한다고 생각한다. 이것은 맞기도 하고 틀리기도 하다. 맞는 이유는, 인문주의란 예술에서 가장 밀도 깊게 경험되기 때문이고, 틀린 이유는 예술만이 아니라 일상의 활동 속에서 그와 같은 것—예술의 반성적 계기가 체험될 수 있기 때문이다.

어떤 것이든, 핵심은 그때나 다음이 아니라 지금 여기이고, 네가 아니라 나이며, 이 내가 갖는 구체적 느낌의 절실함이다. 그러니까 인문학은 나의 현재의 느낌—현재적 순간의 충일된 느낌으로부터 시작한다. 이 느낌은 생각으로 이어지고, 생각은 언어로 표현되며, 표현된 언어는 다시 성찰의 대상으로써 결정과 판단과 그에 따른 행동으로 나아간다. 감정-사고-언어-결정-판단-행위는 반성적 과정 속에서 서로 긴밀하게 얽혀 있는 것이다. 이런 경로 속에서 인간은 자기 삶을 되돌아보고, 이렇게 돌아보는 가운데 주체성의 내용을, 그 정체성의 성격을 꾸려나간다.

그리하여 인문적 활동이란 삶의 다른 경험이고, 이 다른 경험 속에서 자신의 다른 형식적 가능성을 반성하는 것이다. 자신의 새로운 면모와 만나는 것, 타인을 더 많이 이해하는 것, 나무와 숲과 땅과 하늘을 새롭게 체험하는 것, 우주적 크기에 경탄하는 것, 형이상학적 예감을 지니는 것 등은 이런 반성에서 나온다고 할 것이다. 그리고 이 반성은 다시 자기의 삶을 꾸리는 데 일정하게 영향을 준다.

2. 진리의 윤리적 변형

이렇듯 인문학의 문제는 단순히 주장하거나 정의하는 데 있지 않다. 혹은 선언하거나 설명하는 것으로 끝나는 게 아니다. 물론 이것이 필요한 경우도 있다. 예를 들어 체계적 이해를 위해 그건 필요하다.

그러나 인문학은, 적어도 인문'학'이라는 학문이 아니라 인문정신은, 궁극적으로 보면, '사는 데'로 수렴되고, 또 그렇게 수렴될 수 있어야 한다. 더 정확히 말하자면, 단순히 사는 것이 아니라 사는 것에 대한 반성이고, 이 반성 속에서의 자기갱신이며, 이 갱신을 통한 자기 삶의 변형에 있다. 그러나 이때의 변형은, 그것이 자발적이라는 점에서, 외적 지침이나 도덕적 훈계와는 다르다. 그러면서 그것은, 생활의 실천을 지향한다는 점에서, 여전히 윤리적이다.

이러한 주체형성이라는 개념에는 가까이로 푸코[M. Foucault]의 '실존미학적' 구상이 이어지고, 멀리로는 쉴러[F. Schiller]의 『심미적 인간교육론』에 든 생각이 연결되어 있다고 할 수 있다. 그러나 이런 생각이 아니더라도, 자기형성적 갱신과정은 인간의 삶에서 핵심적이라고 할 수 있다. 매일매일 조금씩 더 나아지고, 그래서 자아와 사물과 현실과 자연을 더 넓게 느끼고 더 깊게 생각하지 못한다면, 우리의 삶이란 대체 무엇을 위한 것인가.

주의할 것은, 인문적 자기형성이 사회와 격리된 자폐적 활동이거나 이기적 자아의 절대화일 수는 없다는 점이다. 개인의 삶은 근본적으로 물질적 생활과정에 의해 조건지어진다. 설령 이 점을 부정한다고 해도, 그것은 사회적 삶의 극히 작은 일부로, 또 역사적 궤적의 희미한 흔적으로 자리한다. 그 점에서 낙후된 사회일수록 제도적·법률적 개선은 우선시되어야 한다. 그러나 그렇다고 삶의 책임을 타인이나 여타 기관에게 맡겨서도 곤란하다. 중요한 것은 개인과 사회의 대립적 이해가 아니라 그 얽힘이자 긴장관계이며, 이 관계 속에서 이루어지는 개인의 자발적 갱신이고, 이런 갱신을 위한 노력이다. 그러면서 이 노력은 다시 사회적 틀의 합리성에 의해 밑받침되어야 한다.

푸코는 주체형성이란 각자가 자기변화를 위해 자신에게 행하는 '금욕적 작업'이라면서, 이 금욕적 삶은 단순히 '발견discover'이 아닌 '발명하고 고안해내는invent' 데 있다고 썼다. 즉 이미 있는 것이 아닌 없는 것을 새롭게 만들어내는 것이다. 인간은 주어진 존재가 아닌 스스로 만들어가는 존재인 까닭이다. 자기를 돌보고 자기를 만들며 자기를 배려하는 가운데 주체는 타자와 만나고, 이 만남에서 그는 자신을 확대하고 심화시켜 간다. 여하한의 인습과 자기동일적 이데올로기에 대한 비판도 이때 가능하다. 그것은 실존적이면서 사회적이고 정치적이면서 인식론적이다. 그림을 그려가면서 화가가 자기 삶을 변화시켜 가듯이, 우리는 각자가 자신을 돌보는 가운데 자기 삶을 만들어가는 것이다. 자기변형의 작업이 '심미적 경험'과 유사하다고 푸코가 생각한 것은 이 때문인지도 모른다.

3. 삶의 배우기 – 즐겁고도 진지하게

이런 시각에서 보면, 인문학의 위기란 몇 가지 요소를 구비한다고 해서 해결될 일도 아니고, 몇 사람이 실천한다고 해서 해소될 수도 없다. 그것은 공동체 전체의 사회정치적·제도적 절차의 문제이면서 문화적 전통의 자연스런 축적의 결과로 생겨나는 것이다. 그러면서 그것은 다시, 오늘을 살아가는 사람들 삶 속에 하나의 양식style으로 내면화될 때, 어느 정도 제 모습을 띤다.

그러니 '인문학의 위기'란 말에 너무 허둥대지는 말자. 그렇듯이 '인문학 붐'이란 말도 과신하지는 말자. 그것은 단박에 개선될 수도 없거니와, 그렇게 개선하려는 혹은 개선할 수 있다는 조급함 자체가 비인문학적 안이함의 산물일 수도 있다.

차라리 느긋해지자. 그러나 사고는 단단히 무장되어야 한다. 더 긴 안목에서 내가 그리고 우리가 무엇을 해야 하고, 또 우리 사회가 어떤 방향으로 나아갈 것인지, 나아가야 하는지를 가끔 생각해보자. 적어도 근대적 지성사/정신사/문화사의 관점에서 보면, 우리는 거의 '초창기'에 있다고, 그리하여 해야 할 일이 너무도 많이 쌓여 있다고 해야 할지도 모른다. 시를 읽으며 현실을 배우고, 음악을 들으며 세계를 생각하고, 그림을 보면서 인간을 이해하고 건축을 보면서 균형을 가끔 그러나 끊이질 않고 떠올리는 건 어떤가? 그것이야말로 지금 여기의 나로부터 시작하는 인문적 실천의 구체적 대응방식이다.

그러므로 인문학은 비단 문사철文史哲만의 일이 아니라 삶 자체의 일이고, 이 삶에서 '내가 어떻게 사느냐', '이 사는 것을 어떻게 배우느냐'의 문제이다. 더 구체적으로 말하여, 허황된 말을 줄이고 사고를 분명히 하며 현실을 직시하는 가운데 현실 너머의 존재 혹은 형이상학까지 생각하는 일이다. 그것은 자기 속에서 세계를 품는 일—세계시민적 주체로 나아가는 길이기도 하다. 그건 내 스스로 결정하고 자율적으로 행동하며, 이 행동에의 책임을 기꺼이 받아들이는 행위다. 즐거움은 이런 자발적 여지에서 온다. 이 여지가 얼마나 큰가에 따라 행복의 밀도도 결정될 것이다. 자기 삶을 스스로 만들어가는 자유와 책임만큼 유쾌하고도 진지한 일은 달리 없을 것이다. 인문학은 자기형성의 진지한 놀이다.

상처를
헤집다

어떤 것을 겪은 후에는 잊혀지지
않는 경우가 있다. 그것은 한 줄의 문장일 수도 있고, 한 장면일 수도
있으며, 어떤 단어나 사람일 수도 있다. 어떤 경우 그 인상은 너무도
강렬하여 표현하고 싶은, 아니 뭐라도 적지 않으면 안 될 것 같은 느
낌을 갖게 하기도 한다. 그런 것들 중에서 단연 두드러지는 그림이
있다면, 그것은 내게 카라바조의 것들이다.

카라바조가 죽은 지 400년이 넘었지만, 세계 도처에서는 카라바
조 전시회나 그와 관련된 모임이 여전히 열리고 있다. 그중에서도 이
탈리아, 특히 교회나 예배당에 그의 그림이 많이 보관되어 있는 로마
나 플로렌스 같은 도시는 떠들썩하다. 그러나 이런 행사를 생각하지
않더라도 그의 그림이 주는 충격적 여운은 길다.

여기 〈의심하는 도마〉[1603]라는 그림이 있다. 이 그림을 그릴 무렵 카라바조는 나이 서른을 넘겼고, 종교적 모티브를 가진 걸작들—〈성 마태의 순교〉나 〈성 바울의 귀의〉 등을 그렸다. 원래 제단화로 걸릴 예정이던 〈로레토의 마돈나〉[1603~1605]는 여기 묘사된 걸인의 발이 더러워서, 그리고 여자의 모자가 불결하다고 사람들이 격분했고, 〈동정녀의 죽음〉[1606]은 창녀를 모델로 했다고 해서 일대 소란을 일으킨다. 1604년 4월에 그는 싸움질을 했고, 그 뒤 경찰이 죽는 한 사건에서는 살인자로 의심받아 수감되기도 한다. 〈의심하는 도마〉는 이즈음에 그려졌다.

카라바조의 그림은 그 어느 것이나 극도로 사실적이지만, 이 그림 역시 빛과 그림자, 밝음과 어둠의 극명한 대비를 통해 예수와 인간의 관계를 잘 보여준다. 빛과 어둠은 물론 신성과 죄악, 신의 헌신과 사람의 의심 등으로 해석될 수도 있다.

이 장면은 예수가 십자가에 못 박힌 후 3일 만에 부활하여 나타났을 때를 묘사하고 있다. 사람들은 예수의 부활을 말했지만, 의심 많은 도마는 머뭇거린다. 자기 눈으로 확인하기 전에는 믿을 수 없었기 때문이다. 주님을 뵈었다는 제자들의 말에 그는 이렇게 말한다. "내 눈으로 그분 손가락에 난 못 자국을 보고, 그 못 자국에 내 손가락을 넣어보며, 또 내 손을 그분 옆구리에 넣어보지 않고는 결코 믿지 못하겠소."(「요한복음」, 20:25) 여드레 뒤에 나타난 예수는 그에게 이렇게 말한다. "네 손가락으로 내 손을 만져보아라. 또 네 손을 내 옆구

카라바조의 〈의심하는 도마〉
보지 않고도 우리는 믿을 수 있는가?
그러나 이 믿음을 다시 이성으로 검토할 수 있는가?
신앙과 이성, 믿음과 물음 사이에서,
이 둘 사이를 부단히 오고가는 것.
그렇게 할 수 있다면, 우리의 믿음(종교)뿐만 아니라
논리(학문)도 더 튼튼하게 될 것이다.

리에 넣어보아라. 그리고 의심을 버려라." 도마가 실제로 손을 댔는지에 대한 언급은 더 이상 없다(카라바조는 대담하게도 바로 이 장면을 상상하며 그려 넣은 것이다. 이것은 신이란 어떤 존재이고, 신성이란 어떻게 드러나는지, 성경에서 생략된 것은 무엇이고 그 암시는 무슨 의미를 나타내는지를 깊고도 오래 고민하지 않고는 결코 할 수 없는 일이다). 검사해보라는 예수의 말에 도마는 주저하다가 "나의 주, 나의 하느님"이라고 대답한 것으로 되어 있다. 이어 예수는 이렇게 덧붙인다. "나를 보고야 너는 믿느냐? 보지 않고도 나를 믿는 자는 행복하다."(「요한복음」, 20:27~29)

카라바조의 그림에서 예수는, '내 상처를 네 손으로 살펴보라'고 말하는 듯, 오른손으로 옷깃을 열며 상처를 보이고 있다. 도마는 오른손 엄지로 상처 속을 정말 헤집고 있다. 예수는 고개 숙인 채 무심한 표정으로 도마의 손목을 왼손으로 잡고 있고, 허름한 옷차림의 도마는 두 눈 부릅뜬 채 헤집어진 상처를 살펴본다. 그런데 의심하는 것은 뒤에 선 두 사람도 다르지 않다. 이들 또한 상처를 믿지 못한다는 것은 주름진 이맛살에 배인 어떤 안간힘이 생생하게 보여준다. 어쩌면 이 세상에는 '의심 많은 도마'보다 '더 의심 많은 도마들'이 있을지도 모른다. 옷을 제치고 드러난 한 사람의 몸과 이 몸으로 달려드는 다른 사람의 몸, 밝게 비친 예수의 가라앉은 표정과 의심하며 기웃거리는 인간들의 불안한 몸짓. 여기에서 중심은 로마 병사들이 휘두른 창칼의 흔적—상처다. 카라바조는 마치 외과의 같은 정확성으로 젖혀진 살갗을 그리고 있다. 현실의 고통과 이 고통에 대한 의심, 이 극명한 대비를 어두운 배경이 감싸고 있다.

예수의 상처에 손을 댄다는 것은 무슨 뜻인가? 그것은 신성을 모독하는 일이다. 신의 몸이란 인간으로서는 감히 범접할 수 없는 실체이고, 두려움 없이는 생각할 수 없는 본질이기 때문이다. 그런데 인간에겐 이 신성한 것을 보고 만지고 듣고 맛보며 냄새 맡고픈 욕구가 있다. 이 욕구는 억누르기 어렵다. 인간은 믿지 못하는 존재―의심하는 존재인 까닭이다. 인간은 의심과 믿음, 보는 것과 매달리는 일 사이에 있다.

아마도 의심하는 도마는 카라바조 자신인지도 모른다. 그는 섣부른 신성도 기성 화단만큼이나 믿지 못했다. 그러면서도 이렇게 믿지 못하는 자기의 모습까지 그렸다. 그렇다는 것은 자신의 독신적瀆神的 태도를 자각하고 있었다는 뜻이다. 사실 그는 종교화를 그릴 때도 그 시대의 가난한 보통 사람들을 등장시켰다. 또 예술가를 영원하고 천재적인 존재로 이해하거나 신성을 고상하고 초월적으로만 파악하던 당시의 관습에 동의하지 않았다. 그는 예술과 신에 대한 전통적 규범과 과감하게 작별함으로써 지체 높은 성직자와 관료 그리고 기성작가를 불편하게 했다. 그래서 그의 그림은 자주 묵살되었다. 그럼에도 그는 두 눈으로 직접 확인하지 않는다면, 신도 신성도 실재할 수 없다고 여겼던 것 같다. 그의 그림이 지닌 고도의 즉물성과 사실주의는 여기에서 나올 것이다. 그러나 경험과 이성에 대한 믿음도 믿음의 한 형식이다. 그리고 이 믿음에서 우리는 사람의 경험이 얼마나 협소하고, 그 이성이 얼마나 맹목적인가를 잘 안다. 이성도 믿음의 형식 안으로 용해되어야 하는 것이다.

그런데 이러한 사실은 '보지 않고도 믿는 사람은 행복하다'는 예수의 전언 속에 이미 들어 있지 않나 여겨진다. 이 말의 뜻은, 줄이면, 세 가지다. 첫째, 보는 것(시각)보다 믿는 것(신앙)이 중요하다. 둘째, 그렇다는 것은 사람이 보는 일 혹은 보이는 외양에 자주 현혹된다는 뜻이다. 주의해야 할 것은 외양-겉멋-현상적인 것이다. 이것은 사람을 자주 속이기 때문이다. 셋째, 예수는 믿음을 강조했지만, 그렇다고 보는 것을 금하지 않는다. 오히려 그는 상처를 살펴보라고 도마에게 권했다. 그는 자신의 상처와 죽음마저 믿지 못하는 인간들을 믿는다. 그것이 신의 사랑이다.

그리하여 부단히 관찰하되 이 관찰이 보이는 것만 보는 것이 아니라 보이지 않는 것도 상상할 수 있어야 한다. 그래서 보이지 않는 것도 믿음의 일부가 되도록 해야 한다. 이것은 다르게 말하면, 보는 일과 믿는 일, 이성과 신앙을 합치는 것이다. 우리는 보이지 않거나 적혀 있지 않는 것도 믿을 수 있어야 한다.

그러나 믿음만 있다면, 그래서 사안을 꼼꼼히 관찰하고 헤아리지 않는다면, 그 믿음은 쉽게 한편으로 기울 수 있다. 이성 없는 믿음은 맹목이고, 믿음 없는 이성은 독단이다. 그러므로 이성이 믿음으로 포용되어야 하듯이, 믿음은 이성으로 무장되어야 한다. 믿음은 외부적으로 강요되거나 자동인형처럼 따라하는 것이 아니라 자발적 선택의 책임 있는 행위여야 한다. 우리는 의심하는 정신과 더불어 의심 자체를 의심하며 살 수 있어야 한다. 그래야 지금의 삶이 좀 더 평화롭고 좀 더 행복하지 않겠는가. 평화란 그저 오는 것이 아니라 이성과 신앙의 이런 상호교차를 거친 이후에나 얻어질 것이다. 신의 부활도 인간의 용서와 평화를 위한 것이다.

이 행복이 참된 평화가 되려면 다시 이성과 사고, 관찰과 경험이 필요하다. 정확히 알기 위해 의심하는 정신이 있어야 하고, 참으로 믿기 위해 이 의심을 버릴 수 있어야 한다. 그렇지 못하다면, 우리는 의심 많은 도마처럼 되거나 그 뒤에 선 사람들이 되거나, 아니면 지식/이성으로 모든 게 해결되는 것처럼 여기는 어리석은 사람이 될 것이다.

자신으로
돌아가는 길

현대 사회의 특성은 여러 관점과 차원에서 말할 수 있지만, 그 핵심 중 하나는 체험의 상실이 아닌가 여겨진다. 오늘날에는 체험의 기회가 점차 줄어들고 우연적 요소가 증가하며, 그 우연성을 고려하다 보니 가치에 균열이 생긴다. 이런 균열된 가치를 이해하고 수용하려다 보니 삶의 활동도 점차 분절화된다.

가령 전문가에 대한 직업적 수요는 이렇게 분화된 활동의 결과일 것이고, 효용성에 대한 강조는 경쟁적 사회의 경제적 표현일 것이며, 인간 소외는 분화된 노동 구조의 사회적 병리에 해당할 것이다. 부정성과 차이, 이질성과 타자에 대한 관심은 이런 가치의 현대적 균열을 포용하고자 하는 철학적·학문적 경향을 나타낼 것이며, 표현의 추

상화나 실험적 경향은 삶의 우발성에 대한 예술적 대응 방식을 나타
낸다 할 것이다.

그리하여 현대의 우리는, 특히 우리 사회에서 학자는 하나의 선택
된 분야에서 대개 한두 가지의 주제에 골몰하면서 평생을 살아간다.
한두 주제를 반복해도 이 세계가 이미 미분화된 세계이기 때문에(사
회 진화적으로), 각자가 행하는 것 이상은 그다지 절박하게 요구되지
않기 때문에(제도적으로), 또 그것이 그렇게 자기와 관련이 있다고 스
스로 생각하지 않기 때문에(개인적으로), 우리는 느긋하게 살아갈 수
있다. 그래서 괴테를 '전공'하면 그는 평생 괴테를, 더하게는 괴테에
대한 여러 해석을 인용하며 산다.

그러나 전공연구자가 말하는 괴테는 괴테의 전체라기보다는 그의
몇몇 작품이거나 그 주제이기 쉽다. 이로써 괴테의 전모가 무엇인지
는, 그것이 자신의 삶에서 어떤 의미를 지니는지에 대해서는 묻지 않
는다. 그러나 괴테가 지향한 것은 모든 거장이 그러하듯 전체―삶의
온전성이지 그 파편이 아니다. 그리고 이 온전성이란 '지금 여기 우
리가 속한 현실'을 묻는 데서 찾을 수 있다.

셰익스피어와 괴테를 읽는 것은 또는 갈릴레이나 아인슈타인을
공부하는 것은, 그들을 숭배하기 위해서가 아니다. 그들을 읽고 이해
하고 배움으로써 우리의 현실을 좀 더 명료하게 알기 위해서다. 자신
의 삶을 더 잘 살 수 있는 것도 이런 이해를 통해서다.

이를 위해서는 우선 내가 새롭게 느낄 수 있어야 하고, 나의 감수

성이 대상에 대해 그리고 나 자신에 대해 열려 있어야 한다. 자기가 먼저 열려 있는 것, 열려 있어서 자신에게 돌아가는 일이 다른 사람에게 열릴 수 있으며, 다른 사람으로 나아갈 수 있는 출발점이 되는 것이다. 즉, 자기 개방과 자기 복귀는 타자 개방과 타자 지향의 전제가 된다. 현대 사회가 앓는 체험의 상실도 이렇게 내가 내 자신과 세계에 열려 있음으로써 치유되기 시작할 것이다. 예술은 바로 이런 개방과 복귀를 위한 반성을 촉구한다. 이는 주체를 열려 있게 하고, 그 열림 속에서 자신에게 돌아가게 한다.

그렇다면 이러한 예로 무엇이 적당할까? 해방 전 우리나라에는 여러 시인이 활동했지만 이 가운데 백석白石, 1912~1996은 우리의 삶과 현실에 뿌리박은, 가장 질박하고도 토착적인 세계를 구현한 예라 할 수 있다. 잘 알려진 아름다운 시인 「북방北方에서-정현웅鄭玄雄에게」를 읽어보자.

> 아득한 옛날에 나는 떠났다.
> 부여扶餘를 숙신肅愼을 발해渤海를 여진女眞을 요遼를 금金을
> 흥안령興安嶺을 음산陰山을 아무우르를 숭가리를
> 범과 사슴과 너구리를 배반하고
> 송어와 메기와 개구리를 속이고 나는 떠났다

이것이 「북방에서」의 첫 연이다. 우리는 이 구절에서 부여나 숙신,

발해와 여진 그리고 요와 금 같은, 한반도 주변에 있었던 여러 나라가 둘째 행부터 연이어 나옴에 놀란다. 그러나 그것이 왜 나왔는지, 그 뒤의 흥안령이나 음산, 아무우르나 숭가리가 어디의 무엇을 지칭하는지를 우리는 잘 모른다. 그것은 이 작품을 문헌적으로 고찰한 평문에서 확인해볼 수 있을 것이다.

분명한 것은 땅과 강으로부터 이들 북방의 나라나 우리나라가 생겨 나왔듯이, 이 작품의 화자인 '나' 역시 "아득한 옛날에" 그곳을 "떠났다"는 것이다. 그러나 그의 떠남은 살아 있는 짐승과 물고기를 "배반"하고 "속이"는 가운데 이루어진다. "범과 사슴과 너구리를 배반하고/송어와 메기와 개구리를 속이고 나는 떠났다." 그러나 그는 그때의 슬픔과 호소와 축하와 배웅을 그 뒤에도 잊지 못한다.

나는 그때
자작나무와 이깔나무의 슬퍼하던 것을 기억한다
갈대와 장풍의 붙드든 말도 잊지 않았다
오로촌이 멧돌을 잡아 나를 잔치해보내던 것도
쏠론이 십릿길을 따라 나와 울던 것도 잊지 않았다

나는 그때
아무 이기지 못할 슬픔도 시름도 없이
다만 게을리 먼 앞대로 떠나나왔다

> 그리하여 따사한 햇귀에서 하이얀 옷을 입고 매끄러운 밥을 먹고 단 샘
> 을 마시고 낮잠을 잤다
> 밤에는 먼 개소리에 놀라나고
> 아침에는 지나가는 사람마다에게 절을 하면서도
> 나는 나의 부끄러움을 알지 못했다

앞의 두 연을 천천히 소리내어 읽으면 그 의미는 웬만큼 들어온
다. 이 글의 시적 화자는 나무와 바람과 부족이("오로촌"과 "쏠론"은
퉁구스 계통의 부족 이름이라고 한다) 그의 떠나감을 기억했지만, "그
때/아무 이기지 못할 슬픔도 시름도 없이/다만 게을리 먼 앞대로 떠
나나왔다"라고 고백한다.

"그리하여 따사한 햇귀에서 하이얀 옷을 입고 매끄러운 밥을 먹고
단 샘을 마시고 낮잠을 잤다/밤에는 먼 개소리에 놀라나고/아침에
는 지나가는 사람마다에게 절을 하면서도/나는 나의 부끄러움을 알
지 못했다." 자작나무가 슬퍼하던 것을 기억하면서도 그는 하얀 옷
을 즐겨 입었고, 매끄러운 밥을 먹었으며, 쏠론이 십리 길을 따라와
울던 것을 잊지 않으면서도 단 샘물을 마시고 낮잠을 즐겨 잤던 것
이다.

> 그동안 돌비는 깨어지고 많은 은금보화는 땅에 묻히고 가마귀도 긴 족
> 보를 이루었는데

이리하야 또 한 아득한 새 옛날이 비롯하는 때

이제는 참으로 이기지 못할 슬픔과 시름에 쫓겨

나는 나의 옛 하늘로 땅으로—나의 태반胎盤으로 돌아왔으나

시의 화자인 나는 땅과 하늘, 나무와 바람과 물고기와 짐승들이 자기를 맞아주던 이들과 어울리던 한때로부터 멀리 떠나 왔다. 그리고는 느긋하고 편안하게 살아간다. 하얀 옷을 입고 매끄러운 밥을 먹을 뿐 이 생활이 어떤 의미를 지니는지, 이런 생활을 규정하는 사회적·역사적 테두리는 무엇인지, 식민지의 현실은 과연 어떻게 교정돼야 하는지 나는 알지 못했다. 먼 개의 울음에 때때로 놀라고 지나가는 사람에게 습관처럼 절을 했지만, 나는 자신의 부끄러움을 깨닫지 못한 것이다.

그러나 내가 단 샘물을 마시고 낮잠을 자는 동안에도 많은 기념비("돌비")와 번영과 영화("은금보화")는 사라졌으며, "가마귀도 긴 족보를 이루"게 될 만큼 아득한 시간이 흘렀다. 이렇게 시간이 지나간 후에야 비로소 나는 "참으로 이기지 못할 슬픔과 시름에 쫓겨" 나를, 나 자신이 유래한 "옛 하늘"과 "땅"을 돌아보게 된다. 그것이 내 삶의 자궁—"나의 태반"이기 때문이다. 그러나 이런 깨달음은 많은 것을 상실한 다음에야 찾아온다.

이미 해는 늙고 달은 파리하고 바람은 미치고 보래구름만 혼자 넋없이

떠도는데

아 나의 조상은 형제는 일가친척은 정다운 이웃은 그리운 것은 사랑하
는 것은 우러르는 것은 나의 자랑은 나의 힘은 없다 바람과 물과 세월과
같이 지나가고 없다

시인은 「북방에서」를 일제의 수탈이 극에 치닫던 1939년 무렵,
만주로 이주한 다음에 썼다고 한다. 그는 1942년에는 만주 안동에
서 세관 업무에 종사했고, 해방 후에는 북한에서 문필 활동을 했지만
당에서 요구하는 교조적 강령에 잘 적응하지 못했다. 그가 1959년
'당성불량'으로 판정받고 나서 북한에서 가장 오지인, 우리가 흔히
말하는 '삼수갑산三水甲山'의 바로 그 삼수라는 곳으로 가 '농장원'으로
살다가 죽게 되는 것도 이 때문이었을 것이다.

그러나 이런 전기적 사실이 아니라 해도 그의 작품에는 이미 동시
대 식민 현실의 암담함과 그 암담함 속의 어떤 정겨움과 그리움 그
리고 그 그리움에 대한 망각과 피폐까지도 아련하게 추억되고 있다.
그러나 이 회상의 방식은 단순히 과거 추수적이거나 현실 비판적인
데 머물러 있지 않다. 그의 어조는 시대적이라기보다는 원형적이고,
민족적이라기보다는 인류학적이다. 그것은 삶과 생명의 발생적 근
원, 그 근원 속의 어우러짐을 탐사한다.

문학평론가 유종호 선생은 이 점에서 개인사와 겨레사가 중첩되

는 "태반 회귀 혹은 시원 회귀의 모티브"를 보고 있지만, 이 점이 없지 않은 채로 나는 공존적 삶의 근원적 틀에 대한 암시를 읽어내고 싶다. "조상"이나 "형제", "일가친척"과 "정다운 이웃", "나의 자랑"과 "힘"은 내 삶을 구성하는 토대지만, "바람과 물과 세월과 같이 지나가"는 것이다. 그것은 항구적이지 않다. 모든 것의 토대 또는 근원의 근원인 "옛 하늘"과 "땅"에 비하면 그것은 차라리 인위적이다. 그래서 하늘과 땅은 자신이 돌아가야 할 "나의 태반"이 된다.

백석의 시에는 메추라기, 콩나물, 도야지비계, 수절과부, 가즈랑집 할머니 등 갖가지 사물과 나무와 짐승과 인물이 수없이 등장한다. 정겹고도 슬픈 거레의 역사가 담긴 이 모든 풍경은 이제 대부분 상실됐고, 이 상실로부터 어떤 회귀─근원의 회귀 욕구가 드러난다. 그렇지만 이 욕구도 "또 한 아득한 새 옛날"이 될 수밖에 없다. 삶은 더 원형적 형태─늙은 해와 파리한 달과 미친 바람 그리고 넋없이 떠도는 구름의 일부인 것이다.

그리하여 나는 다시 묻는다. 우리는 어디로부터 와서 어디로 향해 가는가. 인간은 풍경 속의 한 현상이면서 스스로 풍경을 만들어간다. 시의 경험은 인간의 이해이자 자연의 이해이고, 더하게는 자연 속의 인간─이 둘의 얽힘과 공생에 대한 이해이다. 이것이 심미적 상상력의 궁극 목적이라고 할 수 있다. 시인 백석은 "참으로 이기지 못할 슬픔과 시름에 쫓겨" 자신의 하늘과 땅으로, 삶의 태반으로 돌아오게 되지만 우리는 이때의 근원이 범과 사슴과 너구리를 배반하지 않던, 송이와 메기와 개구리를 속이지 않던, 또 속이지 않아도 되던 어느 한때—인간과 동물, 동물과 식물, 식물과 인간, 그리하여 자아와 자연이 하나 되던 시절임을 안다. 공존의 근원성이 다름 아닌 나로부터, 내 느낌의 새로움으로부터 시작된다고 할 때, 이 근원이란 하늘과 땅이면서 바로 나 자신임을 우리는 알게 된다. 결국 세계로 나아가기 위해 우리는 우선 자기 자신으로 돌아가지 않으면 안 되는 것이다.

'자신으로 돌아간다'라는 것은 무슨 뜻인가? 이는 각자가 무엇보다 나 자신이고자 해야 한다는 것이다. 중요한 것은 자기 자신의 정체성identity에 거짓되지 않는, 거짓되지 않으려는 일이다. 자신을 숨기는 위선에 비하면 스스로 밝히는 것은 추악한 것이 아니다. 자신의 감정에 대해 부끄러워하지 않는 것, 그래서 자기 감정에 충실하고 이를 표현하는 것은 그 자체로 정당하고 권장할 만하다. 진정성의 유일한 길은 나 자신을 잃지 않는 것인지도 모른다. 타자와의 만남도 그리고 만남에 대한 인정도 나 자신의 견고한 정체성 속에서, 그 정체성의 부단한 갱신 속에서 가능하기 때문이다.

나 자신으로 돌아갈 때 우리는 타자와 만나고, 그 만남 속에서 서로 자라나며, 나와 세계의 운행, 자아와 자연의 보조步調를 일치시킬 수 있다. 이것이 나로부터 출발하는 평범함의 위대성이다. 이 점을 나는 백석의 시에서 읽는다.

시는 자연自然—원래 그러한 것의 본래적 형태를 떠올리게 한다. 원래 그러한 것, 그것은 모든 존재의 근원 형식이다. 이 형식은 나와 내 삶, 자아와 자연의 어떤 조화를 상기시킨다. 삶이 내 자신과 일치할 때 우리는 행복을 느낄 수 있기 때문이다. 삶은 나와 내 주위가 서로 얽히면서 이루는 조화와 모순의 둔주곡이다. 그래서 좋은 시는 주체와 객체, 자아와 대상이 서로 분리된 것이 아니라 유기적으로 얽혔음을 밝혀준다.

인간과 사물의 유기적 현존 형식은 세계의 본성이다. 시가 이 유기적 관련성을 상기시키는 한, 시를 읽는다는 것은 그 자체로 세계의 본성을 경험하는 일이다. 이런 경험을 통해 우리는 오늘날 사회에 누락된 체험의 소멸을 얼마간 상쇄시킬 수 있을지도 모른다. 시는 인간과 삶의 본래적 형태를 일깨워주기 때문이다. 교양이란 이런 쌓아감의 과정—감각과 사고의 훈련 과정에 다름 아니다. 이런 훈련을 통해 나는 너와, 개인은 사회와 어떤 접점과 균형을 마련한다. 삶과 세계는 오로지 시 안에서, 예술적 수단을 통해서만 정당화될 수 있을지도 모른다.

◆
◆
◆

알 수 없이
무한한 것들

2004년 6월, 중성미자^{neutrino}에
질량이 있음을 확인하는 새로운 연구 결과가 나왔다고 신문에 크게
보도됐다. 한국, 미국, 일본 등 8개국 물리학자가 참여한 K2K 공동
연구팀이 일본 츠쿠바의 입자가속기로 만든 151개의 중성미자를
250킬로미터 떨어진 검출기를 향해 쏴 보냈는데, 이 중 검출기에 도
달한 것은 108개로 나머지 43개는 다른 입자로 변해 사라졌다는 것
이다. 입자는 질량이 있을 때만 다른 물질로 변할 수 있기 때문에 이
실험으로 중성미자가 질량을 갖는다는 사실이 입증됐고, 이로써 중
성미자는 질량이 없다는 가정 위에 서 있는 '표준모형'을 비롯한 물
리학 이론이 대폭 바뀌어야 한다는 것이다.

우리가 살고 있는 우주가 138억 년 전에 일어난 빅뱅으로 태어난

이후 수많은 별이 생겼지만 이 모든 별을 합쳐봤자 우주 전체 밀도의 1퍼센트도 되지 않는다는 것, 그 나머지 대부분은 중성미자라는 물질로 채워졌다는 것 등을 고려한다면 중성미자의 성격을 규명하는 것은 우주의 생성 과정을 아는 데 매우 중요한 것으로 여겨진다.

이와 관련하여 내 관심을 끈 것은 우주의 많은 부분을 구성하는 중성미자의 질량이 가장 가벼운 입자인 전자의 100분의 1이나 1000분의 1이 아니라 1000만 분의 1도 되지 않으며, 게다가 중성미자는 빛의 속도로 돌아다니기 때문에 관찰하기도 어렵다는 것이다. 또 과학자들이 실제로 관측한 우주의 질량은 이론값의 10퍼센트 정도이고, 더군다나 그 이외의 것은 아직 그 실체를 알 수 없는 '암흑물질'로 불린다고 한다. 우주의 별을 모두 합쳐도 전체 밀도의 1퍼센트밖에 되지 않는다면, 지구의 밀도는 그것의 몇 백 또는 몇 천만 분의 1도 되지 않을 것이다.

별 이외의 밀도를 구성하는 중성미자나 암흑물질은 우리에겐 지금까지 거의 없다고 알려졌지만, 사실상 우주 밀도의 대부분을 구성해왔다. 그렇다면 인간은 자기가 살고 있는 주변에 대해, 그 주변 세계의 물질적 조건과 성격 그리고 그 법칙에 대해 과연 아는 것이 있다고, 안다고 말할 수 있는가? 설령 있다고 해도 미지의 무한성에 비하면 얼마나 궁색한가? 바로 이 점을 깨닫기 위해서라도 우리는 고전classics을 읽고 듣고 볼 필요가 있다. 왜냐하면 그것은 인간과 세계, 자연과 역사를 하나로 통합하는 가운데 '감각의 갱신'을 초래하기 때문이다. 지식의 궁색함과 세계의 무한성은 이렇게 새로워진 감각 속에서 깨달을 수 있다.

고전古典이란 무엇인가? 그것은 간단히 말해 오래된 것으로 또는 오래 남을 만한 것으로 전범典範, 즉 모범이 될 만한 예술작품을 일컫는다. 여기에는 가령 미켈란젤로의 그림이나 으젠느 앗제의 사진, 에이젠슈테인 감독의 영화 〈전함 포템킨〉, 아니면 소포클레스의 「오이디푸스」나 「안티고네」, 바흐의 〈칸타타〉나 모차르트의 〈레퀴엠〉, 베토벤의 여러 교향곡, 드보르작의 첼로 협주곡이 포함된다. 아니면 건축에 있어서는 르 코르뷔지에의 롱샹 성당이나 김중업과 김수근의 건축물들도 포함될 것이다.

조각이나 건축, 연극이나 무용, 음악이나 문학, 영화나 그림 등 고전은 어떤 장르든지 우리의 눈과 귀 그리고 손으로 하여금 그것을 다시 한 번 듣고 보며 만져보도록, 또 그렇게 하고 싶은 대상으로 느끼게 한다. 왜냐하면 거기에는 인간에 대한 새로운 이해가 있고, 나와 이웃에 대한 새로운 시각이 있으며, 현실과 역사, 자연과 우주에 대한 새로운 해석과 창출이 있기 때문이다. 즉, 고전은 '전혀 다른 의미의 세계'를 열어 보이는 것이다.

다른 느낌과 생각을 가진다는 것은 간단한 일이 아니다. 우리는 대개 주어진 규범과 관습을 좇아 사는 성향을 지니기 때문이다. 우리가 오늘 이렇게 느끼고 저렇게 생각하는 것은 단지 어제도 그렇게 느끼고 생각했기 때문일 때가 많다. 인간은 현재 상태에서 벗어나는 걸 본능적으로 두려워한다. 이것이 관성의 안락함이다. 우리는 감각하고 사고하는 습관의 관성을 좀처럼 벗어나려 하지 않는다. 그보다는 미리 주어진 규준과 척도에 따라 평가하고 단정하는 것에 익숙하다. 누가 이렇다고 말하면 그렇게 따라 생각할 뿐, 그것이 무엇인지, 왜 그렇게 되는지 묻지 않는다.

그러나 물음 없는 삶은 편안할지언정 변화나 갱신을 보장하지 못한다. 자유를 '달리 생각하는 것의 자유'라고 한다면, 우리가 달리 느끼고 생각하지 못한다는 것은 어떤 새로움과, 그 새로움 속에서의 다른 경험 그리고 그런 경험을 통한 자유가 있기 어렵다는 것을 말한다. 감각과 사고의 타성은 결국 자유의 부재를 의미하는 것이다. 반대로 자유란 언제나 새로움이고 모험이며, 갱신이고 창조 행위이다. 뛰어난 예술작품은 이런 갱신과 창조 그리고 이를 통한 존재의 확장을 선사한다고 할 수 있다. 문학적 예를 하나 들어보자.

> 그레고르 잠자Samsa는 어느 날 아침 불안한 꿈에서 깨어났을 때, 침대에 누워 있는 자신이 한 마리 끔찍한 벌레로 변해 있는 것을 발견했다.

프란츠 카프카Franz Kafka, 1883~1924의 작품 「변신」1916은 이렇게 시작한다. 보험회사 외판원인 그는 어느 날 아침 일어났을 때, 자신의 등이 딱딱하게 굳어 있고, 배는 "활 모양의 각질로서 불룩하고 누런" 색깔을 띠고 있으며, "초라할 정도로 연약한 여러 개"의 다리는 "그의 눈앞에서 맥없이 흐느적거리고" 있음을 알게 된다.

주인공 잠자는 가세가 기운 집안의 가족을 먹여 살리기 위해 5년 동안 열심히 일한다. 그러나 그가 해충으로 변하자, 회사 사장은 물론 어머니와 아버지도 그의 변한 모습에 기겁한다. 버둥거리는 다리와 방바닥에 흘러내린 점액질을 보고 기절하거나 분노하는 것이다. 처음에는 먹을 것을 주던 그의 누이마저 나중에는 벌레를 밖으로 내보내야 한다고 말한다. 바이올린을 잘 켜는 누이동생이 음악학교에 진학할 수 있도록 그가 그렇게 노력했음에도 말이다.

잠자는 어두운 방에서 불안과 수치심 그리고 자책 속에서 기어다니다가 소파에서 잠을 자며 시간을 보낸다. 그러다가 아버지가 던진 사과가 등에 박히고, 그 사과가 썩어감에 따라 그의 등도 곪는다. 이윽고 그는 아무것도 먹지 못해 메마른 채 속절없이 죽어간다. 잠자가 죽은 후, 남은 세 사람은 전차를 타고 교외로 소풍을 가는데, 이때의 분위기는 더없이 밝고 생기에 차 있다.

법학을 공부한 카프카는 낮에는 보험국의 관리로 일하고, 밤에는 오로지 글쓰기 작업에 매달린 사람이다. 그는 프라하에서 태어났지만 체코 사람이 아니었고, 독일어로 글을 썼지만 독일인도 아니었으며, 유태인이었지만 유대교를 신봉하지 않았다. 그는 약혼을 세 번했는데, 그때마다 병으로, 또 이렇게 사랑을 선택하면 문학을 놓칠까봐 괴로워하다가, 사랑을 포기한다. 그러다가 결국에는 독신으로 살았고, 나이 마흔 한 살에 결핵으로 죽는다. 그는 언어적으로나 종교적으로나 사상적으로나 문화적으로나 삼중, 사중의 국외자였다.

그러나 작가에 대한 이런 전기적 사실이나 문학적 성향을 모른다 해도 그의 작품은 이변이라고 할 만큼 경악과 충격을 준다. 인간이 한 마리 흉측한 해충으로 깨어나다니 그리고 다른 사람도 아닌, 그가 수년 동안 부양한 가족에게 버림받다니, 그러고도 그의 가족은 그의 장례 후에 장래의 꿈과 전망을 느긋하게 얘기할 수 있다니, 이는 어떻게 된 것인가?

우리는 그의 작품을, 여러 평자가 지적하듯이, 한 사회 안에서 개인이 받는 압력이나 가족 간의 소외, 출구 상실, 의사소통의 부재 또는 원죄의식이나 자본주의의 병폐 등 여러 관점에서 말할 수 있다. 굳이 그것이 아니더라도 우리는 잠자의 모습에서 상처 입은 이의 어떤 종말 또는 운명의 부조리 같은 것을 느끼게 된다.

우리는 누구나 다른 사람으로부터, 또 자기 자신으로부터 상처를 입고, 그 상처 입은 얼룩 몇 점을 가슴에 새긴 채 살아가지 않는가. 잠자처럼 꼭 벌레가 되어 다리를 허공 속에 버둥거리지 않을지라도, 그것이 비유하듯이 어두운 자기 방에 유폐된 채, 자신의 말을 옆방의 누구에게도 전하지 못한 채 우리는 문 안에서 숨죽이며 살아가지 않는가. 야만인처럼 씩씩거리며 위협하는 것이 어디 잠자의 아버지뿐인가. 아버지로 대표되는 세상의 권력과 돈, 자본과 독단, 무수한 주의主義와 편견, 이념과 이데올로기도 여기에 해당된다. 그리하여 우리는 잠자의 변신이 더는 잠자만의 것이 아니라는 것을 확인한다. 그것은 삶의 세계 안에서 일어난 그리고 일어나고 있는 현실의 구체적 경험이다.

모든 이가 모든 사람에게 타자가 되는, 나에 대해 네가 되는 낯섦의 일반 현상은 사실상 동화 같은 비유이기 이전에 우리 현실의 성격이다. 길을 나서 보라. 자기가 사는 동네에서 다른 동네로, 같은 연배에서 그보다 어리거나 나이든 연배로, 자기가 속한 직업에서 다른 직업으로, 시골에서 도시로, 지금 여기에서 그때 그곳으로 옮겨감에 따라 삶의 낯섦은 점점 배가되고 증폭된다. 그리고 이 낯섦은 내가 타자를 대하기 전, 내 자신을 대할 때 이미 시작된다.

나는 늘 나 자신에게 한결같고 시종여일한 존재인가. 그렇지는 않다. 우리는 누구나 자기 앞에 어둠을 지닌다. 내게로 오는 문 그리고 내가 그들에게 가는 문은 닫혀 있다. 열려 있다고 해도 언제든 닫힐 수 있으며, 닫히지 않는다 해도 그것이 나를 위한 것인지는 알 수 없다. 그리하여 아무도 오지 않고, 누군가 온다 해도 내가 나가지 않거나, 나간다 해도 그 문의 열쇠가 밖에서 잠겼을 수도 있다. 삶의 불투명성은 곳곳에 잠복해 있다. 인간은 이 불투명한 사회, 격자화된 세계 속에서 하나의 파편으로, 기호로 살아간다. 카프카의 작품은 삶의 이 근본적 격절성隔絕性—통신두절을 벌레로 변한 인간을 통해 암시한다.

세계의 본성을 이해하기 위해 우리는 열려 있지 않으면 안 된다. 열려 있어야 새로이 느끼고 달리 생각할 수 있기 때문이다. 열려 있다는 것은 변화 속에 있다는 것이고, 변한다는 것은 움직인다는 뜻이다. 결국 움직임을 통해서만 세계의 본성을 새롭게 경험할 수 있다. 우리는 이 대목에서 입자의 질량과 진동을 다시 떠올린다.

움직임이 없다면 질량을 가지지 않으며, 따라서 사물은 입자가 될 수 없다. 중성미자의 이런 성격은, 원자 단계에서의 물질이란 어느 특정 장소에 한정된 것이 아니라 '존재하고 발생하려는 경향' 즉 파동의 형태를 갖는다는 사실에서 확연하게 드러난다. 하이젠베르크의 불확정성이론은 다름 아닌 이것을 분석한 것이다. 실제로 그는 원자의 실체를 일상 언어로 기술하는 데 큰 어려움을 겪었다. 실재에 대한 모든 언어적 기술은 부분적으로만 진실하거나 현상의 근사치에 불과하기 때문이다. 이것을 나는 삶과 세계에 대한 매우 훌륭한 암시로 읽는다. 다시 말해, 인간이 감각적으로, 사고적으로 움직이지 않는다면 그래서 변화하지 않는다면 스스로 살아 있다고, 살아 있는 생명이라고 말하기 어렵다는 것을 알려준다.

우리가 움직이며 세계를 부단히 새롭게 느끼고 생각해야 하는 건 도덕적으로 또 철학적으로 그렇게 요구되기 때문이 아니라, 움직임이 사물과 세계 그리고 인간의 본성이기에 그렇다. 고전 작품은 바로 이런 움직임, 움직임 속의 변화, 이런 변화를 위한 반성적 계기를 제공한다.

뛰어난 작품은 주관적인 것과 일반적인 것, 개별적인 것과 보편적인 것의 균형 속에 있다. 이런 균형 속에서 현실에 대한 새로운 해석을 그리고 이 해석을 통한 다른 현실을 암시한다. 마치 카프카가 「변신」을 통해 겹겹의 소외 속에서 그 소외와는 다른 어떤 것—소외 없는 삶의 화해 가능성을 암시했듯이, 고전은 개별적 경험으로부터 나오되, 그것을 뛰어넘는 삶 일반의 것—기존과는 다른 현실의 가능성을 모색한다('심미적 현상의 특수성'이란 이것이다). 왜 다른 현실인가? 왜냐하면 자연의 어떤 것도 그 자체로 독립되고 완결적인 구성체가 아니기 때문이다. 그것은 스스로 열려 있어 다른 요소와 부단하게 상호작용하면서 변해간다.

우리가 보고 듣는 것은 그 자체로 있는 것이 아니라 그렇게 존재하게 된 기나긴 과정의 한 결과일 뿐이다. 그러므로 인간은 살아 있는 한 늘 움직이는 가운데 변해가야 한다. 이 점에서 인간 삶의 원리生理와 자연의 법칙天理은, 예술과 과학은 서로 만난다. 고전이 보여주는 것도 이 두 세계의 얽힘과 조화의 가능성에 다름 아니다. 이 점에서 우리는 고전을 가까이 해야 할 이유를 갖는다.

서성이고
싶다

중산층이 급속히 줄어들고 있고, 사회경제적 양극화가 국내외적 불황으로 심화되고 있다. 그래서인지 올해의 휴가를 작년보다 줄이거나, 가더라도 가까이서 보내려는 사람이 많을 거라고 한다. 그러나 우리는 이렇게 물을 수도 있다. 삶을 마치 휴가 보내듯 보낼 수는 없는 것인가? 혹은 일요일의 마음으로 매일을 맞이할 수 없을까?

이것은 물론 어려운 일이다. 그러나 가장 행복한 경우는 아마도 매일의 한 순간을, 그것이 5분이든 10분이든, 하던 일을 잠시 멈추고 오직 자기 자신을 위해 보내는 일인지도 모른다. 그래서 그 하루는 어떠했는지, 아침은 어떻게 밝았고 저녁은 어떻게 저물었던가를 가만히 돌아보거나 조금 더 심각하게는, '어디에서부터 와서 어디로 그 삶이 가고 있는가'를 헤아릴 수 있을 것이다. 그렇다면, 그는 그만큼 자기 삶의 누수를 막고 있는, 그래서 그 생애를 충일하게 만들고 있는 것이기 때문이다.

예술이 하는 일도 이와 다르지 않다. 그것은, 그림이건 시건 혹은 음악이건, 아주 간단하게 말하면 자기를 돌아보는 데 있고, 이 돌아봄의 시간을 갖도록 도와주는 데 있다. 이렇게 돌아보며 그것은 자기를 헤아리고, 이런 자기가 만나는 타인을 헤아리며, 나와 너, 우리와 그들로 이루어진 사회와 세계를 헤아리는 걸 장려한다. 이 돌아봄은 단순한 위로일 수도 있지만 충전의 시간일 수도 있고, 나아가 어떤 의미 있는 전환이 되기도 한다.

이런 주제에 적절한 그림이 뭘까 화집 두어 권을 펼쳐보아도 눈에 띄는 게 없다. 이럴 때면 버릇처럼 하게 되는 게 있다. 시집을 뒤적이는 것이다. 책꽂이에서 대여섯 권을 손에 잡히는 대로 뽑아낸다. 이전에 다들 읽었던 것이고, 그래서 어떤 시엔 밑줄이 그어져 있다. 그렇게 서너 권을 훑어보았던가. 다음의 시가 눈에 띈다. 황인숙의 『새는 하늘을 자유롭게 풀어놓고』1988에 들어 있는 「도둑일기」다.

해질녘부터 눈여겨보았는데
웬일일까?
저 집엔 불이 켜지지 않네.
귀를 쫑긋 세워도

웃음소리 하나

발자국 소리 하나

잡을 수 없네.

웬일인지 모르지만

한적한 뜰을 보면

나는 들어가

서성이고 싶어라.

빈 부엌 아궁이에 냄비를 얹고 싶고

쓸쓸한 의자의

먼지라도 쓸고 싶어라.

나는 모든 빈 집에

내 손을 태우고 싶어라.

빈 마루에 길게 누워

마룻장과 낄낄거리고 싶고

지나간 달력을 떼어주고 싶어라.

잠든 고양이를 깨우고 싶어라.

달빛에 흠뻑 젖은

마당에

꽃씨라도 뿌리고 싶어라.

웬일인지 모르지만

한적한 뜰을 보면

나는 들어가

서성이고 싶어라.

　이 시는 어렵지 않다. 시의 화자는 해질 무렵 자기 집에 서서 이웃집을 살피고 있다. 그런데 그 집에는 불이 켜지질 않고, 웃음소리나 발자국 소리도 들리지 않는다. 그래서 마음이 동한다. 그는 그 "한적한 뜰"에 "들어가 서성이고 싶"고, "빈 부엌 아궁이에 냄비를 얹고 싶고/쓸쓸한 의자의/먼지라도 쓸고 싶어" 한다. "모든 빈 집에" "손을 태우고 싶어" 하고, "빈 마루에 길게 누워/마룻장과 낄낄거리고 싶고/지나간 달력을 떼어주고 싶어" 한다. "잠든 고양이를 깨우고", "달빛에 흠뻑 젖은/마당에/꽃씨라도 뿌리"는 것은 그 다음의 일이다.

　이런 마음을 시인은 '도둑일기'라고 적는다. 왜 그럴까. 이 일기가 '도둑'이라 불린 것은, 그의 마음이 남의 집안을 기웃거리기 때문일 것이고, 이렇게 겪은 상상 속 경험을 남몰래 기록하기 때문이다. 무엇을 관찰하고 기록하는 것은 누군가를 그리워하기 때문이다. 시인은 누군가를 그리워하며, 상상력에 의지해 남의 마당에 들어서는 도둑이다. 그는 자기 아닌 타인의 공간에 들어가 거기 있는 사물과 말을 나누고 그것과 친교하며 그것을 다독인다. 그리고 이렇게 다독인

상상 속의 내용을 나중에 적는다. 새로운 경험을 한다는 것은 관찰과 상상, 이 상상 속의 친교와 참여 그리고 그 기록으로 이루어진다. 삶의 의미는 일상의 경험과 기록으로부터 조금씩 만들어진다.

그러나 이 평이한 사실도 대개는 잊혀지고 만다. 오늘날처럼, 특히 한국사회처럼 어딘가를 향해 거의 맹목적으로 스스로 휘달리고 이렇게 휘달리도록 부추겨지는 사회에서는 더더욱 그렇다. 그러나 이 휘둘림, 넋 나간 삶을 돌아볼 수 있는 것은 서성임 덕분이다.

> "웬일인지 모르지만
> 한적한 뜰을 보면
> 나는 들어가
> 서성이고 싶어라."

하루의 어떤 시간에 우리는 자기 사는 주변에, 미처 헤아리지 못한 마음의 빈 뜰에 잠시 시선을 줄 일이다. 그리하여 때로는 그 빈 마루에 한 나절 드러누워 생각의 아궁이에 불을 지피고, 켜켜이 낀 타성의 먼지도 쓸어낼 일이다. 그럴 즈음 잊고 지내던 지난 시간과 덮어뒀던 기억과도 잠시 킥킥댈 수 있을 지도 모른다. 그건 곧 지나온 길 위에서 외면한 것들에 꽃씨를 뿌리는 것과 같을까.

시인의 언어에서 꿈이 다시 깨어난다면, 우리는 이 시의 언어에 기대어 우리 자신의 삶을 되돌아볼 수 있다. 시는 삶을 다르게 살게 하는 까닭이다. 서성인다는 것은 돌아본다는 것이고, 돌아봄 가운데 무뎌진 자아를 추스른다는 것이다. 하루의 어떤 순간 혹은 주말의 어느 한때에는 잠시 서성이고 싶다.

시대 미학 담긴
삶의 노래

문화다양성 또는 다문화주의를 둘러싼 근래의 논의는 간단치 않다. 이는 문화상대주의나 자국 문화의 보호, 문화적 고유성과 보편성 등의 문제와 얽히면서 복잡하게 전개된다. 노벨 경제학상을 받은 아마르티아 센Amartya Sen은 여러 다른 문화를 인정하면서 '동시에' 자기 문화를 누릴 권리도 인정할 수 있어야 한다고 지적했다. 다른 문화적 소속성에 대한 인정 또는 거부를 결정할 권리를 각자 가져야 하고, 그 권리 아래서만 다문화적 원리가 통용될 수 있다는 것이다.

문화에 대한 센의 이러한 생각은 한 나라의 미학에도 해당될 것이다. 한 시대의 미학은 개인과 사회, 현실과 예술이 서로 높은 수준에서 만날 때, 비로소 문화적으로 성취된다. 이때 '높은'이란 '편협하지 않고 열려 있으며 독특하고도 신선한'이란 뜻이다. 아마도 창조성의 다른 이름일 것이다. '노찾사'의 어떤 노래들은 지금 들어도 그런 미학적 성취에 가 닿은 것으로 느껴진다.

센의 생각은 물론 서구 사회가 여러 근본주의 이념과 부딪치는 가운데 지금껏 지배적이던 자기들 문화가 상대화되고, 그럼으로써 타 문화에 대한 저항력을 잃지 않을까 우려한다는 점, 그리하여 이 같은 서구 사회의 불안이 그들이 주장해온 보편주의적 원칙을 훼손한다는 점을 지적한 것이다. 그러나 이런 생각은 좀 더 낮은 차원에서 요즘의 우리 문화를 돌아보는 데도 도움을 준다.

지난 일요일 '노래를 찾는 사람들'^{노찾사}의 공연을 보았다. 그 시대 청년들이 흔히 그랬듯이 나 역시 토론하고 술 마시며 현실을 질타했지만, 나는 그 일에 그다지 열성적이지 못했다. 데모를 하기도 했지만 그 주변을 맴도는 축에 속했고, 그렇게 맴돌면서 난마^{亂麻}처럼 얽힌 문제들—나의 문학, 거짓 현실, 군부독재, 실천과 형이상학—사이에서 출구를 찾지 못해 홀로 번민하며 몸을 학대하곤 했다. 그렇게 소심했던 나조차 성북 경찰서에 끌려가 군홧발에 차였으니. 이젠 뜸해졌지만 지금도 악몽을 꾸면 그때 날 때리던 그 사람이 가끔 나타나곤 한다. 다른 사람에 비하면 이건 상흔도 아니다. 그래도 아직 남아 있는 구절도 있다.

그날이 오면 그날이 오면

내 형제 그리운 얼굴들 그 아픈 추억도

아! 짧았던 내 젊음도 헛된 꿈은 아니었으리

그날이 오면 그날이 오면

〈그날이 오면〉, 문승현 작사 · 작곡

   그날 공연을 본 사람들은 마지막에 모두 일어나 이 노래를 함께 불렀다. 그 선율은 버스를 타고 집에 오는 내내 내 귓가를 울렸다. 저녁 식사를 마친 후엔 음반들을 뒤져 오랜만에 지난 CD를 찾았다. 노찾사 2집 이외에도 김민기나 김광석, 동물원이 엮어져 나왔다. 참 좋은 노래들이 보석처럼 숨겨져 있었다. 그래 그랬었지. 이런 노래를 듣고 따라 부르며 소리 지르고 흐느낀 적도 있었지. 치기가 없진 않았지만 무언가 절실하고 뜨거웠던 시절. 우리가 그날을 견딜 수 있었던 데는 이 노래도 한몫했을 것이다. 이렇게 생각하니 그 시절의 이 노래패가 새삼 고마웠다.

   노찾사의 노래 중에는 격렬한 혁명적 열정이나 전투적이고 계급적인 가사, 삭히지 못한 분노도 적지 않다. 그래도—이제는 다들 인정하듯—그때까지 누락된 우리의 대중가요의 사회성과 역사성을 높이는 데 크게 기여했다. 반면, 이런 장중하고도 비극적인 노래와는 다른 것도 있다. 〈서른 즈음에〉나 〈사계〉와 같은 것들, 어조가 낮고 일상적이며 더 내밀한 사연을 담은 이런 노래들이 나는 더 좋다.

빨간 꽃 노란 꽃 꽃밭 가득 피어도

하얀 나비 꽃나비 담장 위에 날아도

따스한 봄바람이 불고 또 불어도

미싱은 잘도 도네 돌아가네

〈사계〉, 문승현 작사 · 작곡

　이 노래를 들을 땐 알 수 없는 뭉클한 것이 가슴에 솟구쳐 올라와 천천히 번졌다. 무엇이었을까. 그 시절 이후에도 들을 때마다 경쾌한 리듬이 오히려 서글펐지만, 그날은 더더욱 목이 메었다. "소금땀 비지땀 흐르고 또 흘러도 미싱은 잘도 도네 돌아가네." 나는 그 여운이 좀 더 오래가길 바랐다.

　변함없이 고달픈 매일의 노동과 계절의 놀라운 변화. 이런 흔한 설명을 하지 않아도 이 노래는 선율과 가사의 연결 그리고 리듬이 참으로 독특하다. 무겁고 장엄한 제스처는 다 던져버린 채 경쾌하면서도 진실하고, 소박하면서도 서정성이 깊이에 닿아 있다. 검열을 피하려고 불법 테이프를 만들어야 했던 그 험악한 시절에 이처럼 주옥같은 노래를 만들다니. 개인적 진실이 현실의 허위를 뚫고 나가 시대적 보편성을 얻었다고나 할까. 그것은 정치 현실에 대한 미학의 승리가 아닐 수 없다. 나는 다시 이 곡을 만든 사람의 이름을 되뇐다.

　사람이 서로 다른 것은 어느 하나뿐만이 아니다. 사람의 정체성은 하나가 아닌 여러 개로 이루어진다. 우리의 삶도 한두 가지가 아니라 수많은 개인적, 사회적, 정신적, 물질적, 문화적 정체성에 속한다. 그러므로 이 모든 정체성은 존중돼야 한다. 우리는 다른 문화를 인정하는 것만큼 자기 문화를 누릴 권리도 인정받아야 한다. 그리고 이것은 스스로 결정해야 한다. 즉, 자기 결정력은 개인적 삶뿐 아니라, 사회적·문화적 차원에서도 다 같이 결정적이다. 만일 그것이 없다면 다문화적 세계사회란 공허하다.

이는 작품의 창작에도 해당된다. 노찾사의 노래 중 어떤 것이 생명력이 길지는 후에 드러나겠지만, 〈사계〉 같은 것은 여러 정체성에 열린, 그래서 예술가의 고유성(개체의 깊이) 속에서 전체의 일반성(대중적 넓이)을 획득한 곡으로 느껴진다.

한 사회의 숨통이 트인다는 것은 그 사회가 생기를 얻어간다는 뜻이다. 문화의 문제가 '삶의 세부적인 면에 충실하는 것'이라면, 그것은 사회경제적, 정치적 조건에 지탱되면서 무엇보다 내용적으로 채워져야 한다. 이는 문화적 유연화의 많은 것이 개인과 사회가 스스로 결정하는 권리를 잃지 않는 데서 시작됨을 말해준다. 좋은 노래 역시 자기 절실성 속에서 스스로 선택해서 만든 작품일 것이다. 또 이런 노래라면 많은 이들이 즐겨 부를 것이다. 대중가요나 민중가요 혹은 저항가요 이전에 그것은 '삶의 노래'인 까닭이다. 더 높고 열린 수준에서 우리의 문화적 활동이 삶의 노래가 될 그날이 다시 올까.

인문학은
삶의 자기 조직술

트로츠키L. Trotzky의 프로그램—
"평균적 인간도 아리스토텔레스나 괴테 혹은 마르크스의 수준으로
고양될 것이다"라는 혁명적 열망은 쉽게 이루어지기 어려울 것이다.
대중은 이성이 아니라 유행과 본능과 충동에 휘둘리기 때문이다. 바
흐의 〈파르티타〉를 듣고, 횔덜린의 시를 읽으며, 데카르트의 생각을
이해하고, 클레 그림의 동화적 유머를 즐기는 사람들은 아마 늘어나
지 못할 것이다. 차라리 줄어들지도 모른다. 교양과 더불어 사람은
고급문화로 옮아가리라고 아놀드M. Arnold나 밀J. S. Mill 그리고 훔볼트
A. Humboldt 같은 문화교양론자들은 믿었지만, 교양의 그런 현실적 확
산은 쉽사리 실현되지 못할 것이다.

이러한 관점에서 인문학을, 특히 한국에서의 인문학을 바라보면

어떤가? 더 정확하게 말해 암담하다고 해야 할 듯하다. 이 암담한 일을 '직업'으로 선택한 한 사람인 내게 학교 신문사는 현재의 연구분야에 대해 써달라고 요청했다.

공부를 직업으로 삼은 데도 그 이유는 각각 다를 것이고, 이때의 학문이 인문학일 경우 그의 탐구가 생활과 분리되긴 어렵다. 그러니 지나온 이력과 실존적 고민을 말하지 않을 수 없고, 이런 언급 가운데 취향과 기질이 드러날 수도 있다. 그러나 자기진술은 과장되기 쉽다. 나는 지나온 내 이력을, 이 이력 위에 자리한 지금의 문제의식을 냉정하게 쓸 수 있는가?

왜 문학이고 예술인가?

나의 학문적 꿈은, 줄이자면, 어떻게 인간이 자유로운 가운데 행복한 삶을 살아갈 수 있는가란 문제를 예술을 통해, 예술의 경험 속에서 추적하고 탐색하고 기록하는 것이다. 이것은 반쯤은 학문의 인식활동이고 반쯤은 예술의 표현활동이면서 무엇보다도 매일 매순간 내 삶을 사는, 살면서 이 생활을 반추하는 즐거운 일이기 때문이다. 이 꿈은 해묵은 것이다.

대학 2~3학년을 지나면서 날 사로잡은 일의 하나는 표현에의 충동이었다. 나를 제대로 표현하고 싶다는 것, 나의 꿈과 욕망과 좌절과 인간과 사회에 대한 못 다함을 언어로, 기억할 만한 시와 아무도

쓰지 못한 문장으로 표현하여 어떤 세계를 구축하고 싶다는 것, 그래서 나날의 불충과 쌓여가는 회한을 하릴 없이 떠나보내는 것이 아니라 곱씹을 만한 무엇으로 변형시키고 싶다는 것, 이런 생각의 벽돌로 작은 방을 만들고, 이 방에 들어앉아 낯선 대상과 교류하는 것, 그리하여 언젠가 내가 전혀 모르는 사람들도, 마치 피곤에 지치면 여름나무 그늘이나 호숫가 벤치로 찾아들 듯이, 하나둘씩 내 책을 찾아들고 어떤 구절에서 위로와 공감을 얻게 되기를, 그리고 이 세계가 어떤 다른 것이 아닌 바로 예술이기를 나는 오랫동안 꿈꾸었다.

왜 그런가? 예술의 언어는 섬세하되 철학처럼 논증으로 끝나지 않고, 현실에 열려 있되 사회과학처럼 설명과 분석으로 자족하지 않으며, 사실을 존중하되 자연과학 같이 대상을 실험적으로만 보지 않는다는 것, 그것은 무엇보다 지금 여기의 나/개인/경험/육체/감각에 충실하면서도 가시적 차원을 넘어선 형이상학적 지평을 잊지 않으며, 초월적 세계에 열려 있으면서도 세속적 범사凡事에 귀 기울이기 때문이다. 그러면서도 자신의 진실을 강변하거나 자임하지 않는다. 그것은 근본적으로 암시와 비유의 언어이고, 비강제적 자발성의 표현이다.

이 점에서 예술의 언어는 존중할 만하고, 더 넓게 인문학은 대체될 수 없는 독자성을 갖는다고 나는 믿는다. 단지 예술의 이 반성적, 비판적 잠재력은 오늘의 현실에 맞게 더 세련되고 유연하게 재구성될 필요가 있다. 그렇지 않다면 시장근본주의적 광풍을 이겨내기 어

카라바조의 〈골리앗의 머리를 든 다윗〉^{1605~1606}
다윗이 든 것은 골리앗의 머리가 아니라 화가 자신의 머리다.
무슨 뜻일까?
패배했다는 것, 그르치고 말았다는 것, 그래서 이대로 있을 수는 없다는 것,
그러므로 어떻게든 조금은 더 나아져야 한다는 것…,
이런 자기직시 없이 우리는 어떻게 삶의 갱신을 도모할 수 있는가?
인문학의 힘은 자발적 자기직시의 용기로부터 온다.

려울 것이다.

그리하여 시와 소설과 희곡을 따로 취급하는 것이 아니라, 또 문학과 회화와 음악을 서로 무관한 듯 간주하는 것이 아니라, 시의 음악성과 음악의 회화성, 회화의 시적 이미지와 문학적 몽상을 하나로 꿰는 것, 이 차이를 아우르는 공통분모를 심미적 경험에서 탐색하는 것. 그래서 마침내 시와 음악과 소설과 그림과 건축과 춤과 연극과 조각이 어울리며 만들어내는 어떤 에너지로 삶의 풍경을 평화의 풍경으로 바꾸는 일, 이 일을 나는 할 수 있을까라는 고민들. 내가 표현한 이 내적 세계에 외적 현실이 과연 호응할 수 있을까라는 두려움…. 이런 막연한 갈망에 파묻힌 채 나는 오랫동안 읽고 느끼고 생각하고 쓰며 지난 시간을 보냈다.

그러면서 얻은 그 당시 생각 중의 하나는 가장 필요한 것이 철학이라는 것이다. 이론적 무장을 통해 감각이 다채롭게 반응하도록 열어두고, 사고가 정밀하게 전개되도록 훈련하며, 이렇게 열린 감각과 훈련된 사고의 내용을 신선하게 표현하려는 노력은 그 자체로 기나긴 '섬세화 과정'—영육의 즐거운 성장과정이지 않았나 싶다.

다행히 시를 좋아하고 소설을 즐겨 읽은 탓에, 또 그림을 보며 명상하는 것이 자연스런 취미의 하나였고, 음악은 변함없는 벗이었으므로, 그 시간은 그리 힘들지 않았다. 나는 나의 글 속에서 시간의 내 모습을 잊고 지냈다.

나는 예술 경험이 개인의 자유와 공적 책임성을 하나로 잇는 데

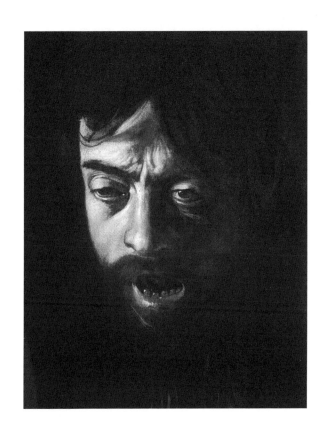

━━━━━━━━━━━━━━━ ◆ ◆ ◆
〈골리앗의 머리를 든 다윗〉 부분
패배, 상처, 아우성으로만 남은 표현의 역사.
문학사와 예술사 그리고 정신사도 그렇다.

기여할 수 있다고 믿는다. 왜냐하면 예술은 자율을 중시하고, 예술의 언어는 자발성을 장려하는 까닭이다.

우리는 예술의 경험 속에서 자유를 누리고 자율을 연습하며 그 책임을 배운다. 나는 이것을 글로, 시적 산문으로, 예술과의 만남을 통해 증거하고 싶다. 그러나 이 바람이 얼마나 성공할지 알 수 없다. 그것은 감각과 언어와 사유와 표현의 능력을 동시에 요구하고, 현실과 문학과 인간과 사회와 철학과 역사와 자연의 공부를 필요로 하는 까닭이다. 이것은 대학 안의 세계마저 시장화되는 오늘의 상황에서 쉽지 않아 보인다.

그러나 아무리 시대가 변해간다고 해도, 또 시장과 자본과 상품이 아무리 우리의 생활세계를 뒤흔든다고 해도 사람은 자신이 선 곳—내가 어디에서 왔고 어디에 있으며 어디로 갈 것인가를 질의하는 한, 그래서 제 삶의 주인이고자 하는 한, 인문학적 탐구를 포기할 수 없다. 인문학이란 자기 자신(개별성)에 대한 탐구이자 삶 일반(보편성)의 더 나은 가능성에 대한 탐구인 까닭이다. 이 물음은 자기로부터 시작한다.

인문학은 반성적 자기조직의 기술이다. 왜 '자기조직'인가? 시를 읽고 그림을 보고 음악을 듣는 것은 무엇보다 '내'가 느끼는 나의 몸에 관련되고, 이 몸의 느낌을 통해 자기 삶을 변형하려고 하기 때문이다. 나의 자기조직은 타인이 그의 삶을 조직하는 데 이런저런 영향을 준다. 말하자면 자기조직을 통한 타자조직이다. 이 조직은 작품에 기대어 자기 삶을 거울처럼 '다시 비춰봄으로써' 이루어진다. 즉 '반성적'이다. 단지 낯선 것에의 호기심이 어떤 지배충동이 되지 않도록 유의할 필요가 있다. 왜 '기술'인가? 그것은 절로 주어지는 것이 아니라 절차탁마 속에 힘겹게 습득되는 것이기 때문이다. 이것은 일평생 지속한다. 그래서 인문학은 삶의 자기조직을 통한 즐거운 형성과정Bildungsproze이다. 각자가 자기 삶을 스스로 만들어가면서 서로 자유롭게 만날 수 없다면, 그래서 충만한 삶의 행복한 인간으로 살아가는 데 기여하지 못한다면, 인문학은 대체 어디다 쓸 것인가?

목련이 지고 있고 벚꽃이 피어나고 있다. 그 옆 대나무 잎은 늘 푸르고, 등나무 넝쿨은 아직 싹도 틔우지 않았다. 오는 듯 봄이 떠나고 있다. 글은 결국 자연의 운행을 닮아야 할 것이다. 늘 처음처럼 사람을 만나고 세상의 폭과 깊이를 갓난아이처럼 느끼게 하는 글을 나는 쓰고 싶다.

◆
◆
◆

예술과
세계시민적 공동체

　　　　　　　　　　　　　거창한 제목은 날 불편하게 한다.
그래서 망설이게 된다. 그러나 길을 가면서도 때로는 주위를 살펴야
하듯, 한 주제도 그 맥락을 고려할 때 온전해진다. 내가 지금까지 무
엇을 다루건 그 밑에는 늘 심미적 경험의 가능성이 자리했지만, 예
술의 좌표를 제대로 짚으려면 그 환경—내외적 현실 조건을 살펴야
한다.

　오늘날의 한국은 몹시 불안정해 보인다. 흔히 말하듯 지난 40여
년에 걸친 압축 성장의 결과겠지만, 그래서 그동안 억눌려온 많은 것
이 하나씩 곪아 터져 나오는 까닭이겠지만, 다른 한편으로 더 길게
보면 우리 사회가 정상화되어가는 징표이기도 하다. 문제는 이 단계
에서 간과되거나 희생되는 면을 어떻게 최소화하느냐일 것이다.

그러나 당장 치러야 할 소모와 낭비는 너무 커 보인다. 여전히 불안정한 부동산 가격, 대선을 앞둔 정파들의 이전투구泥田鬪狗, 아이들의 지옥 같은 학교 생활, 가계 부채의 증가는 그 몇 가지 예일 뿐. 사람들의 눈빛은 우리가 전투하듯 매일매일 살아가고, 그 어깨는 누군가가 만든 대열 속에 그 다음의 전선으로 끌려가는 듯한 인상을 준다. 이런 불안정은 나라 밖에도 있다.

전쟁과 테러, 미국의 일방주의, 국제기관의 무능, 불공정한 노동 조건, 종교 분쟁과 문화 갈등 그리고 환경오염에 이르기까지 인류가 당면한 문제는 어느 것 하나 간단치 않아 보인다. 다국적 자본은 후진국의 값싼 노동력으로 이윤을 늘리지만, 일하는 사람들은 어느 나라에서나 정당한 몫을 나눠 갖지 못한다. 이 불안은 물가 상승과 구조조정으로 더 가중된다. 모두가 불안하다면 중간층이라도 튼튼해야 하는데, 이들 역시 허약하다. 이런 상태에서 잠재된 많은 문제는 '불균등하게 작용할' 공산이 크다.

사회학자 울리히 벡U. Beck은 새로운 유토피아—신자유적이거나 복고적이지 않은 '세계시민적인 좌파'가 필요하다고 말했다. 이전에는 권력의 획득이 유토피아의 포기로써 가능했다면, 이젠 유토피아의 포기란 곧 권력 포기가 된다는 것이다. 그것은 유토피아적 이상이 없다면 오늘날에는 권력도 얻기 힘들다는 뜻인지도 모른다. 따라서 그 이상을 실행할 새로운 사회민주주의적 시대가 와야 한다고 강조한다. 그가 독일 사민당 당수의 '사회적 세계화'를 언급하는 것도 이 때문이다. 그러나 이것이 어느 한편의 과제일 수는 없다. 그것은 진보정당이나 시민단체에서 본격적으로 논의되겠지만, 보수당이나 일반대중에게도 열려 있다면 더 나을 것이다.

물론 이런 개방성조차 변질될 수 있다. 구조조정이나 노동유연화에서 드러나듯, 오늘날의 많은 언어는 원래의 함의를 잃어버렸다. 구조조정이라는 이름 아래 이 땅의 비정규직은 노동 인구의 절반을 넘어섰고, 힘겹게 쟁취한 노동권은 개혁의 기치 아래 다시 박탈되고 있다. 유연화가 노동권과 인권을 얼마나 경색梗塞시키는지 우리는 잘 안다. 위험사회적 조건은, 백이 지적하듯 오늘날엔 국내외를 막론하고 더욱 철저히 실현되고 있다. 많은 사상적 · 종교적 · 문화적 가치들은, 정부의 것이건 민간단체의 것이건 세계기관의 것이건 설득력을 상실하고 있다. 편재화된 '정당성 결손Legitimationsdefizit'• 이라고나 할까.

어떻게 시작해야 하는가? 예술의 방법은 무엇일까? 시를 읽고 그림을 보며 음악을 들을 때, 우리는 무엇보다 느낀다. 이전에는 감지하지 못한 것이 글로 써 있음을 확인하게 되고, 지금껏 눈여겨보지 못한 것이 화면 위에 그려져 있음을 보게 되고, 무덤덤한 가슴이 어

● 독일어의 특징 가운데 하나는 합성어가 많다는 점이다. 명사와 명사를, 영어에서처럼 'of'로 연결시키는 것이 아니라 그냥 's'만 넣어 이으면 된다. 명사와 명사와 명사는 이런 식으로 단어가 합쳐지면서 추상/관념의 정도를 더 높여간다. 독일에서 관념철학이 발달한 것도 이와 관련된다. '정당성 결손'이란 옳음이 누락되었다는 뜻이고, 이것이 '편재화'되어 있다는 것은 '곳곳에 퍼져' 있다는 뜻이다. 오늘날의 현실에 대한 설명이 간단할 순 없다. '편재화된 정당성 결손'은 지금의 이 복잡한 현실을 압축적으로 요약한다. 독일어 개념의 놀라운 표현력이 아닐 수 없다.

떤 선율로 울렁댐을 경험하게 된다. 이렇듯 어떤 건축물에서는 사람 사는 공간이 이렇게 구획되고 저렇게 구성될 수도 있음을 새삼 경험한다. 예술은 그 나름으로 심정을 어루만지며 감각에 호소한다. 그것은 정서적 인습을 뒤흔들어 세계를 더 본래적인 모습으로 느끼게 한다. 이런 감각적 진동은 사고의 변화로 이어진다. 심미적 경험은 삶의 넓이와 깊이를 다시 느끼게 한다. 프리드리히의 그림들—〈얼음바다〉1823년경나 〈떡갈나무숲의 대수도원〉1809~1810년경은 이 점을 잘 보여준다.

예술의 경험에서 중심은 주체-자아-개인이고, 개인의 변화 가능성이다. 이는 개인의 내면에서 일어나는 조용하고 미묘한 움직임이다. 예술에는 자연의 원형상Urbild—본래의 형식이 표현됐기 때문이다. 이 형식은 지금의 많은 것이 화석으로 남을 거라고 말한다. 반대로 버림받은 어떤 것은 언젠가 존중될 수 있다는 것을 알려준다. 생성의 맥락을 잇는 가운데 그것은 이미 비판적 이미지를 담는다. 예술과 만나면서 자아는 "섬세하게 조율된 영혼"(쉴러)으로 주형될 계기를 얻는 것이다.

예술의 형성 계기는 외부에서 부과되는 것도 아니고, 강제로 해야하는 것도 아니다. 그것은 '내가 느끼는 한' 하게 되는, 느끼지 않으면 안 해도 되는 자유로운 무엇이다. 심미적 각성은 철저히 개인의 의사에 맡겨진다. 이 점에서 그것은 도덕이나 윤리 또는 법률의 구속과는 다르다. 예술에서 나는 나 밖에 선다.

프리드리히의 〈얼음바다〉
이 그림은 얼음덩이 아래 가라앉은 배의 잔해를 보여준다.
칼날처럼 치솟은 얼음 조각이 보여주듯, 인간의 노력은 자연의 위력 앞에 쉽게 좌초된다.
그러나 가없는 수평선은, 그리고 그 위의 밝은 기운은 지금의 좌절이 한때의 일임을,
그래서 더 나은 세계의 가능성을 암시한다. 국가적 단위 속에서 이 국가를 넘어
서로 교류하는 이상적 상태─세계시민적 공동체는 그런 예가 될지도 모른다.

프리드리히의 〈떡깔나무숲의 대수도원〉

나는 프리드리히의 〈바닷가의 수도사〉만큼 이 그림을 좋아한다.

여기에서 세상은 몇 겹—삶과 죽음, 피어남과 시듦, 번영과 폐허 그리고 그 너머의 하늘로 드러난다.

하지만 이 모두는 깊은 정적에 싸여 있다. 그렇다. 인간의 현실은 한 겹이 아니다.

보이는 현실은 중요하지만 그것이 삶의 전체는 아니다.

지금 우리가 잃고 있는 가장 큰 하나는 이런 깊은 정적—물리적이면서 내면적이며 심성적이면서도

우주적인 고요일지도 모른다.

예나 지금이나 물질적 토대는 더없이 중요하다. 그러나 지식과 정보가 그렇듯이, 증가된 재화가 조화로운 세계를 보장하지는 못할 것이다. 가장 이상적인 시대에서도 왜곡과 폭력은 사라지지 않을지도 모른다. 그렇다고 해도 현실의 항소抗訴는 멈출 수 없다. 여기에 필요한 것이 감각의 신선함이고, 이 신선함으로 유지되는 깨어 있는 의식이다. 예술은 바로 이 신선함을 불러일으킨다. 예술에는 상투성에 대한 알레르기가 있기 때문이다. 상투성이 타성의 반복이라면, 예술은 타성의 경계를 넘어 경험의 배후로 우리를 이끈다.

그러나 다시 물러나자. 예술의 새로움도 오늘날에는 대개 오염되어 있다. 여기에는 시장과 자본과 상품의 영향이 크게 자리하지만, 사람의 책임도 작은 것은 아니다. 이전과 다르게 느낀다면, 느끼고자 한다면 우리의 자유는 좀 더 넓어지고, 더 깊어질 수도 있다. 이 에너지로 우리는 편견을 줄이고 거짓을 삼가며 서로 더 배려할 수 있을까? 미시적 실천 속에서 이런 삶을 살 수 있을까? 예술은 자유와 자율 그리고 관용을 연습하게 한다. 생기를 잃지 않은 영혼만이 부당함에도 익숙하지 않을 수 있다. 나와 세계 사이에 조율된 심성이 있다면, 이 심성을 연마하는 예술적 경로는 이렇듯 에둘러 있다.

쉴러F. Schiller 미학에 '섬세하게 조율된 영혼fein gestimmte Seele'이란 말이 나온다. 시를 읽고 그림을 보고 음악을 듣는 것은 자기 자신의 영혼을 섬세하게 조율하기fine-tuning 위한 것이다. 나는 혁명이 아니라 인격의 도야를 통해 현실의 변화를 도모한다는 점에서 쉴러적 구상을 따른다. 그러나 조화나 낙원 혹은 총체성을 이미 주어진 어떤 것으로 전제하지 않는다는 점에서 그의 이상주의적 사고로부터 벗어난다.

오늘의 미학자 · 예술작가는 모순과 균열과 파편으로 얼룩진 현실의 복잡다기함을 직시하고, 그 혼종적 병리학과 이전보다 더 적극적으로 해결해야 한다. 이 대결에서 심미적 경험은 개인의 자유와 존엄을 최대한으로 존중하면서도 사회적 책임 또한 잊지 않는, 넓고 깊은 삶을 향한 마지막 남은 가능성일지도 모른다.

　갈등과 싸움과 환멸이 불가피한 이 인간의 현실에서 아름다움의 역학을 냉소와 혐오에 빠짐 없이 추적할 수 있는 하나의 방법이 시이고 예술이라고 나는 생각한다. 그것은 결코 간단치 않지만, 결코 간단할 수 없는 소수의 길이지만, 나는 이 좁은 길을 내 방식대로 걷고자 한다. 이 각각의 글은 그런 의지의 궤적이다. 나는 언젠가 태어났고 지금 살아 있으며 앞으로 죽어갈 생명으로서 사물을 보고 싶다.

이 책에 수록된 작품 목록

문학작품
- 「거대한 뿌리」, 『김수영 전집 1』, 김수영, 민음사, 2018.
- 「꽃 진 자리에」, 『맨발』, 문태준, 창비, 2004.
- 「도둑일기」, 『새는 하늘을 자유롭게 풀어놓고』, 황인숙, 문학과 지성사, 1988.
- 「북방에서-정현웅에게」, 백석
- 「북어」, 『대설주의보』, 최승호, 민음사, 1999.
- 「비」, 『새는 하늘을 자유롭게 풀어놓고』, 황인숙, 문학과 지성사, 1988.
- 「비」, 『자명한 산책』, 황인숙, 문학과 지성사, 2003.
- 「비유에 바침」, 『슬픔이 나를 깨운다』, 황인숙, 문학과 지성사, 2000.
- 「아픈 몸이」, 『김수영 전집 1』, 김수영, 민음사, 2018.
- 「한호흡」, 『맨발』, 문태준, 창비, 2004.

미술작품
- 〈어디서 무엇이 되어 다시 만나랴〉, 김환기
- 〈비유 마르 병, 유리잔, 기타 그리고 신문〉, 파블로 피카소; ⓒ 2019 - Succession Pablo Picasso - SACK (Korea)

노래가사
- 〈그날이 오면〉(문승현 작사, 작곡), 〈사계〉(문승현 작사, 작곡): KOMCA 승인필

품격 있는 삶을 위한 예술 강의

미학 수업

초판 1쇄 발행 2019년 3월 19일
초판 3쇄 발행 2020년 12월 3일

지은이 문광훈
펴낸이 유정연

책임편집 조현주 **기획편집** 장보금 신성식 김수진 김경애 백지선 **디자인** 안수진 김소진
마케팅 임충진 임우열 이다영 박중혁 **제작** 임정호 **경영지원** 박소영

펴낸곳 흐름출판(주) **출판등록** 제313-2003-199호(2003년 5월 28일)
주소 서울시 마포구 월드컵북로5길 48-9
전화 (02)325-4944 **팩스** (02)325-4945 **이메일** book@hbooks.co.kr
홈페이지 http://www.hbooks.co.kr **블로그** blog.naver.com/nextwave7
출력 · 인쇄 · 제본 (주)상지사 **용지** 월드페이퍼(주) **후가공** (주)이지앤비(특허 제10-1081185호)

ISBN 978-89-6596-303-5 03100

이 도서의 국립중앙도서관 출판예정도서목록(CIP)은 서지정보유통지원시스템 홈페이지(http://seoji.nl.go.kr)와 국가자료공동목
록시스템(http://www.nl.go.kr/kolisnet)에서 이용하실 수 있습니다.(CIP제어번호: CIP2019005918)